바다로 간 사람들

한국 선원의 역사와 문화

바다로 간 사람들
한국 선원의 역사와 문화

초판1쇄 인쇄 2023년 2월 14일
초판1쇄 발행 2023년 2월 24일

엮은이   안미정
지은이   권경선 김강식 안미정 이수열 최은순 최진이
          현재열 김성준 김윤미 최성두 한종길
펴낸이   이대현
편집   이태곤 권분옥 임애정 강윤경
디자인   안혜진 최선주 이경진
마케팅   박태훈

펴낸곳   도서출판 역락
출판등록   1999년 4월 19일 제303-2002-000014호
주소   서울시 서초구 동광로 46길 6-6 문창빌딩 2층 (우06589)
전화   02-3409-2060
팩스   02-3409-2059
홈페이지   www.youkrackbooks.com
이메일   youkrack@hanmail.net

ISBN 979-11-6742-417-4 93910

이 저서는 2019년 대한민국 교육부와 한국연구재단의 지원을 받아 수행된 연구임
(NRF-2019S1A5A2A03053381)

바다로 간 사람들

한국 선원의 역사와 문화

안미정 편저

*History and Culture of
Korean Seafarers*

역락

뱃사람을 일컫는 선원(船員), 이들은 누구인가? 이 질문을 던지며 시작한 역사학, 언어학, 인류학, 법학, 사회학 분야의 연구자들이 3년간 연구를 수행하여 그 질문에 해답을 얻어보려고 하였다. 바다로 둘러싸여 있는 우리나라의 지형적 특성과 분단국가인 지금까지도 바다는 늘 우리 삶 가까이에 있었고 또 건너지 않으면 안 되는 필연성이 있었다. 그럼에도 불구하고 우리가 선원에 대해 아는 것이란 마치 옆집 도랑을 흐르는 개울물과 같다. 가까이에 밀착된 세계임에도 이처럼 무지한 세계로 자리 잡고 있는 이 인식적 괴리는 왜 생겼으며, 제국의 역사를 가진 서양이나 일본의 선원과 달리 한국 선원의 특수성은 무엇인지, 이들은 어떻게 양성되고 또 어떻게 대양(大洋)을 넘어 살았는지 등등 우리는 한국 사회의 담론 안에서 부재한 역사적 존재로서 선원의 그 구체성을 규명해 보고자 하였다.

이 책을 발간하게 된 것은 이러한 배경에 있었으며, 그 시작은 한국연구재단의 일반공동연구과제로 <근현대 한국 선원의 기초연구>를 3년간 연구지원비를 받으며 가능하게 되었다. 이 연구과제에 각 분야의 일곱 빙의 연구자가 의욕적으로 참여하였으나, 아쉽게도 채 1년도 되기 전 코로나19 펜데믹으로 인해 당초 계획하였던 과제를 수행하는데 적잖은 어려움을 겪었다. 그나마 다행스러운 것은 스페인 그란 카나리아제도의 라스팔마스를 현지조사를 할 수 있었던 것이다. 사실 그 먼 곳을 연구진이 답사함으로써 우리는 한반도 주변 해역에 머물지 않고 원거리 교역의 세계를 열었던 20세기 한국 선원들의 호기로운 단상을 엿볼 수 있었다. 또한 바닷가 공원에 세워진 작은 선원 동상은 그 땅의 사람들이 누구였는지를 알게 해주었고, 도시의 정체성을 드러내는 시민들의 따뜻한 시선이 느껴졌다.

이후 국내에서 연구진은 우리 안의 선원을 찾아 통영, 여수, 목포, 군산, 구룡포 등 여러 곳을 탐방하였다. 흥미로운 것은 한국을 말함에 있어 늘상 "삼면의 바다"라는 수식어를 달지만 실상 국가나 사회가 뱃사람을 기록하고 기억하는 데에는 참으로 둔감하였다는 생각을 지울 수 없었다. 한국 사회에서 선원, 뱃사람에 대한 인식은 그저 '돈 벌기 위해 배를 탄 사람' 이상의 그 무엇인지 여전히 빈 공간으로 남아 있는 것이다.

그 여백을 채우고자 이 책을 세상에 내놓게 되었다. 일곱 명의 연구진 외에도 또 다른 연구자들의 논문을 엮어 이 책을 만들 수 있었다. 다양한 연구자들이 각자의 시선으로 각자의 관심에서 '한국 선원'을 조명하였기에 어떤 독자가 이 책에서 하나의 주제에 대한 종합적 결론을 기대한다면 그것은 어려운 일일 것이다. 하나의 문(門)으로 들어가는 결론이기보다 여러 문이 열리는 서론처럼 이 책을 접하게 된다면 더 좋으리라 본다.

책의 구성은 크게 두 개로 편제하였다. 1부에는 과거와 현재의 시간적 흐름 위에서 한국 선원의 역사를 탐색하였다. 조선시대의 선원(1장)과 일제강점기의 조선인 선원(2장), 그리고 해방 후 해기사를 양성한 고등교육기관의 역사에 이르기까지(3장) 오늘날의 '선원'은 시대적 변동 속에서 그 위상이 달랐으며, 특히 20세기 이르러 민족 구성이 다변화되고, 고등교육을 받는 전문인으로 양성되었음을 보여주고 있다. 흔히 말하는 '뱃사람'의 일생은 개인의 삶이자 사회적 삶으로서 의미를 가지며, 넓게는 해역을 구성하는 실제의 세계이다. 이러한 측면을 선원들의 구술사를 통해 조명하고 있는 것이 4장과 5장의 내용이다. 다음으로 선원이 육상노동자와는 다른 해상노동자로서의 특수성에 기반한 법적 문제들을 고찰하며(6장) '수출역군'이라는 담론의 근거인 외화획득에 대한 실증적 분석(7장), 그리고 그 예우방안(8장)을 살펴보고 있다.

2부에는 공간적으로는 다르나 한국 선원에 직간접적 영향을 준 비교 사례로써 영국과 일본의 선원에 관한 글로 구성하였다. 근대 초기 유럽인들의 대항해는 선원을 역사의 무대로 등장시켰으며, 특히 잉글랜드의 선원에 대한 법적 지위에 대한 탐색(9장)과 실제 이들을 계급적 관점에서 접근하는 것(10장)은 오늘날 한국 선원의 법적, 사회적 지위를 조망하는 데에도 시사점을 제공하고 있다. 끝으로 근대 일본의 해운 확장은 국가 팽창과 궤를 같이하며 그 과정에서 선원이 양성되었고, 이원적인 선원 정책은 차별의 문제를 낳으며 오늘날에 이르고 있음을 밝히고 있다(11장).

　　선원 연구에 참여하였던 연구진들은 '근현대 한국 선원'이라는 시간적으로나 공간적으로 제한된 '선원'의 존재를 상정하였으나, 실상 오늘날 우리 곁에 있는 선원이 과거와 동떨어진 존재라고 보지 않는다. 과거의 역사로부터 지금의 현실적 이슈에 이르기까지, 그리고 동서양을 넘나들며, 이 책에서 다루는 여러 주제들은 모두 '선원'이라는 하나의 키워드로 집중되어 있다. 지금의 일상이 가능하게 된 그 배경에는 글로벌 경제체제 안에 한국 경제가 존재하듯, 대양으로 나간 이들이 우리 삶의 한 영역을 떠받치고 있다는 지극히 단순한 사실을 일깨우고 있다. 게다가 식민지 지배로부터 벗어난 신흥 국가들이 선박이나 해운이 아니라 선원이라는 사람에 관심을 두게 되는 것은 세계적 해운 강국이 된 이른바 선진국과는 다른 궤적을 그려 왔기 때문일 것이다. 이것이 우리는 왜 선원을 연구하는가를 묻게 되는 까닭이다. 각 장의 글을 읽으며 새롭게 알게 되는 흥미로운 사실들은 독자의 즐거움으로 남겨두고자 한다. 끝으로 하나의 책으로 세상에 나오기까지 여러 모로 애를 써주신 도서출판 역락의 박태훈 이사님, 이태곤 이사님, 안혜진 팀장 등 여러분들께도 감사드린다.

원양으로 가는 배들을 바라보는 영도에서

2023년 2월 저자 일동

I 부

조선 후기의 선원 조직과 선박 운영

김강식

I. 머리말

우리나라 역사에서 선원(船員)의 역사는 배의 역사와 궤를 같이한다. 처음으로 우리나라에서 배가 만들어져 사용된 이후, 배는 시대의 흐름 속에서 성능을 꾸준히 향상시키면서 다양한 형태로 건조되어 나왔다.[01] 이러한 배의 건조와 변화에 따라 선원의 모습도 다양하게 변화하였다. 지금까지 우리나라에서 선원의 연구는 대부분 해운사 측면에서 주로 다루어져 왔지만,[02] 그마저도 연구성과가 많지 않은 실정이다.

그러나 본격적인 근대 해운업이 발달하기 이전에도 다양한 형태

---

01 金在瑾, 『韓國船舶史研究』 한국문화연구총서 24(서울대학교 출판부, 1984).

02 손태현, 『한국해운사』(위드스토리, 2011). 여기서 필자는 선사해상왕래시대, 遣犬 항운시대, 조운시대, 한국해운에 있어서의 자본주의 맹아기, 한국해운의 쇠망기, 한국해운에 있어서의 자본주의 발전기로 구분하여 한국 해운사를 체계적으로 밝히고 있어서 연구에 도움이 된다.

의 선원이 존재해 왔다.[03] 전근대 사회의 동양에서는 일찍부터 기록에서 수수(水手)라는 표현이 선원으로 사용되고 있었다. 이러한 선원을 역사적 발전에 따라서 크게 나누면 전근대 선원과 근대 선원으로 나눌 수 있다. 이렇게 선원을 나눌 수 있는 기준으로는 선원 직능의 분화, 선원 업무의 전문화, 선박의 운영, 선원 고용의 문제 등이 중요한 지표가 될 수 있다.

이런 측면에서 우리나라의 선원이 어떻게 변화하여 오늘날의 선원으로 이어져 왔는지에 대한 구체적인 연구가 필요한 상황이다. 이에 전근대와 근대를 이어주는 조선 후기의 선원에 주목하여 선원의 분화와 변화 과정에 대해서 살펴보고자 한다. 지금까지 조선 후기 선원의 역사에 대해서는 해운사의 입장에서 부분적으로 연구되어 왔다.[04] 그렇지만 선원 자체에 주목한 연구가 아니어서 조선 후기의 선원에 대해서는 구체적이며 체계적인 접근과 분석이 요구되고 있다.

먼저 조선 후기의 선원에 대해서 선원의 조직 문제를 통해서 접근해 보고자 한다. 이 점은 근대 선원에서 분명해진 선원 조직의 이원화 문제, 즉 고급선원과 보통선원, 달리 표현하면 간부선원과 하급선원의 발생 과정을 조선 후기의 선박 유형별로 살펴보고자 한다.[05] 다음으로 조선 후기의 선박의 운영에서는 관선(官船)에서 사선(私船)으

---

03 안미정·최은순, 「한국 선원의 역사와 특징」, 『인문사회과학연구』 19-1(2018).

04 崔完基, 『朝鮮後期 船運業史硏究; 稅穀運送을 中心으로』(일조각, 1989); 이원철, 「조선 후기 해운 용어에 관한 소고」, 『한국해운학회지』 30(2000); 김성준, 「≪표해록≫에 나타난 조선 후기 선원 조직과 항해술」, 『한국항해항만학회지』 30-10(2006).

05 사실 일본의 경우 일본 선원법에서 선원은 선장과 海員으로 구별하는데, 해원은 職員과 部員으로 구별된다고 한다(이수열·안미정, 「근대 일본의 상선 선원」, 『역사와 경계』 119(2021), 36쪽). 아울러 구체적인 선원의 役職과 직무에 대해서는 『船の百科事典』, 船の百科事典編輯委員會 編(丸善出版株式會社, 1995), 156~160쪽 참조.

로의 변화와 선원의 임금노동자로의 변화 과정을 살펴보고자 한다. 이런 과정을 통해서 근대 해운업의 성장 이전에도 선원의 신분과 지위가 중세적인 身役의 단계를 벗어나면서 근대적 선원으로 변모해 나가는 모습을 찾아보고자 한다.

II. 조선 후기의 선원 조직

1. 관선(官船) 사례

조선 후기의 선박은 크게 강선(江船)과 해선(海船)으로 구분된다.[06] 이 가운데 관선으로는 크게 조운선, 군선, 통신사선을 중심으로 선원의 조직을 살펴볼 수 있다. 먼저 조선시대에 조운선(漕運船)은 국가의 조세를 운반하기 위해서 일찍부터 정비되어 운영되었다.[07] 조선전기에는 수군과 조군(漕軍)을 분리하지 않았다. 조선전기의 관선조운제는 두 차례 전란 이후 거의 붕괴되었는데, 조선(漕船)의 척수가 1/3로 줄어들었다.[08] 그러나 조선 후기에 사회경제적 발전에 따라 조창(漕倉)이 늘어나고 관할이 이원화되었지만, 사회경제적 변화에 따라 관

06 　고동환, 「조선 후기 商船의 航行條件-영·호남 해안을 중심으로-」『한국사연구』 123(2003), 311쪽. 여기에서 보면 조선 후기의 선박은 크기에 따라 大·中·小·幺船으로 구분할 수 있으며, 용도에 따라 土船, 待變船, 漕船, 運塩船 등으로 나눌 수 있다고 한다.

07 　崔完基, 『朝鮮後期 船運業史硏究; 稅穀運送을 中心으로』(일조각, 1989); 문경호, 「≪漕行日錄≫을 통해 본 朝鮮 後期 聖堂倉의 漕運路와 漕運船 護送 實態」『도서문화』 49(도서문화연구원, 2017).

08 　『大典會通』戶典 漕運.

선의 조운선 척수는 줄어들었다. 이에 漕船과 站船, 訓鍊都監待變船, 京江船과 地土船 등의 사선(私船), 兵船과 防船 등 일부의 軍船이 運穀船으로 이용되기도 하였다. 이때 지토선이 세곡을 운반하고 받는 賃價는 1704년의 경우 50석이었다.[09]

18세기에 조운선의 규모는 적재물량 1,000석을 최대로 하여 500~600석을 싣는 정도였다. 조운선의 승선 인원은 최다 50~60명, 최소 30명 정도였다.[10] 조운선은 30척으로 한 船團을 만들어서 운행하면서 隊形을 유지하였다. 하지만 보통 사공 1명, 격군 15명으로 16명이 기본 승선원이었으며, 세곡을 책임지는 監官과 보조하는 色吏가 탑승하였기 때문에 전체 탑승 인원은 20명 내외였다고[11] 한다. 조선 후기 조운선의 조직을 여러 자료를 토대로 살펴보면 다음과 같다.

〈표-1〉 조운선의 조직과 인원[12]

직명	업무	인원	비고
海運判官	輸漕의 책임	1~다수	
千戶, 統領	각각 조운선 30척, 10척 통솔	각 1명	

---

09   『度支志』권7, 版籍司 漕運部, 兩湖船節目條.

10   이마무라 도모 지음, 박현숙 옮김, 『선의 조선-배를 통해 조선의 해사와 관련 법제를 논하다』(민속원, 2015), 74쪽.

11   고동환, 「조선 후기 商船의 航行條件-영·호남 해안을 중심으로-」 『한국사연구』 123(2003), 312쪽.

12   『續大典』戶典 漕運; 『大典會通』戶典 漕運; 이마무라 도모 지음, 박현숙 옮김, 앞의 책, 57~63쪽.

摠牌	군역에 종사하는 선원의 인솔자	1	
領船	조운선 1척 지휘, 배의 운항 실무 총책임자	1	
領押官	출발·도착 때 대형 유지 감독	1	
監官·色吏	배 안 단속, 전세 取換 금지 감독	1~다수	
押領差使員	조운선의 적재 물량 감시	1	
물길 안내인	수로 지휘와 진퇴 안내, 증빙문서 전달 교부	2~3명	
沙工	배의 운항 실무	1	
漕卒	노잡이	다수	格軍, 漕軍, 船軍

조선 후기에 조운선의 선원 조직은 두 단계로 파악된다.[13] 조운선에서 배의 운항과 관련된 인물은 해운판관, 千戸, 統領, 摠牌, 領船, 물길 안내인, 사공(沙工), 漕卒로 구성되어 있다. 이 가운데 영선은 조운선을 이끄는 관리자였다. 사공은 노를 젓는 우두머리로 선박 운항의 실질적인 책임자이며, 격군은 노를 젓는 사람이었다.[14] 이렇게 보면 조운선의 운항은 크게 운항 책임자와 운항 실무자로 구분할 수 있다.

다음으로 軍船이다. 조선 후기에 군선은 다양한 종류와 변화를 보

---

13 조선시대의 선원 조직과 직종에 대해서는 「조선 후기 해운 용어에 관한 소고」 『한국해운학회지』 30(2000) 참조.

14 이원철, 위의 논문, 303~304쪽; 김성준, 「≪표해록≫에 나타난 조선 후기 선원 조직과 항해술」 『한국항해항만학회지』 30-10(2006), 787~788쪽.

였다.[15] 조선 중기에 개발되어 조선 후기 이후에 군선을 대표했던 것은 板屋船이었다. 판옥선은 을묘왜변이 일어난 후 1557년(명종 12)부터 기록에 나타나는 선박이다. 造船史에서 보면 판옥선은 海防의 차원에서 小船에서 大船으로 발전하는 계기가 되었으며, 전용 군선(軍船)이라는 의미를 갖는 중요한 의미를 지닌 선박이다. 조선 후기에 판옥선의 정원은 최소 164명이었다.[16] 조선 후기에 주요 군선의 조직은 전투요원 군관 64명, 격군 100명으로 이원화되어 있었는데,[17] 실질적인 군사를 중심으로 파악되어 있다. 여기에 상층 지휘부가 더해져야 한다. 조선 후기에 군선의 실질적인 운영에 필요한 군관과 운영 요원은 船直, 舞上, 舵工, 繚手, 碇手이며, 선군은 격군이었다.[18]

이처럼 조선 후기에 군선에서도 배의 운영과 관련하여 조직이 이원화되어 있었다. 이 가운데 노를 젓는 군사는 격군 혹은 櫓軍, 能櫓軍으로 불렸는데, 판옥선의 경우 노 1개에 4명이 배치되는 것이 표준적인 형태였다고[19] 한다. 특히 통영 수군의 경우는 櫓長 외에도 都櫓長이 나타나고 있어서 판옥선에서도 도노장-노장-노군으로 이어지는 조직이 나타나고 있었다.[20]

---

15 金在瑾, 『韓國船舶史研究』 한국문화연구총서 24(서울대학교 출판부, 1984); 송기중, 『조선 후기수군연구』 (역사비평사, 2019).

16 『숙종실록』 권40, 30년 12월 갑오.

17 『續大典』 戸典 漕運; 『숙종실록』 30년 정월 丁巳.

18 18~19세기 통제영의 군선은 지휘부, 전투부, 운항부, 儀仗部, 刑行部, 군졸, 기타로 구분할 수 있다고 한다. 김현구, 「조선 후기 통제영 선단의 탑승 동태와 운용」 『규장각』 58(규장각한국학연구원, 2021), 169~183쪽.

19 김병륜, 「조선 후기 선박의 노 구조와 군선 격군의 편성과 운영」 『역사민속학』 54(2018), 25쪽.

20 『統營水軍古文書』, 현충사유물전시관 소장본.

직책 선박	船直	舞上	舵工	繚手	碇手	射夫	火砲匠	砲手	左右 捕盜將	格軍	합계
戰船	2	2	2	2	2	18	10	24	2	100	164
統營上船	2	2	2	2	2	22	14	26	2	120	194
統營副船[22]	2	2	2	2	2	20	12	24	2	110	178
龜船	2	2	2	2	2	14	8	24	2	90	148
統營龜船	2	2	2	2	2	14	8	24	2	100	158

한편 경상좌수영 관할의 守城軍 조직과 군선을 살펴보면, 경상좌수영 수성군의 편대는 좌우 2司로 나누고, 또 전후·좌우에 각각 2哨의 군사를 배치하였다. 전후·좌우의 哨隊에는 수첩군관 각 125명과 假倭軍[23] 25명이 배속되어 있었다. 좌수영 직속의 병선으로는 전선 4척, 병선 5척, 거북선 1척, 探船 1척, 伺候船 12척이 있었다. 여기서 주력 전선 4척에 소속된 군사 조직은 상층부 군관으로 감관, 선장, 지구관, 훈도, 도훈도, 교사, 군기감군, 하층부의 실제 군사로 포수 96명, 토사부 72명, 능로군 562명, 분방사부 424명, 분방군 전체 3,560명(수군 1,040명, 방군 2,520명)이었다. 이 가운데 군선의 운영과 직접 관련된 조직은 배의 운항과 관련된 선장과 능로군으로 조직이 이원화되어 있었다.

---

21 『備邊司謄錄』제69책, 숙종 42년 10월 24일.

22 각도의 水使·防禦使·釜山上船을 포함한다.

23 가왜군은 간혹 쓰시마의 受職倭軍을 말한다고 하지만, 글자대로 훈련을 위한 가상 왜군을 말한다.

〈표-3〉 조선 후기 경상좌수영 직할의 군선과 군사수[24]

선박＼직책	監官	船將	知殼官	都訓導	軍器別監	教師	砲手	土射夫	能櫓軍	分防射夫	分防軍
營1船	1		2	1	1	5	24	18	166	106	1,400
營2船	1		2	1		5	24	18	145	106	800
營3船		1	2			5	24	18	106	106	800
營4船		1	2			5	24	18	145	106	560

마지막으로 通信使船이다. 조선 후기에 통신사선은 朝日 관계를 우호적으로 이어나온 상징적인 선박이었다.[25] 조선에서 일본으로 파견되는 통신사선은 당대 최고의 선박이었다고 할 수 있다. 통신사선의 크기는 시기마다 차이가 있었다. 보통 통신사선의 상갑판은 길이가 92~105척이 되었다. 통신사선은 조선 후기 선박 가운데 규모가 제일 컸다고 할 수 있다. 그 이유는 국력의 과시를 위해서였다고[26] 한다.

조선 후기에 통신사의 선단은 騎船 3척, 卜船 3척으로 총 6척으로 편성되었다. 기선은 上船이라고도 불리는 대형 선박으로 三使가 한 명씩 승선하였다. 기선을 따르는 복선은 下船이라고도 불렸는데, 주로 화물을 실었다. 기선 가운데 정사가 탑승한 선박은 제1선, 부사가 탑승한 선박은 제2선, 종사관이 탑승한 선박은 제3선으로 부르기도 했다.

---

24 『東萊府邑誌』鎭堡 釜山鎭條; 『嶺南鎭誌』 등을 참고하여 작성하였다. 다른 기록에서는 待變軍官, 船監, 旗牌官, 射手, 舵工, 繚手, 椗工, 攔後兵, 船庫職 등이 임진왜란 이후 언급되고 있다.

25 국립해양박물관, 『통신사 선단의 항로와 항해』 국립해양박물관 해양총서 2(2017).

26 金在瑾, 『續韓國船舶史研究』 한국문화연구총서 24(서울대학교 출판부, 1994), 189쪽.

기선과 복선에 승선했던 통신사 선원의 직책과 인원은 다음과 같다.

<표-4> 통신사선의 승선 직책과 인원[27]

연도 / 직책	1655년 제1선	제2선	제3선	1682년 제1선	제2선	제3선	1711년 제1선	제2선	제3선	비고
船將	1	1	1	1	1	1	1	1		상선장 기선장
卜船將				1	1	1	1	1	1	
沙工	8	8	8	8	8	8	2	2	2	도사공 상선사공 복선사공
屠牛場									1	
刀尺	3	3	4	3	3	2	2	2	2	
繚手							2	1	2	舞上繚手
碇手							2	1	2	舞上碇手
上船格軍	64	62	56	60	59	50	56	59	57	
卜船格軍	32	30	26	30	30	22	36	31	31	
醫員		2	1	1	1	1		1	1	良醫
加定				1			2			加定醫員
총인원	108	105	96	105	103	84	102	99	100	

27 『海行摠載』에 실려 있는 남용익『부상록』, 홍우재『동사록』, 임수간『동사일기』에서 선박 운항과 직접 관련된 선원 조직을 중심으로 발췌하여 작성하였다. 여기에는 외교적 업무를 담당하는 인원은 제외하였다. 한편 통신사 선박의 운항조직과 운항실태 전반에 대해서는 다음의 연구가 있다(김재승, 「대일통신사선의 운항조직과 운항실태-1763~1764년 제11차 사행록 癸未随槎錄을 중심으로-」『문화전통논집』12(2004), 91~95쪽).

이처럼 조선 후기의 통신사선에는 정사 이하 통신의 임무를 수행하거나 陪從하는 인원으로 배의 운항과는 직접적인 연관이 없는 사람들이 많았다. 여기에서는 이들을 제외하고 선박 운항과 관련된 인원을 중심으로 살펴보고자 한다.[28]

통신사선에서 선박 운항의 책임자는 선장 또는 기선장이나 복선장이었다. 통신사선의 선원으로는 屠牛場, 都沙工, 사공, 상선사공, 복선사공, 요수, 정수, 무상요수, 무상상수, 격군이 있었다.[29] 통신사선의 운항요원은 조선 후기의 전선보다 적었다. 이에 통신사선에는 각 선박마다 도사공, 사공, 요수, 정수가 1명씩 승선하고 있었는데, 기선과 달리 복선에는 운항 요원만 승선하였다. 한편 통신사선의 격군수는 전선의 반 정도였으므로 통신사 기선에는 50~60명이 타고 있었다고[30] 하며, 복선 격군의 수는 상선 격군의 절반이었다고[31] 한다.

그런데 조선 후기의 통신사선의 조직에서 주목되는 점은 배의 선장은 의례적으로 양반이 맡았지만, 양인이 맡는 경우도 있었다. 통신

---

28 조선 후기에 운행된 통신사선은 승선 인원이 보통 500명 내외였다.

29 乾隆 元年(1736)의 『台海使槎錄』에는 해외무역선 한 척에 필요한 乘員이 소개되어 있다. 財富, 總管, 火(夥)長, 舵工, 亞班, 大繚, 二繚, 一碇, 二碇, 杉板船, 押工, 択工, 香工, 總舖, 水手이다. 인원은 각각 1명씩인데, 밑줄 친 부분은 2명씩이며, 하급선원인 수수는 수십여 명이었다고(松浦章, 「海洋圈 移民」『東細亜世界地域』浜下武志 編(山川出版社, 1999), 112~113쪽) 한다.

30 東印度船의 경우 1703년 말 450톤급 콜체스터호에는 선장 1, 항해사 5, 견습사관 3, 갑판장, 갑판장 조수 2, 포수 3, 선목 4, 조리수, 조리수 조수, 통쟁이, 통쟁이 조수, 조리원 1, 조리원 조수 2, 사무장 1, 뱃밥장이 1, 뱃밥장이 조수 1, 소목 1, 재봉쟁이 2, 선의 1, 선의 조수 2, 보통 선원과 소년 선원 51명 등 전체 89명이 승선하였다고 한다. 김성준, 「18세기 영국 상선 선원의 配乘 구조와 노동 조건」『한국항해항만학회지』 26-1호, 56~57쪽.

31 국립해양박물관, 앞의 책, 42쪽.

사선에서 선박의 운영 책임자는 선장 또는 기선장이었다. 이 밖에 선박 관련 업무를 직접 담당했던 사람으로 도사공은 뱃사공의 우두머리였으며, 각종의 사공이 있었다. 그리고 요수는 밧줄을 관리하고 조정하는 사람, 정수는 닻을 조작하는 사람, 무상은 선수에서 닻과 물레를 다는 사람이었다.[32] 도우장은 소를 잡는 사람으로 백정이었으며, 刀尺과 熟手는 요리하는 사람들이었다. 도우장, 도척, 숙수는 선박의 직접적인 항해와는 무관한 사람들이었지만, 장거리 항해에는 필수적인 선원의 일원이었다. 아울러 의원과 가정도 필요한 인원이었다. 이처럼 조선 후기 통신사선에는 선박의 대형화와 원양 항해에 맞게 선원의 조직이 직능을 중심으로 이원화되어 있었으며, 선박의 운항에 필요한 부수 조직까지 포함되어 있었다. 이렇게 보면 조선 후기에 선박이 대형화되는 경우 근대 선원 조직처럼 직능이 분화되고 전문화될 수 있음을 짐작해 볼 수 있다.

2. 사선(私船) 사례

조선 후기에 사선은 다양하였지만, 漁船과 商船이 대표적이었다. 먼저 어선에 대해서는 표류선을 통해 살펴볼 수 있다. 1676년 9월 22일에 對馬島에 표착했던 양산 남면의 상선(商船) 1척에는 15명이 타고 있었다. 이 배는 상선(商船)으로 선주 姜以望이 사공 有落과 格軍을 고용하고 있었다. 1676년 9월 6일 일행은 租石을 가지고 木花를 구입하기 위해 거제에 갔다가 귀환 도중에 옥포 앞바다에서 표류하였다. 이 표류선에 타고 있던 선원의 직책은 선주, 사공, 격군이었다. 이처럼

---

32 정진술, 「이순신 정론 4」 『이순신연구논총』 17(2012), 150~151쪽.

표류선은 상급선원 선주와 사공, 하급선원 격군과 수군으로 이원화
되어 있었다.

<표-5> 1676년 양산과 김해 표류선의 직책과 인원[33]

지역	직책	신분	이름
양산	船主	兩班(出身)	姜以望
	沙工	私奴	有落
	格軍	私奴	漢生, 黃金
		閑良	金廷漢
		女人	朴召史, 尹召史
		寺婢	㐤每
김해	格軍		鷹連, 應立, 承鶴
	沙器匠		尹愛男
	水軍		裵斗業

다음으로 1724년 제주도 표류민 李春建 일행의 사례이다. 이 표류
는 조선 후기에 제주도에서 전라도로 건너오다 표류를 당한 사례 가
운데 가장 많은 인원이 타고 있다가 표류한 사례로 주목된다. 1724년
이건춘(李春建) 일행의 표류민 사례를 분석하면 다음과 같다.

---

33 『漂人領來謄錄』 제2책, 계축 12월 11일~12일. 양산 남자 5명, 여자 3명, 김해 남자
6명 여자 1명으로 15인으로 파악되어 있다. 이 가운데 김해의 남자 1명, 여자 1명
은 신원이 파악되지 않았다.

\<표-6\> 1724년 이건춘(李春建) 일행의 표류민 직책과 인원[34]

직책	신분	이름	거주	승선 사유
	良人	洪正夏	제주	제주도 正朝 方物 筒筒 結弓 獐皮 진상 陪持 色吏
	양인	兪世位	제주	제주도 2月令 靑橘 搥引鰒 진상 陪持 色吏
	양인	金自煌	제주	제주도 正朝 陳賀 箋文 陪持 色吏
陪從人	官奴	姜朝日	제주	위 3건 진상 陪從人
배종인	관노	朴善伊	제주	위와 동일
배종인	양인	姜有連	제주	위와 동일
배종인	양인	高世江	제주	위와 동일
沙工	寺奴	李春建	제주	제주도 各樣 進上 물건 및 軍器 소용 잡물 무역 本錢 등 所載舡의 사공
格軍	양인	高進石	제주	제주도 各樣 進上 물건 및 軍器 소용 잡물 무역 本錢 등 所載舡의 격군
격군	양인	任重昌	제주	위와 동일
격군	양인	金守澄	제주	위와 동일
격군	시노	金奉龍	제주	위와 동일
격군	시노	高萬先	제주	위와 동일
격군	시노	金善伊	제주	위와 동일
격군	시노	金承迪	제주	위와 동일
격군	시노	高元日	제주	위와 동일
격군	시노	李正山	제주	위와 동일

34　『漂人領來謄録』책14, 갑진(1724) 4월 19일, 30~37쪽.

격군	시노	金汝明	제주	위와 동일
격군	시노	金銀日	제주	위와 동일
격군	시노	安碩萬	제주	위와 동일
격군	시노	高山斤	제주	위와 동일
격군	시노	高千善	제주	위와 동일
격군	시노	金次民	제주	위와 동일
격군	시노	高日伊	제주	위와 동일
격군	시노	玄元寶	제주	위와 동일
격군	시노	李厚發	제주	위와 동일
격군	시노	申以成	제주	위와 동일
격군	시노	鄭成寶	제주	위와 동일
격군	시노	高就迪	제주	위와 동일
격군	시노	申再興	제주	위와 동일
격군	시노	鄭世俊	제주	위와 동일
격군	시노	金貴海	제주	위와 동일
격군	시노	高得萬	제주	위와 동일
격군	시노	金汝成	제주	위와 동일
격군	시노	金日萬	제주	위와 동일
격군	시노	黃金伊	제주	위와 동일
격군	시노	金泰海	제주	위와 동일
격군	시노	白眞伊	제주	위와 동일
격군	시노	黃金伊	제주	위와 동일
격군	시노	高尚迪	제주	위와 같음

격군	시노	李春友	제주	위와 동일
격군	시노	金守萬	제주	위와 동일
	양인	金連興	제주	義禁府 서리
	양인	安級	제주	제주도 軍器 화약 貿易使, 의금부 서리
격군	양인	車世萬	강진	義禁府 서리 제주도 入往時 탄 배의 격군
書吏		金德岭	京	죄인 李壽民 掌来事
서리		河宗漢	京	죄인 李壽民 仍配事
閑良		尹壽建	京	私事 제주도 入往
	私奴	姜時海	京	私商 제주도 入往
	사노	金光郎金	京	사상 제주도 入往
유학		金泌	全義	推奴事 제주도 入往
	奴	武加伊	전의	김필의 奴
	양인	李斗玉	臨陂	사상 제주도 入往
	양인	申時才	영암	사상 제주도 入往
	사노	鄭哲重	舒川	제주도 판관 奴子 入往
	사노	金出萬白	부여	제주도 목사에게 上典 서간 傳納次 入往

　　1724년 이건춘(李春建) 일행의 출신지를 전체 60명 가운데 기록이
나타나는 인물을 분석해 보면, 45명이 제주도 사람, 한성 5명, 전의 2
명, 임피 영암 서천 부여 각 1명으로 전체 56명이었다. 이춘건 표류민
일행의 직역을 분석해 보면, 사공(沙工) 이춘건 1명, 격군(格軍) 37명(실
제 34명), 色吏 3명, 進上陪從人 4명, 幼學 2명, 서리 2명, 私商 12명 등
이었으며, 한량과 유학도 포함되어 있다. 이들의 신분은 寺奴 32명,

私奴 8명, 官奴 2명, 양인 13명, 양반 등이었다. 이 배에서 선원 조직을 살펴보면 사공 寺奴 이춘건 1명, 격군 34명으로 이원화되어 있다. 이런 점에서 이 배는 제주도의 여러 進上 물건, 軍器 소용 잡물 무역 本錢 등을 실은 선박으로 다양한 용도를 지닌 선박으로 파악할 수 있다.

1724년 이춘건 일행이 배에 승선한 이유는 다양하였다. 무엇보다도 제주도 正朝方物筒筒 結弓獐皮 진상 등 진상과 관련된 사람이 많았다. 또한 제주도 각종의 진상(進上) 물건 및 군기(軍器) 소용 잡물 무역 本錢 등을 실은 所載舡의 沙格, 제주도 군기(軍器) 화약 貿易使, 義禁府 서리로 제주도 入往時 탄 배의 격군이 있었다. 이 밖에도 개인적인 임무로 배를 탄 경우도 많았다. 즉 죄인 李壽民의 아들로 아버지를 따라 제주도 旌義 配所에 入往한 경우, 의금부(義禁府) 서리로 죄인 李壽民을 잡아올 때 率奴, 제주도에 入往하기 위해 죄인을 압송하여 나가려고 대기 중인 경우, 이수민의 仍配事의 公文 처리, 推奴의 일, 개인적인 일, 私商으로 제주도에 入往한 경우, 제주도 판관 奴子로 入往하여 제주도 목사에게 上典 서간 傳納次 入往한 경우였다.

그런데 조선 후기에 30명 이상 탑승한 선박은 제주와 육지를 연결하는 선박이 대부분이었다고[35] 한다. 이춘건 일행의 다수는 제주도의 진상(進上)과 사상(私商)이 무역을 위한 경우가 많았지만, 개인적인 일을 수행하는 등 다양한 목적의 사람들이 같은 배를 이용하고 있었음을 알 수 있다. 이런 점에서 이 선박은 여객선 역할을 하는 것으로 파악될 수도 있다. 그렇지만 다수의 인원은 상업 목적으로 제주도를 왕래할 때 선박을 이용하고 있음을 알 수 있다.

35　고동환, 「조선 후기 商船의 航行條件-영·호남 해안을 중심으로-」, 313~314쪽.

III. 조선 후기 선박의 운영

1. 官營制

조선 후기에 선박의 운영에서 관영제로 운영된 선박으로는 조운선(漕運船)과 군선(軍船)이 대표적이다. 먼저 조운선은 조선 전기에 官船漕運制로 운영되었다. 국가에서는 조운선을 건조하여 船軍을 立役시켜 세곡을 운반하는 형태였다. 漕卒에는 선박마다 領船 1명, 10척마다 統領 1명, 30척마다 千戶 1명 배정되었다. 水夫의 경우 경기좌도에 306명, 경기우도에 292명이 배정되었는데, 두 번으로 나누어 교대 근무하게 하였다. 그러나 관선 조운의 문제점으로 私船漕運의 실시가 일찍부터 건의되었다. 이와 함께 16세기에 役制의 변화와 私船賃備論이 현실화되어 나갔다고[36] 한다.

17세기부터는 漕軍이 확보되지 않아서 漕役의 혁파가 논의되었다. 이에 代立을 허용하였는데, 선군이 대립한 사람을 雇人이라 하고, 納布로 身役을 대신하는 納布漕軍이 나타났다. 1706년(숙종 32) 천호제를 혁파하여 천호(千戶)와 조군(漕軍)이 漕役을 면제받으면서 면포 2필의 良役을 부담하게 되었다.[37] 아울러 여러 각도에서 당시의 현실을 확인한 正祖는 京江船의 철폐보다는 경강선의 보호 육성이라는 측면에서 대책을 강구하였는데, 이런 과정에서 나타난 것이 作隊制였다.[38] 작대제는 흔히 執籌制라고도 불리는데, 경강선으로 하여 船隊

---

36   崔完基, 『朝鮮後期 船運業史研究; 稅穀運送을 中心으로』 (일조각, 1989), 17~24쪽.

37   『숙종실록』 권39, 30년 정월 丁巳.

38   최완기, 『朝鮮後期 船運業史研究; 稅穀運送을 中心으로』, 129~139쪽.

를 이루게 하여 선인들이 자율적으로 奸弊를 통제토록 하고, 관리들의 탐학을 제거하여 경강상인(京江船人)의 활동을 보장함으로써 세곡 운송을 원활히 하고자 한 방안이었다. 이때 訓鍊都監船도 세곡 賃運에 참여하게 되었는데, 경강 선주들의 반대로 전라도 연해안 일부 노선만 세곡 운반을 독점하였다.[39]

이런 과정을 거치면서 조선 후기에는 漕卒에게 인원당 布 2필의 身布를 징수하였다. 그리고 사공(沙工)과 격군(格軍)을 선발하였는데, 선박 1척에 사공 1명과 격군 15명을 배정하였다. 조졸에게 인원당 復戶 2結을 지급하여 공물과 잡역을 면제하였으며, 결당 쌀 15두를 징수하여 사공과 격군의 급료 및 조운선 운행의 각종 비용에 충당하였다. 이처럼 조선 후기에 조운선의 운영은 사실상 私營化되어 나아갔다.

다음으로 軍船은 군사제도의 틀 속에서 軍役으로 운영되었다. 조선전기에 수군은 지방군으로 거주지별로 군제에 올라 규정에 따라 복무하였다. 수군의 역(役)은 참전, 赴防, 시위, 훈련(訓鍊), 勞役 등으로 부담이 많았다. 이에 水軍役은 양인(良人)의 부족으로 身良役賤으로 이어졌는데, 수군의 世傳은 법제화되었다.[40] 수군은 군역을 담당하는 동안 종9품의 祿料 정도를 받았다.[41] 그러나 16세기 이후 수군역의 과중함으로 다양한 형태의 수군 避役과 代立이 나타났다.[42] 이후 조선 후기의 군역은 직업 군인화와 급료병 체제로 나아갔다.

조선 전기에 수군의 군액은 騎船軍이 49,317명이었는데, 경상좌

---

39 『度支志』권7, 版籍司 漕運部, 漕船節目 事實條.

40 『經國大典』兵典 番次都目 水軍.

41 『經國大典』戶典 祿科.

42 방상현, 『朝鮮初期 水軍制度』(민족문화사, 1991), 96~100쪽.

도는 병선 146척, 수군 7,597명이었다.[43] 조선 후기에 경상좌수영 관할 진영의 군액을 살펴보면, 조선 후기 경상좌수영의 군사는 군관과 군사로 나눌 수 있다. 군관으로는 감관, 선장, 지구관, 도훈도, 토사부, 교사이며, 군사는 포수, 능로군, 분방사부, 분방군이다. 이 가운데서 주목할 부분은 군액이다. 군액의 대부분이 納布化로 대체되고 있었다. 이것은 군사의 급료화를 의미한다는 점에서 의미가 있다. 이처럼 조선 후기의 군선 운영은 사실상 급료병에 의해 운영되어 나갔다.

〈표-7〉 조선 후기 경상좌수영 관할의 진영의 직군과 군액[44]

직군 \ 지역	부산 첨사	다대 첨사	서평포 만호영	두모포 만호영	개운포 만호영	포이포 만호영	감포 만호영	축산포 만호영	칠포 만호영
감관	1	1	1	1	1	1	1	1	1
선장	1	1							
지구관	4	4	2	2	2	2	2	2	2
도훈도	1								
토사부	36	36	18	18	18	18	18	18	18
교사	10	5	5	5	5	5	5	5	5
포수	48	48	24	24	24	24	24	24	24
능로군	290	290	145	145	145	145	145	145	145
분방사부	112	112	106	106	106	106	106	106	106
분방군	1,640	1,600	800	800	800	800	800	800	800

---

43 『世宗實錄地理志』慶尙道. 한편 『經國大典』兵典條에는 수군 군액이 48,800명으로 기재되어 있다.

44 『東萊府邑誌』鎭堡, 釜山鎭條; 『嶺南鎭誌』 등을 참고하여 작성하였다.

2. 私營制

조선 후기에 선박의 사영제와 관련하여 주목할 것은 상선(商船)과 地土船이다. 사선의 경영 형태는 船商, 賃運, 賃船이라고 할 수 있다.[45] 조선 후기에 사선의 운항을 위한 제도는 숙종 연간에 船案을 마련하여 配船했던 井間法, 정조 연간에 作隊事目을 제정하여 船契制, 輪番制, 執籌制, 財運制를 토대로 시행했던 作隊制가 있다.[46] 이런 제도를 시행함으로써 관영제보다는 사영제로 선박의 운영이 변화하여 나갔다. 이것은 자본의 성장과 임노동으로의 변화라는 긍정적인 작용을 하였다는 점에서 의미가 있다.

조선 후기에는 사회경제적 변화에 따라 지토선이나 경강선에 모두 뱃삯을 지불하였다. 매 척당 감관과 색리를 제외하고, 사공과 격군 16명에게 船糧米 16석, 옷감 15필, 在家糧[47] 32석, 祈神米 3석, 酒米 1석, 장을 만들 콩 3석, 돌아올 때 식량 3석 3두를 지급하였다.[48] 1704년 선박 1척의 賃價는 50석이었다고[49] 한다.

먼저 상선(商船)의 경우 해안을 항해하다 표류한 선박을 살펴보면 승선인원은 1척에 6~15명이었다. 제주와 전라도를 오가는 선박은 京江船이 주였는데, 상품운송과 여객운송업을 겸하는 것이 일반적이었다고[50] 한다. 앞에서 살펴본 1724년 李春建 일행의 표류선에서도 사

---

45 나애자, 『한국근대해운업사연구』(국학자료원, 1998), 152~155쪽.

46 『承政院日記』 제1494책, 정조 5년 9월 24일.

47 경강에 도착해서 사용하는 잡비를 말한다.

48 『六典條例』 版籍司 漕運.

49 『度支志』 권7, 版籍司 漕運部, 兩湖船節目.

50 고동환, 「조선 후기 商船의 航行條件-영·호남 해안을 중심으로-」 313~314쪽.

공(沙工) 이봉건 1명, 격군(格軍) 37명(실제 34명)을 제외하면, 나머지는 여객이었다.

조선 후기에 선박을 통해 상품유통에 참여하는 부류는 자본을 대는 物主, 선박의 소유주인 선주, 그리고 사공과 격군으로 구성되었다. 이 가운데 선상이라 칭할 수 있는 사람은 물주와 사공이었다.[51] 일반적으로 표류선의 船商들은 대부분 전업적인 선상이었다. 아직 경영과 자본이 분리되지 않고 소규모 자본으로 중형 범선에 각 지역의 특산물을 구매하여 다른 지역에서 판매하고, 다시 그 지역의 특산물을 구매하여 출발지로 돌아오는 형태였다고[52] 한다. 이 밖에 소형 선박으로 해운에 직접 종사하는 경우가 더 많았다. 그러한 예를 살펴보면 다음의 세 경우를 들 수 있다.

첫째, 대규모 자본을 가지고 전국을 무대로 선상 활동을 전개하는 대형 선상도 간혹 있었다. 대표적으로 1757년(영조 29)에 송환된 개성상인 사공 金中才는 개성부 출신 격군 9명, 강진 출신 3명과 같이 개성부의 물주(物主) 金振哲의 돈 2,200냥을 가지고, 선주(船主) 金七奉의 배를 이용하여 예성강-은진-영일-삼척에서 쌀, 명태, 미역, 잡어를 구매·판매하다가 장기에서 표류하였다.[53] 이처럼 조선 후기에 선박 운항에는 물주, 사공, 격군의 기능이 구분되었다. 사공 김중재는 선장이면서 선상단의 우두머리였다. 이때 사공 김중재는 개성상인 물주 김진철의 사용인으로 활약한 것으로 보인다고[54] 한다.

51   고동환, 위의 논문, 314쪽.
52   『典客司日記』 권13, 己卯 9월 28일.
53   『典客司日記』 권13, 丁丑 6월 21일.
54   고동환, 「조선 후기 商船의 航行條件-영·호남 해안을 중심으로-」, 316쪽.

아울러 대규모 선단의 격군들은 노 젓는 일만 하는 것이 아니라 사공과는 독립적인 소상인으로서 자신의 상품을 가지고 상업활동에도 참여하기도 하였다. 그러나 대규모 상단의 격군은 임노동자처럼 雇價를 받고 승선하는 것이 일반적이었다고[55] 한다. 실제 18세기 말에 격군의 고가는 매월 6냥 정도였다고[56] 한다.

둘째, 1735년(영조 11) 徐厚廷 일행의 표류사례이다.[57] 琉球에 표착했다 돌아온 서후정과 함께 표류했던 일행을 파악하면 다음과 같다.

〈표-8〉 1735년 유구 표착 서후정의 일행[58]

세대	이름	나이	관계	이름	나이	관계	이름	나이
1	金必先	56	子	金重萬	15			
2	徐厚廷	43	妻	姜一梅	32	女	徐玉心	12
3	朴起萬	42	妻	莫進	38			
4	徐厚先	36	妻	命進	26			
5	秋武鶴	26	妻	孝正	27			

---

55 고동환, 위의 논문, 316쪽.

56 『同文彙考』四, 原篇 續, 嘉慶 6년(1797) 정월 29일, 漂民-我國人, 盛京禮部知會鳳城漂人出送咨. "(前略) 李東柱自與供詞 小的年三十三歲 是朝鮮國慶尙道南海縣河平里的人 家有伯仲兄無父母妻子 因家貧 於今年閏四月間 僱給同村住的許大突 販蔴布船上搖櫓 每月給工錢六弔開船後 行至大海中洋 忽被大風 將船碰壞 (後略)".

57 『備邊司謄錄』第18冊, 英祖 11년 乙卯 8월 29일 漂海回還人問情別單; 김강식 편저 「조선 후기 경상도와 류큐 표류민의 표류와 해역」『대가야시대 한일 해양교류와 현재적 재현』(선인, 2020), 392~394쪽.

58 『沖繩県史料』前近代 5, 漂着關係記録, 「朝鮮人拾壱人慶良間島漂着馬艦船を以唐江送越候日記」. 여기에는 조선인의 호적과 호패 등이 실려 있다.

1735년 서후정(徐厚正) 일행 11명의 유구 표착과 송환에 대해서는 조선 후기의 대외관계를 파악하여 상황을 기록한 『備邊司謄錄』에 비교적 자세하게 파악되어 있다.[59] 이를 정리하여 인용하면 다음과 같다.

> 표류한 일행은 경상도 거제읍 서면 한산 두룡포에 거주하는 11명이었다. 을묘년(1735) 8월 2일에 북경에서 回還한 漂海人 거제에 거주하는 김필선 등이 현(縣)의 처소에서 替送하고, 本司 郎廳으로 하여 問情한 후 공초한 내용을 별단서로 들이자 임금이 열람하도록 했다. 다시 심문하여 지나온 경로와 본토로 환송될 때, 지급받은 馬饋食을 파악하였다. 이들이 이국에 표박하였다가 생환해 왔으므로, 顧恤의 뜻을 본도에 분부하여 그 빌린 統營錢은 액수가 많지 않으니, 탕감하는 것이 무방하다. 이에 통제사에게 맡겨서 처분하도록 요청하자, 윤허하였다.[60]

여기서 주목하는 것은 서후정 일행이 유구에 표류한 동기가 경상도에 흉년이 들어서 살기가 어려워 統營料理錢 50냥을 興利資生하여 還償할 목적으로 貸出하였다는 것이다. 이에 서후정은 가족을 이끌고 임자년(1732) 8월 20일 통영을 떠나 전라도 강진현에서 興販하고서 통영으로 돌아가다가 계축년(1733) 11월 초8일에 바람을 기다려 바다로 나갈 때, 이날 밤에 風雨가 크게 일어나서 21일 洋中으로 표류하였다고 하였다. 이처럼 조선 후기에는 생계를 위한 魚商으로 활동

---

59 정하미, 「표착 조선인의 신원확인 및 류큐왕국의 대응: 1733년 케라마섬 표착의 경우」, 『일본학보』 104(2015), 316~318쪽.

60 『備邊司謄錄』第18冊, 英祖 11年 乙卯 8月 29日 漂海回還人問情別單.

하는 사람들이 많았는데. 이들의 어업과 어로 행위는 소규모의 私營
이었다.

〈표-9〉 1724년 울산과 평해 표류민 사례[61]

지역	직역	신분	이름
울산	沙工	사노	金玉先
	格軍		張自奉
평해	격군		金今石
	격군		権岳男

셋째, 1725년 울산 漂民 2명과 평해 표민 2명의 사례이다.[62] 이들
은 漂人領來差倭 正官 大江新繁과 함께 제2선으로 송환되어왔다. 울
산의 사공(沙工) 金玉先과 격군(格軍) 張自奉 등 2명은 울산부 塩浦 海
夫인데, 자신들이 사용하던 고기잡이배가 부서져 못 쓰게 되자, 이에
새로운 배를 구입하기 위해서 1724년 9월 27일에 강원도 평해로 갔
다. 여기서 배를 인수하여 돌아올 때 2명의 沙格으로는 배를 가져오
기가 어려워서 평해 어민 金今石 등 2명을 고용하여 같이 타고 오다
가 10월 9일에 영해 丑山浦 앞바다에서 狂風을 만났다. 이들은 3주야
를 표류하여 10월 12일에 일본 石州에 표착하여 구조된 사례이다. 이
배의 사공(沙工)은 私奴 金玉先이며, 나머지 3명은 격군(格軍)이다. 이
처럼 조선 후기에 魚商들은 임금을 지불하고 격군을 고용하면서 선

61　『표인영래등록』책14, 을사(1725) 4월 초2일, 129~143쪽.

62　『표인영래등록』책14, 을사(1725) 4월 초2일, 129~143쪽.

박을 운영하고 있었다.

이와 비슷한 사례로 1676년 양산 사람이 木花를 거제에서 사서 돌아오다 對馬島에 표착한 경우이다. 이들 일행은 1676년 9월 19일 표류하여 22일 대마도(對馬島)에 표착하였다가 12월 3일 귀환하였다. 이들이 9월 6일 목화(木花)를 사러 거제에 갔다 귀환하던 운송 상선 1척에 15명이 승선했는데, 상인이 여자 4인, 격군(格軍) 등을 고용하였다. 그들은 양산인 남자 5인, 여자 3인, 김해인 남자 6인, 여자 1인이었다.

다음으로 地土船이다. 조선 후기에 지토선은 지방민이 소유한 사선(私船)으로 국가에서는 船案을 만들어 관리하였다. 지방의 지토선은 군역청 선안에 등재되었다.[63] 경상도에서는 조선 전기에 각 읍에서 지토선(地土船)을[64] 만들어 京江 뱃사공에게 대여하여 각 읍별로 운송·납부를 하였지만, 난파가 계속되자 창고를 설치하였다. 이러한 지토선은 海船과 江船으로 구분되며, 지역 명칭으로 구분되었다.[65] 지토선은 田税穀 운송에 이용되었는데, 조선 후기에 주로 大同米를 운송하였다고[66] 한다. 지토선의 규모는 대부분 소형 선박이었으며, 선박의 임대료인 賃價는 1704년에 선박 1척에 50석이었다.[67] 대동법 시행 이후에는 세곡을 싣고 온 감관이 인근에 거주하는 주민에게 役價米를 주고, 고용하여 하역과 운반작업을 시켰다. 이때 고용된 하역 노동

---

63 『萬機要覽』財用編 3, 海税總例條.

64 土船이라고도 한다.

65 최완기, 『朝鮮後期 船運業史研究; 税穀運送을 中心으로』(일조각, 1993), 162쪽.

66 최완기, 앞의 책, 190~201쪽.

67 『度支志』 권7, 版籍司 漕運部 兩湖船節目條.

자를 倉居民 또는 倉民이라고[68] 하였다. 조선 후기에 경강선(京江船)의 경우 사공은 급료가 매월 20두, 매년 16석이며, 격군의 급료는 매월 12두, 매년 9.6석이었다.[69]

그렇지만 조선 후기에 지토선은 선박의 조달이 어렵고, 宮房과 衙門이 점탈하고, 지토인들의 부정행위로 자주 문제가 되었다고[70] 한다. 이런 가운데 자본력과 항해술을 갖춘 경강선(京江船)이 사회경제적 변화를 활용하면서 稅穀 운반에서 주도적인 활동해 나갔다. 나아가 경강선은 운송 용역의 전문화를 추구하여 漁採船, 渡津船, 運送船, 行商船을 통하여 다양한 활동을 전개하였다. 경강상인들은 운송 용역에 대한 반대급부로 합법적인 船價를 취득하고, 부수적으로 취득할 수 있는 영리활동을 통해서 자본을 축적하는 단계에 이르렀다고[71] 한다. 이런 추이 속에 給料兵으로 구성된 훈련도감에서도 都監船을 활용하여 세곡 賃運 활동에 참여하여 재정적 어려움을 극복하였다고[72] 한다.

이러한 경강선의 선원 구성을 살펴보면, 선주, 사공, 船卒(격군)으로 구분되었다.[73] 선주는 경강선의 소유주이며, 사공은 배의 운항에서 전체 지휘권을 가지는 선장이었다. 격군은 격졸(格卒)과 船人이라고도 불리는데, 운항의 실무를 맡았다. 이 가운데 사공은 배의 승선 인원을 통솔하고, 선박과 선적화물을 관리하며 안전한 항해를 도모

---

68 『承政院日記』제60책, 숙종 23년 3월 13일; 『日省錄』정조 19년 을묘 윤2월 25일.

69 禹禎圭, 『經濟野言』, 嶺南漕船變通之策.

70 최완기, 『朝鮮後期 船運業史硏究』, 198~201쪽.

71 최완기, 위의 책, 214~231쪽; 고동환, 『조선 후기 서울상업발달사연구』, 346~433쪽.

72 최완기, 위의 책, 231~236쪽.

73 『新補受教輯錄』戶典 漕運條.

하는 최고책임자였다. 격군은 선장인 사공을 도우면서 직접 선상의 노동에 종사하는 실무자여서 舟輯과 수로에 익숙한 사람이었다.

V. 맺음말

한국 선원의 역사에서 조선 후기의 선원이 가지는 의미는 전근대적 선원에서 근대적 선원으로 나아가는 과정에 있었다고 할 수 있다. 배의 역사와 함께 선원의 존재가 나타났지만, 원래 선원은 漁撈人과 水軍의 역할을 겸하다가 차츰 두 역할이 다른 직능의 선원으로 분화되었다. 이후 근대 선원의 역할에 해당하는 선원은 어선(漁船)과 상선(商船)에서 활동하는 선원으로 일원화되어 나갔다. 이런 측면에서 조선 후기의 선원은 근대 해운업의 성장과 함께 나타나는 상선의 선원으로 나아가는 과도기적 모습을 보여준다고 볼 수 있다.

조선 후기에 선원이 근대 선원으로 나아가는 모습은 선원의 조직에서 나타나는 직능의 분화와 업무의 전문화로 나타났다. 아울러 선박의 운영에서는 선원의 신분 향상과 노동에 대한 임금의 지급 등을 통해서 확인할 수 있다. 이와 함께 관선인 군선(軍船)을 제외하고는 사선으로 대체되어 나갔다. 즉 선박의 운영에서 관영제는 군선의 운영을 중심으로 운영되고 나머지는 사영제로 운영되어 나갔다.

우선 조선 후기의 선원의 조직에서는 통신사선으로 대변되는 대형 선박에서 보면, 선원의 상층 선원과 하층 선원 및 부속 선원으로 직능의 분화가 나타났다. 이런 모습은 근대 상선에서 보이는 선원의 조직과 같이 직능이 분화된 모습이다. 물론 통신사선에서 직능 분화는 당시의 상황에서는 예외적인 선박에 해당되지만, 그런 추이는 선박의 대형화와 함께 얼마든지 가능한 상황이었다. 통신사선에서 선박의 운항의 책임자는 선장 또는 기선장이나 복선장이었다. 통신사선의 선원으로는 屠牛場, 都沙工, 사공, 상선사공, 복선사공, 요수, 정수, 무상요수, 무상상수, 격군이 있었다.

아울러 군선에서는 군역의 布納化 과정에서 役價를 지급받는 수군으로 군선의 인원이 충원되어 나갔다는 점이 의미를 지닌다. 이것은 직업 군인으로 나아가는 모습이기도 하기 때문이다. 조선 후기 군선에는 군관으로 감관, 선장, 지구관, 도훈도, 토사부, 교사가 있었으며, 군사는 포수, 사부, 능로군, 분방사부, 분방군이 있었다.

특히 조선 후기에 선박의 운영에서는 큰 방향에서 보면 관영제(官營制)보다는 사영제(私營制)로 나아가는 모습을 찾을 수 있었다. 즉 선박을 이용한 상업활동 과정에서 身役에서 벗어나는 선원의 존재, 군역을 納布로 대신하는 행위, 임노동자로서의 선원의 출현, 물주와 선주가 운송업으로 자본을 축적하는 모습 등은 근대적 선박 운영과 선원 분화로 나아가는 과정으로 이해해도 좋을 것이다.

조선 후기에 선박의 사영제와 관련하여 주목할 것은 상선(商船)과 지토선(地土船)이다. 사선의 경영 형태는 船商, 賃運, 賃船이었다. 조선 후기에 선박을 통해 상품유통에 참여하는 부류는 자본을 대는 物主, 선박의 소유주인 선주, 그리고 사공과 격군으로 구성되었다. 이 가운데 선상이라 칭할 수 있는 사람은 물주와 사공이었다. 일반적으로 표류선의 선상(船商)들도 대부분 전업적인 선상이었다.

조선 후기에 지토선은 지방민이 소유한 사선(私船)으로 국가에서는 船案을 만들어 관리하였다. 지토선은 海船과 江船으로 구분되며,

지역 명칭으로 구분되었다. 지토선은 田稅穀 운송에 이용되었는데, 주로 大同米를 운송하였으며, 대부분 소형 선박이었다. 그러나 경강선이 운송 용역의 전문화를 추구하여 漁採船, 渡津船, 運送船, 行商船을 통하여 다양한 활동을 전개하였다. 경강상인들은 운송 용역에 대한 반대급부로 합법적인 船價를 취득하고, 부수적으로 취득할 수 있는 영리활동을 통해서 자본을 축적하는 단계로 나아가고 있었다.

참고문헌

1. 자료

『朝鮮王朝實錄』,『大典會通』,『經國大典』,『典客司日記』,『日省錄』,『續大典』,『備邊司謄錄』,『漂人領來謄錄』,『同文彙考』,『承政院日記』,『六典條例』,『度支志』,『海行摠載』,『東萊府邑誌』.

2. 저서 및 논문

고동환,「조선 후기 商船의 航行條件-영·호남 해안을 중심으로-」『한국사연구』123(2003).

고동환,『조선 후기 서울상업발달사연구』(지식산업사, 1998).

국립해양박물관,『통신사 선단의 항로와 항해』국립해양박물관 해양총서 2(2017).

김성준,「≪표해록≫에 나타난 조선 후기 선원 조직과 항해술」『한국항해항만학회지』30-10(2006).

김병륜,「조선 후기 선박의 노 구조와 군선 격군의 편성과 운영」『역사민속학』54(2018).

김성준,「18세기 영국 상선 선원의 配乘 구조와 노동 조건」『한국항해항만학회지』26-1.

金在瑾,『韓國船舶史研究』한국문화연구총서 24(서울대학교 출판부, 1984)

김재승,「대일통신사선의 운항조직과 운항실태-1763~1764년 제11차 사행록 癸未隨槎錄을 중심으로-」『문화전통논집』12(2004).

김현구,「조선 후기 통제영 선단의 탑승 동태와 운용」『규장각』58(규장각한국학연구원, 2021).

나애자,『한국근대해운업사연구』(국학자료원, 1998).

방상현,『朝鮮初期 水軍制度』(민족문화사, 1991).

손태현,『한국해운사』(위드스토리, 2011).

松浦章,「海洋圈 移民」『東世界地域』, 浜下武志 編(山川出版社, 1999)

안미정·최은순,「한국 선원의 역사와 특징」『인문사회과학연구』19-1(2018).

이원철,「조선 후기 해운 용어에 관한 소고」『한국해운학회지』30(2000).

崔完基,『朝鮮後期 船運業史研究 ; 稅穀運送을 中心으로』(일조각, 1989).

일제강점기 한반도 선원의 규모와 구성

권경선

I. 머리말

본고는 일제강점기 한반도 선원의 규모와 구성을 민족, 직무를 중심으로 정리함으로써 근대 한반도 선원 연구를 위한 기초 정보를 제공하고자 한다.

근대의 선원은 해양해사 및 교통통신 부문 과학기술의 발전에 수반하여 성장한 근대적 직업이자, 대규모 여객과 물자를 해로를 통해 먼 거리까지 빠르게 수송하여 글로벌 수준에서의 인구 이동과 산업화를 가능하게 한 근대 해운업의 주체였다. 근대 세계의 형성 및 전개 과정에서 선원이 가지는 중요성에도 불구하고 선원에 대한 국내 학계의 논의는 극히 제한적이었다. 근대 한반도의 바다에 관한 우리 학계의 관심은 비교적 최근의 것으로, 주로 선박과 항로, 해운업과 수산업, 관련 과학기술, 교육, 제도에 관한 연구가 진행되어 왔다. 이와 함께 선원에 관한 연구도 점차 증가하고 있으나 영역 내의 다른 주제와 비교하여 연구성과가 적고 특히 선원을 전면에 내세운 연구는 소수에 불과하다.

근대 선원을 다룬 국내 연구는 주로 일제강점기 선원 양성과 관련된 것으로, 선박 항해(航海) 및 기관(機關), 수산(水産) 전문 인력 양성기관에 관한 연구가 주를 이룬다. 대표적인 연구로 해기(海技)를 갖춘 '고등선원' 양성기관으로서 조선총독부 체신국 해원양성소(海員養成所), 원양어업과 해기면장(海技免狀) 관련 과정을 진행하던 조선총독부 부산고등수산학교(釜山高等水産學校)에 관한 연구를 들 수 있으며, 이들 연구는 주로 해양수산 관련 정부 기관과 연구·교육 기관을 중심으로 개론적, 통사적 수준에서 진행되었다.[01] 최근에는 선원에 대한 인문학 영역의 관심이 높아지면서 근대 선원 양성기관과 체계에 관한 사적(史的) 연구, 우리나라 선원사 속 근대 선원의 위치 고찰, 근대 한반도 선원의 형성과 성격에 영향을 미친 일본 선원에 관한 연구, 근대 서구 선원에 대한 이해와 지역 간 비교에 도움을 줄 수 있는 영국 선원에 관한 연구들이 진행되었다.[02]

해양과 해사 부문에 대한 학술적 관심이 고조되고 인문학 영역으

---

01 손태현·임종길 엮음, 『한국해운사』 (위드스토리, 2011); 한국해사문제연구소, 『우리 선원의 역사: 상선선원을 중심으로』 (해양수산부, 2004); 釜山水産大學校五十年史編纂委員會 편, 『釜山水産大學校五十年史』 (釜山水産大學校五十年史編纂委員會, 1991).

02 이상은, 「조선총독부의 해원양성소 운영과 조선인 선원의 제한적 양성(1919-1936년)」 (고려대학교 석사학위논문, 2020); 강버들, 「우리나라 고등수산교육에 관한 사적 고찰」 『수산해양교육연구』 32-5(2020), 1125~1136쪽; 신귀원·김삼곤·지호원·김재식·김태운, 「일제하의 수산학교 교육에 관한 연구」, 『水産海洋敎育硏究』 19(1999), 69~87쪽; 안미정·최은순, 「한국 선원의 역사와 특징」 『인문사회과학연구』 19-1(2018), 95~123쪽; 이수열·안미정, 「근대 일본의 상선 선원: '고급'선원과 '보통'선원」, 『역사와 경계』 119(2021), 33~57쪽; 김성준, 「18世紀 英國 商船 船員의 配乘 構造와 勤勞 條件」, 『한국항해항만학회지』 26-1(2002), 55~65쪽; 현재열, 「17·18세기 잉글랜드 선원의 법적 지위 변화 -1729년의 '상선 선원의 더 나은 규제와 관리를 위한 법령'을 중심으로-」, 『역사와 세계』 60(2021), 277~307쪽.

로 연구가 확장되고 있음에도 불구하고, 근대 한반도 선원에 관한 연구는 여전히 양적, 질적으로 제한되어 있다. 여기에는 다양한 요인이 있겠지만 연구 대상으로서 선원에 대한 인식, 연구 환경 및 연구 주체의 문제, 연구 자료의 문제 등을 들 수 있을 것이다.

우리나라의 선원은 육상의 직업군과 비교하여 종사자 규모가 작아 선원에 대한 사회경제적 관심 자체가 크지 않고,[03] 해상과 선박 내에서의 활동이 주를 이루는 '특수'한 직업이라는 자타(自他)의 인식이 강하여 다양한 학술 영역에서 연구 대상으로 인식되거나 다루어지기 어려웠다.

선원 연구에서 보이는 일종의 폐쇄성은 연구 환경이나 연구 주체의 문제와도 맞닿아있다. 기술한 바와 같이 기존의 선원 연구는 해운업과 수산업 관련 정부 기관, 연구·교육 기관을 중심으로 각각의 전문 분야에 천착하여 진행된 경향이 강하다. 이 같은 구조는 각 분야에 대한 전문적이고 심도 있는 연구를 가능하게 했지만, 선원 일반에 관한 종합적 연구와 연구 주제 및 방법의 확장에 제약을 가져온 측면도 있다.

근대 선원에 대한 학술적 접근을 어렵게 하는 또 하나의 요인으로는 관련 정보와 자료의 부족을 들 수 있다. 기존의 관련 연구에서 선

---

[03] 한국선원복지고용센터의 2011~2020년도 『한국선원통계연보』에 따르면, 우리나라 선원법 적용대상 선박에 승선하는 국적선원(대한민국 국적을 가진 선원법 적용대상 선원)의 수는 2012년 35,355명(상선원 17,577명, 어선원 17,778명)에서 2015년 33,975명(상선원 17,155명, 어선원 16,820명), 2020년 31,035명(상선원 16,060명, 어선원 14,975명)으로 감소했고, 해외취업 선원 역시 2012년 3,551명에서 2015년 3,001명, 2020년 2,530명으로 감소했다. 한국선원복지고용센터의 『한국선원통계연보』는 해당 기관 홈페이지에서 열람할 수 있다. www.koswec.or.kr/koswec/information/sailorshipstatistics/selectSailorShipStaticsList.do(검색일: 2022.03.12).

원은 독립적인 주제가 아니라 근대 해운업이나 수산업 연구, 과학기술 및 제도의 발전, 관련 기관 설립 및 운영의 통사적 정리를 위한 배경으로 다루어지는 경우가 많았다. 선원을 주제로 한 논의 역시도 선원의 전체상이 해명되지 않은 가운데 교육과 제도 등 특정 부문을 중심으로 진행되어 온 경향이 강하다.

　이는 근대 선원에 대한 인식 및 관심의 부족과 함께, 당시 선원의 양적·질적 구성을 확인할 수 있는 자료의 부족에서 기인하는 바가 크다. 한반도에서 근대적 선원이 등장하기 시작한 것은 20세기 초로 선원에 대한 사회적 관심이 높지 않았고 선원 집단의 조직화 역시 초보적 단계에 있었기 때문에 선원 관련 자료는 주로 해사 부문을 담당하던 정부 당국이 발행한 문헌 자료에 한정된다. 이러한 자료적 한계는 선원에 대한 기초 정보의 부족으로 이어져 선원 연구의 양적, 질적 확대에 제약을 가져왔다.

　이에 본고는 일제강점기 한반도 선원의 양적 구성을 확인할 수 있는 자료의 발굴과 정리를 통해 당시 한반도 선원의 규모와 구성을 초보적으로 파악함으로써 근대 선원 연구를 위한 기초를 제공하고자 한다. 본고에서 정리, 분석하는 자료는 조선총독부의 『朝鮮總督府遞信年報』와 『朝鮮國勢調査報告』이다. 이들 자료는 모두 조선총독부가 발간한 자료이지만, 자료 제작 부서에 따라 다루는 선원의 범위가 다르고 조사 집계 항목과 수치에도 상당한 차이가 있으므로, 본론에서는 각각의 자료가 규정하는 선원의 범위에 대해 간략히 정리한 후 분석에 들어갈 것이다.

　본론의 장별 구성과 분석 자료는 다음과 같다. II장에서는 조선총독부의 인구 전수조사 결과를 바탕으로 당시 선원의 규모와 구성을 정리한다. 분석 자료는 1930년 조선총독부가 진행한 국세조사의 결과 보고서인 『朝鮮國勢調查報告』[04] 중 직업 관련 항목이다. III장에서는 조선총독부 체신국이 발행한 자료를 바탕으로 조선총독부 법령이 규정한 선원의 규모와 구성을 확인한다. 분석 자료는 조선총독부 체신국의 연간(年刊) 자료인 『朝鮮總督府通信年報』[05]의 해원(海員) 관련 부분이다.

II. 일제강점기 한반도 선원의 규모와 구성:
1930년 국세조사 결과를 바탕으로

1. 분석 자료와 분석 범위

이번 장에서는 조선총독부가 진행한 인구 조사의 직업별 집계 결과를 통해 선원의 규모와 민족·지역·직무 구성을 확인한다. 일본은 1920년부터 5년마다 일본 본토 및 식민지에서 국세조사를 실시했다. 한반도에서도 1920년부터 조사가 계획되었으나 3.1운동 등의 영향으로 불발되면서 1925년 간이국세조사(簡易國勢調查)를 시작으로 5년

---

04 朝鮮總督府, 『昭和五年朝鮮國勢調查報告』(朝鮮總督府, 1935). 1930년 조선총독부 국세조사 자료 『昭和五年朝鮮國勢調查報告』는 전국 단위 통계표와 분석 결과를 실은 '全鮮編' 총 2권과 도별(道別) 통계표와 결과 개요를 실은 '道編' 총 13권으로 구성되어 있다. 본고에서는 15권 전권의 관련 항목을 정리, 분석했다.

05 朝鮮總督府通信局, 『朝鮮總督府通信年報』(朝鮮總督府). 『朝鮮總督府通信年報』는 체신국이 설립된 1912년부터 매년 발간된 자료로서 체신국 운영 전반에 관한 정보와 함께 체신국이 담당하던 통신, 조선간이생명보험, 해사, 전기 행정 등의 정보가 수록되어 있다(1930년 기준). 본고에서는 현재까지 확보된 1911년도(1912년 12월 발간)부터 1941년도(1943년 3월 발간)까지의 관련 항목을 정리, 분석했다.

마다 조사가 진행되었다.[06] 인구 전수조사의 성격을 가진 국세조사는 호적을 중심으로 집계된 등록인구통계와 비교하여 인구 전모의 파악이라는 실질에 가까웠고, 특히 1930년의 조사에서는 한반도 거주 인구의 직업을 성별, 민족별, 지역별로 상세하게 집계하여 여타 인구통계나 선원 관련 자료에서 확인할 수 없는 구체적인 선원의 규모와 구성을 확인할 수 있다.[07]

---

06   일본의 국세조사는 1902년 제정된 [國勢調査ニ關スル法律(국세조사에 관한 법률)]과 1917년의 [國勢調査施行ニ關スル建議案(국세조사 시행에 관한 건의안)]을 바탕으로 1920년부터 실시되었다. 제1회 국세조사는 일본(조사명 日本國勢調査)과 당시 식민지였던 대만(조사명 '臺湾國勢調査')과 가라후토(樺太, 조사명 '國勢調査'), 조차지 관동주(關東州, 조사명 '臨時戶口調査'), 위임통치령 남양군도(南洋群島, 조사명 '南洋群島島勢調査')에서 실시되었다. 조선에서의 조사는 1925년 간이국세조사를 시작으로 1930년(직업 등 경제활동 항목 추가), 1935년(상주지 항목 추가), 1940년(병역 관련 항목, 3년 전 직업 및 산업 항목 추가)에 실시되었고, 1944년에는 자원조사법에 근거하여 인구조사를 실시했다는 기록이 있으나 그 결과물은 아직 확인하지 못했다.

07   1930년 국세조사에서는 직업에 관한 구체적인 항목들이 조사, 집계되었다. 해당 조사 중 직업 관련 항목으로는 본업 유업자 및 무업자별 인구 항목('本業有業者及無業者別人口', '本業有業者及無業者別人口ノ割合'), 직업별 본업인구 항목('職業(大分類)別本業人口', '職業(小分類)別本業人口'), 직업과 연령별 본업인구 관련 항목('職業(中分類)及年齡(十七區分)別本業人口', '職業(中分類)及年齡(十七區分)別本業人口ノ割合', '年齡(十七區分)別本業有業者(大分類1〜9)'), 직업 및 배우 관계별 본업인구 항목('職業(中分類)及配偶關係別本業人口'), 민족 및 직업별 본업인구 항목('民籍國籍及職業(小分類)別本業人口', '民籍國籍及職業(中分類)別本業人口ノ割合'), 직업별 본업인구 중 부업자 항목('職業(中分類)別本業人口中副業(職業 中分類)ヲ有スル者', '職業(中分類)別本業人口中副業(職業 中分類)ヲ有スル者ノ割合', '職業(中分類)別本業人口中副業ヲ有スル者'), 직업별 부업자 항목('職業(中分類)別副業者'), 세대주의 직업별 보통세대 및 인구 관련 항목('世帶主ノ職業(中分類)別普通世帶及人口', '世帶主ノ職業(中分類)別普通世帶及人口ノ割合', '世帶主ノ職業(大分類)別普通世帶及人口') 등이 있다. 직업 관련 항목의 구성은 크게 대분류 10개 항목(농업, 수산업, 광업, 공업, 상업, 교통업, 공무·자유업, 가사사용인, 기타 유업자, 무업), 중분류 41개 항목, 소분류 377개 항목으로 구분되어 있으며, 총인구의 직업에 대한 집계는 물론, 성별·민족·지역 구성을 확인할 수 있다. 단 이와 같은 상세 집계는 1930년 조사에 한한 것으로 다른 해의 국세조사 보고서에서는 1930년 수준의 구체적인 직업 관련 항목을 발견하지 못했다.

본고에서는 1930년 국세조사 보고서인 『昭和五年朝鮮國勢調査報
告』(이하 『朝鮮國勢調査報告』)의 직업 관련 항목 중 '民籍國籍及職業(小分
類)別本業人口(민적·국적 및 직업(소분류)별 본업인구)' 부분을 활용하여
당시 한반도 내 선원의 규모와 구성을 분석한다. 해당 자료는 조사
대상자의 본업(副業 제외)을 조사 집계한 자료로서, 직업 유무·업종·
직업상 지위 등으로 분류된 직업 항목과 각 직업에 종사하는 민족별
남녀 종사자 수가 기재되어 전국 및 지역(道 및 府) 단위의 인구 직업
구성을 확인할 수 있다.

해당 자료에는 선원의 직무가 기재된 항목과 함께 선원임을 명시
하지는 않았으나 선원의 성격을 띤 항목들이 혼재하고 있다. 『朝鮮
國勢調査報告』와 식민지 국세조사의 근간이 되는 일본 국세조사 보
고서 『國勢調査報告』에는 직업 분류 등에 관한 설명이 있으나 선원의
정의나 범위를 설명하고 있지는 않으므로 자료 활용을 위해서는 관
련 항목에 대한 임의의 판단이 필요하다.[08]

『朝鮮國勢調査報告』의 직업 관련 자료에서 선원과 관련된 직업은
군인(해군)[09]을 제외하면 직업 대분류 '2. 水産業'과 '6. 交通業' 종사자
에 포함된다. 대분류 '水産業' 종사자 중 어선 운항이나 승선 등과 관
련된 항목은 중분류 '5. 漁業ニ從事スル者(어업 종사자)' 중 소분류 '26.

---

08 조선 국세조사 보고서인 『朝鮮國勢調査報告』의 '職業分類', '職業分類作成要旨' 항
목, 일본 국세조사 보고서인 『國勢調査報告』의 '職業分類', '産業及職業分類方法' 항
목에 직업 분류와 직업 분류 방법 등에 관한 설명이 있다. 1930년 국세조사의 직업
조사 요지 및 직업 분류와 관련해서는 다음을 참조할 것. 朝鮮總督府, 『昭和五年朝
鮮國勢調査報告. 全鮮編. 第二巻 記述報文』(朝鮮總督府, 1935), 93~145쪽.

09 해군 관련 항목은 대분류 '7. 公務自由業' 하의 중분류 '30. 陸海軍現役軍人', 소분류
'327. 海軍現役士官·特務士官·准士官', '328. 海軍現役下士官·兵'에 해당하며, 군
함 승선이나 운항 등과 관련된 구체적인 분류는 확인할 수 없었다.

漁業主', '27. 漁業技術者·職員', '28. 漁業勞務者', '29. 漁業手助' 부분
이다. 해당 직업 분류에는 선원을 명시한 항목은 없으나, 일정 규모와
시설을 갖춘 어선을 운항할 시에는 해기면장이 필요했고,[10] 직업 분
류에 관한 소개 중 소분류 '漁業勞務者' 항목에 조선 특유의 직업으로
어업선 사공(沙工), 어선 격군(格軍) 등 배의 항행과 관련된 직업을 제
시한 것으로 보아 선원 성격의 직업군이 포함되었을 가능성이 높다.
단 '水産業' 부문에는 선원 직무를 특정하는 항목이 명시되어 있지 않
으므로 분석에서 제외하도록 한다.

한편 대분류 '交通業'의 중분류 '27. 運輸二從事スル者(운수 종사자)'
중에는 선원임을 확인할 수 있는 소분류 '302. 船長', '303. 船舶運轉
士', '304. 船舶機關長·機關士', '305. 船舶事務長·事務員', '306. 舵夫·
水夫', '307. 船舶油差·火夫·石炭夫', '308. 舟夫' 항목이 있다. 이번 장
에서는 '舟夫'를 동력을 활용하지 않는 작은 배나 뗏목 종사자로 보고
이를 제외한 항목들에 대해 분석을 진행한다.

2. 1930년 한반도 선원의 규모와 구성

이번 절에서는 상기 자료의 선원 관련 항목, 즉 선장, 선박운전사,
선박기관장·기관사, 선박사무장·사무원, 타부·수부, 선박유차·화
부·석탄부 항목을 바탕으로 선원의 민족·지역·직무별 규모와 구성
을 분석한다.

---

10 해기면장 시험을 규정한 조선총독부의 [朝鮮船舶試驗規則]에는 어선, 어업기선,
어업범선 운전사 시험이 포함되어 있었다. 단 국세조사에서 해당 해기면장 보유자
가 '水産業'-'漁業二從事スル者'-'漁業技術者·職員' 항목과 '交通業'-'運輸二從事ス
ル者'-'船舶運轉士' 항목 중 어느 쪽에 집계되었는지는 확인할 수 없다.

1) 선원의 민족별·지역별 규모와 구성

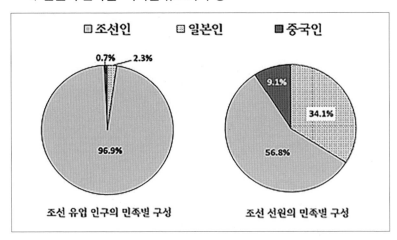

〈그림 1〉 1930년 국세조사에 나타난 조선 유업 인구 및 선원의 민족 구성 (단위: %)

해당 조사가 집계한 1930년 10월 1일 0시 현재 한반도 내 선원의 수는 14,303명(전원 남성)으로 전국 유업(有業) 인구(9,765,514명)의 약 0.15%를 차지하고 있었다. 민족별로는 조선인 약 56.8%, 일본인 약 34.1%, 중국인 약 9.1%로 구성되어 있었고, 그밖에 대만·가라후토·남양군도 출신자 3명, 기타 외국인 2명이 있었다. 당시 한반도 선원의 민족 구성은 전체 유업 인구의 그것(조선인 약 96.9%, 일본인 약 2.3%, 중국인 약 0.7%)과 비교하여 조선인의 비율이 상당히 낮고 일본인과 중국인의 비율이 높은 특징을 보이고 있었다. 선원 민족 구성상의 특징은 당시 한중일 각국의 해운업 상황과 선원의 규모, 선원 관련 인식·관습·제도 등과 연관된 것으로 보이는데 향후 구체적인 고찰이 필요하다.

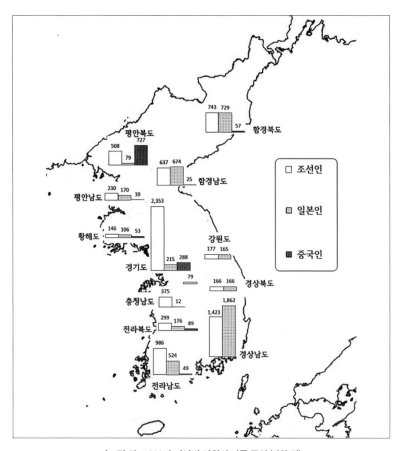

<그림 2> 1930년 지역별 선원의 민족 구성 (단위: 명)

해당 조사의 도별(道別) 자료를 바탕으로 선원의 지역별 분포를 확인할 수 있다. 당시 한반도에서 2천 명 이상의 선원이 소재하던 지역은 경상남도(3,287명, 전체 선원의 약 23.0%)와 경기도(2,858명, 약 20.0%)로 전체 선원의 4할 이상이 두 개 지역에 집중해 있었다. 이어서 전라남도(1,559명, 약 10.9%), 함경북도(1,529명, 약 10.7%), 함경남도(1,337명, 약 9.3%), 평안북도(1,314명, 약 9.2%)에 각 1천 명 이상의 선원이 있

었고, 전라북도 (564명, 약 3.9%), 평안남도(410명, 약 2.9%), 충청남도(387명, 약 2.7%), 강원도(342명, 약 2.4%), 경상북도(332명, 약 2.3%), 황해도(305명, 약 2.1%), 충청북도(79명, 약 0.6%)에 각각 100명~500명 안팎의 선원이 있었다. 다수의 선원이 집중된 경상남도, 경기도, 전라남도, 함경남북도, 평안북도 등은 대규모 무역항과 어항이 있던 지역으로 선원의 규모와 관련 산업과의 관계를 추측할 수 있다.[11]

선원의 지역별 분포에서 특히 눈에 띄는 것은 민족 구성이다. 전체 선원의 과반을 차지하던 조선인 선원의 주요 소재지는 경기도(2,353명)와 경상남도(1,423명)였고, 전라남도, 함경북도, 함경남도, 평안북도 등지에도 각각 500명 이상이 거주했다. 조선인 선원의 지역별 분포는 전체 선원의 지역별 분포를 좌우하고 있었으나 조선인 선원의 최다 거주지(경기도)가 전체 선원의 최다 거주지(경상남도)로 이어지지는 않았다.

이는 조선인 선원 다음으로 많은 수를 차지하던 일본인 선원의 지역별 분포와 관련이 있었다. 일본인 선원은 충청북도를 제외한 전국 각지에 분포해 있었다. 경상남도, 함경남북도, 전라남도에 8할 가까이가 거주하고 있었고, 특히 부산부 등이 있던 경상남도에는 조선인 선원보다 많은 수의 일본인 선원이 거주하며 전체 선원의 지역별 분

---

11 1930년 『朝鮮總督府統計年報』의 '180. 移輸出入品價額港別' 항목에 따르면, 1930년 조선의 주요 이수출입항(移輸出入港)은 경상남도 부산항(조선 전체 이수출입액의 약 30.1% 차지), 경기도 인천항(약 17.7%), 평안남도 진남포항(약 9.6%), 평안북도 신의주항(약 8.8%) 등이었다. 같은 자료의 '84. 水産業者用船舶' 항목에 따르면, 어업 및 양식용 선박의 수는 경상남도(전체 어업 및 양식용 선박의 약 24.7% 차지), 전라남도(약 21.1%), 함경북도(약 11.8%), 경상북도(약 8.7%), 함경남도(약 8.2%), 강원도(약 7.9%)의 순으로 많았다. 朝鮮總督府, 『昭和五年朝鮮總督府統計年報』(朝鮮總督府, 1932), 136~267쪽.

포에서 경상남도를 수위로 이끌었다. 일본인 선원들이 집중되어 있던 지역들은 주로 한반도의 남부 및 동부 지역으로 일본과 지리적으로 인접하고 일본과의 무역과 일본인 어업이 활성화된 곳이었다.[12]

중국인 선원의 지역별 분포는 조선인, 일본인보다 지역에 따른 쏠림 현상이 더욱 두드러졌다. 중국인 선원이 많은 지역은 평안북도(약 56.0%)와 경기도(약 22.2%)로 전체 선원의 8할가량이 이 두 지역에 집중되어 있었다. 이어서 전라남북도, 함경남북도, 황해도, 평안남도에 각각 100명 미만의 중국인 선원이 거주하고 있었고, 그 밖의 지역에서는 중국인 선원의 거주가 확인되지 않았다. 중국인 선원이 집중된 지역들은 한반도 서부 및 북부 지역으로 중국과 지리적으로 인접하고 중국과의 무역이 활발한 곳이었다.

요컨대 당시 조선인 외 선원의 지역별 분포와 민족 구성은 선원의 출신지(국)와 지리적·산업적으로 밀접한 관계를 맺고 있었음을 알 수 있다.

2) 선원의 직무별 규모와 구성

다음으로 선원의 직무별 규모 및 구성을 살펴본다. 해당 자료의 선원 관련 항목은 직무별로 집계되어 있으나 직무의 분류 기준이나 집계 근거는 명확하지 않다. 이번 절에서는 선원 직업 내의 계급성을 확인하고 다음 장에서 다룰 조선총독부 체신국 집계 선원과의 비교 분석을 위하여 일반적으로 해기면장이 필요한 것으로 여겨지는 선

---

12 1930년 국세조사의 본업인구 직업 통계에 따르면 일본인 어업 종사자(7,167명)의 약 90.2%가 경상남도(3,045명), 함경북도(1,409명), 전라남도(1,184명), 함경남도(827명)에 거주했다.

장, 선박운전사(지금의 항해사), 선박기관장·기관사 항목을 '고등선원'으로, 별도의 해기면장이 필요하지 않은 타부·수부, 선박유차·화부·석탄부, 선박사무장·사무원 항목을 '보통선원'으로 범주화하여 살펴볼 것이다.

우선 전체 선원 규모에서 '고등선원'의 규모를 보면, 선장이 2,222명(전체 선원의 약 15.5%), 선박운전사 249명(약 1.7%), 선박기관장·기관사 1,985명(약 13.9%)으로 전체 선원의 약 31.2%를 점하고 있었다. 한편 '보통선원'의 규모를 보면, 타부·수부 8,218명(약 57.5%), 선박유차·화부·석탄부 1,498명(약 10.5%), 선박사무장·사무원 131명(약 0.9%)으로, 당시 선원의 7할 가까이가 '보통선원'이었음을 알 수 있다,

'고등선원'과 '보통선원'의 민족 구성을 보면, '고등선원'은 일본인 약 59.2%, 조선인 약 37.1%, 중국인 약 3.7%로 구성되었고, '보통선원'은 조선인 약 65.7%, 일본인 약 22.8%, 중국인 약 11.5%로 구성되어, 전체 선원 중 각 민족이 차지하는 비율 대비 일본인 선원은 '고등선원'의 비율이, 조선인 선원은 '보통선원'의 비율이 높았음을 알 수 있다.

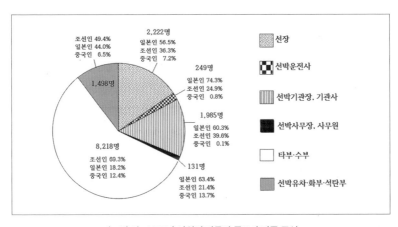

〈그림 3〉 1930년 선원의 직무별 규모와 민족 구성

민족별 '고등선원'과 '보통선원' 각각의 비율을 보면, 조선인 선원은 약 20.4%와 약 79.6%, 일본인 선원은 약 54.1%와 약 45.9%, 중국인 선원은 약 12.6%와 약 87.4%였다. 즉 일본인 선원은 '고등선원'이 '보통선원' 보다 1할 가까이 많았으나, 조선인 선원과 중국인 선원은 '고등선원'이 1~2할가량을 차지하고 '보통선원'이 8~9할가량을 차지하고 있었다. 이를 통해 당시 한반도 내 직업 구성 전반에서 나타나던 민족 위계 현상이 선원의 직무 구성에서도 현저했음을 알 수 있다.

III. 일제강점기 한반도 선원의 규모와 구성:
조선총독부 체신국 자료를 바탕으로

1. 분석 자료와 분석 범위

일제강점기 한반도 선원의 범위를 제도적으로 규정한 것은 [朝鮮船員令]이었다. [朝鮮船員令]은 1899년 제정된 일본의 [船員法]을 기초로 한 것으로, 1914년 4월 7일 제정되어 6월 1일부터 시행되었고, 1937년 일본 [船員法] 개정에 따라 1938년 3월 28일 전부개정, 시행되었다. [朝鮮船員令]의 적용 대상이 되는 선원은 '조선에 선적항(船籍港)을 가진 일본선박의 선원'13에 한정되었고, 조선총독부의 선원 관련

---

13 1914년 [朝鮮船員令]과 함께 제정, 시행된 [朝鮮船舶令]에 따르면, '일본선박'은 '관청 또는 공서(公署)의 소유에 속하는 선박', '조선에 주소를 둔 일본 신민의 소유에 속하는 선박', '조선에 본점을 둔 상사회사로 합명회사는 사원 전원이, 합자회사 및 주식합자회사는 무한책임사원 전원이, 주식회사는 취체역(取締役) 전원이 일본 신민인 자의 소유에 속하는 선박', '조선에 주사무소를 둔 법인으로 대표자 전원이 일본 신민인 자의 소유에 속하는 선박'을 가리킨다.

업무는 [朝鮮船員令]과 그 시행규칙인 [朝鮮船員令施行規則]을 비롯한 해사 관련 법령을 바탕으로 진행되었다.[14]

일제강점기 한반도의 선원 관련 행정을 담당한 기관은 조선총독부 체신국으로 1943년 12월 산하의 해사과(海事課)를 교통국으로 이관할 때까지 해사 관련 업무 전반을 관할했다. 체신국은 매년 업무 관련 현황을 담은 『朝鮮總督府遞信年報』(이하 『遞信年報』로 표기)를 발간했으며, 해당 자료의 '海事行政' 부분을 통해 조선총독부 법령이 규정한 선원의 규모와 구성을 확인할 수 있다. '海事行政'에서 선원과 직접 관련된 항목은 선원 수, 해기면장 보유자 수, 선박직원시험성적, 수부적임증서(水夫適任証書)[15] 교부 수 등을 집계한 '海員' 항목, 도선사의 수를 집계한 '水先人' 항목, 선원심판 종류와 건수를 집계한 '海員審判', 체신국 해원양성소의 재학·입학·졸업·중퇴자 수 등을 집계한

---

14 [朝鮮船員令施行規則]에는 선원수첩(船員手帳), 선장, 해원(海員. 해당 법령에서는 선장을 제외한 선원을 지칭), 수수료, 벌칙 등과 관련된 규칙이 규정되어 있었다. [朝鮮船員令], [朝鮮船員令施行規則] 외의 선원 관련 법령과 규칙으로는, 전시체제 하 급증하는 선원 수요를 충당하기 위해 제정·시행된 [朝鮮徵用令施行規則], [船員徵用扶助規則], [朝鮮船員令戰時特例], [船員保險法], [朝鮮船員法施行規則] 등이 있었다. 해기면장을 보유한 선박직원(船舶職員)과 관련한 법령과 규칙으로는 [朝鮮船舶職員令], [朝鮮船舶職員令施行規則], [朝鮮船舶職員試驗規則] 등이 있었으며, 도선사(導船士)와 관련한 법령과 규칙으로는 [朝鮮水先令]과 [朝鮮水先令施行規則], [朝鮮水先人試驗規則]과 전시체제 하의 [朝鮮水先令戰時特例] 등이 있었다. 조선총독부의 해사 관련 법령과 규칙은 법제처 국가법령정보센터 홈페이지(https://www.law.go.kr)의 법령-근대법령에서 검색, 열람할 수 있다.

15 1915년 미국 해원법은 미국의 각 항에 출입하는 선박에 대해 국적을 막론하고 일정한 수의 적임수부('Able Seaman')를 승선시킬 것을 규정했다. 이에 따라 조선총독부는 1916년 [水夫適任証書交付規則]을 제정, 시행하여 미국 각 항에 출입하는 조선적 일본선박의 선원에 대해 수부적임증서의 취득 자격과 교부 방법 등을 고시했다. 해당 규칙 시행 이듬해인 1917년 한반도의 수부적임증서 취득자는 43명이었고 1941년까지 매년 50여 명 정도의 규모를 유지했다. 朝鮮總督府遞信局, 『朝鮮遞信事業沿革史』(朝鮮總督府遞信局, 1938), 394쪽.

'海員養成' 항목이다. 그 가운데 당시 선원의 규모와 구성을 직접적으로 확인할 수 있는 항목은 '海員' 항목으로, 이번 장에서는 각 연도 '海員' 항목의 집계를 바탕으로 선원의 규모와 구성을 분석한다.

2. 조선총독부 체신국 집계 선원의 규모와 구성

이번 절에서는 『遞信年報』의 '海員' 항목 중 선원수첩(船員手帳)을 기준으로 집계된 선원 통계를 바탕으로 전체 선원의 규모 및 구성을 확인한 후, 해기면장 관련 통계를 바탕으로 '고등선원'의 규모와 구성을 확인한다.

1) 선원수첩을 기준으로 한 전체 선원의 규모와 구성

일제강점기 한반도에서 선원을 하고자 하는 사람은 [朝鮮船員令] 및 일본 [船員法]에 의거하여 조선 또는 일본의 관해관청(管海官廳)에서 선원수첩을 발급받아야 했다.[16] 체신국은 매년 선원수첩을 기준으로 한반도 내 선원의 수를 조사 집계하여 『遞信年報』 '海員' 항목의 '船員現在數' 표를 작성했다. 집계 항목은 조선에서 선원수첩을 발급받은 조선 수첩 보유자('朝鮮手帳ヲ受有スル者'), 일본에서 선원수첩을 발

---

16   선원수첩의 신청·교부·정정·개서·반환과 관련한 사항은 [朝鮮船員令施行規則]에서 확인할 수 있다. 1914년 [朝鮮船員令]과 시행규칙 제정 당시 선원수첩에는 사진을 첨부하지 않았으나 선원수첩의 유용이 문제가 되면서 1924년에는 규칙 개정을 통해 선원수첩에 선원 본인의 사진을 첨부하게 되었다. 더불어 선원수첩의 유효기간을 새롭게 설정하여 선원이 고용 해지('雇止') 공인을 받은 날부터 계속하여 3년간 고용('雇入') 공인을 받지 않을 시에는 보유한 선원수첩을 무효로 하고, 고용이나 고용 해지 공인을 받지 않은 선원이 최종 하선(下船)한 날로부터 계속하여 3년간 승선하지 않을 시에도 선원수첩을 무효로 했다.

급받은 일본 수첩 보유자('内地手帳ヲ受有スル者'), 선원수첩을 보유하지 않은 자('手帳ヲ受有セザル者'), 선원수첩 반환자('手帳ヲ返還シタル者') 항목이었으며 민족별로 분류 집계되었다.

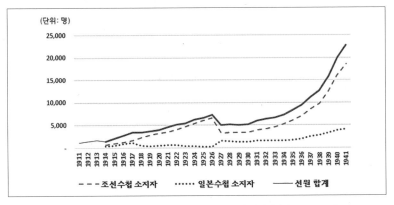

〈그림 4〉 선원수첩을 기준으로 집계한 한반도 내 선원의 수(1911~1941년)

　　<그림 4>는 『遞信年報』에 기재된 1911년부터 1941년까지의 '船員現在數' 표를 그래프화 한 것이다. 그래프에는 전체 선원 수에 해당하는 선원 합계 항목과 조선 수첩 보유자 및 일본 수첩 보유자 항목만을 표시했으나, 선원 합계 항목은 수첩 보유자 항목 외에 수첩을 보유하지 않은 자와 반환자 항목이 함께 반영된 값이다.[17]

　　일제강점기 한반도의 선원은 제1차 세계대전으로 해운업이 활성

17　선원수첩 미보유자는 1914년부터 1936년까지 집계되었고 1937년부터 집계 항목에서 제외되었다. 수첩 미보유자에 대한 『遞信年報』상의 설명은 시기마다 다르지만, 관선(官船) 선원(1914~1922년도), 총톤수 20톤 미만의 부등부(不登簿) 기선 선원(1923년도), 평수항로(平水航路)를 항행하는 등부 선박 및 부등부 기선의 선원으로 연해항로 이상의 항로를 항행하는 조선적 선박의 선원 등이 포함되었다. 수첩 미보유자의 수는 1920년대(200~300여 명)를 제외하고 매년 400~500여 명 수준이

화하면서 증가하기 시작했다. 1920년대 중반까지 증가하던 선원의
수는 1927년 갑자기 급감하게 되는데, 이는 전후 불황에 따른 해운업
의 쇠퇴와 선원 수요의 감소 등 당시 경제 상황의 영향도 있겠으나,
1924년 개정된 [朝鮮船員令施行規則]에 따라 3년간 사용하지 않은 선
원수첩의 효력이 상실되면서 조선 선원수첩 보유자가 급감한 것이 직
접적인 원인으로 보인다(주 16번 참조). 한편 같은 시기 조선 선원수첩
보유자의 급감과는 반대로 일본 선원수첩 보유자가 갑자기 증가하게
되는데 그 원인에 대해서는 향후 분석이 필요하다. 1927년의 급감 이
래 대공황 등의 여파로 수년간 정체 상태에 있던 선원의 수는 1930년
대에 접어들며 다시금 증가하기 시작했다. 특히 1937년 중일전쟁의
발발과 이후의 확전으로 전황이 심화하면서 선원 수요가 급격하게 증
가하고, 전시 선원 수요 충족을 위한 각종 법령과 규칙이 제정, 시행
되는 가운데 1940년대에 접어들어서도 급증세가 지속되었다.

<그림 5>는 1915년도, 1920년도, 1925년도, 1930년도, 1935년도,
1941년도 '船員現在數' 표에 기재된 선원의 민족 구성을 그래프화 한
것이다. 1915년 전체 선원의 4할에도 못 미치던 조선인 선원의 수는
1910년대 후반 들어 곧 일본인 선원을 추월했고, 1920년대 이래 조선
인 선원과 일본인 선원의 비율은 각각 6할대와 3할대를 유지했다. 한
편 1920년대 2~3% 수준을 유지하던 중국인 선원의 비율은 1930년대
한반도의 경제 불황과 배화(排華) 운동에 따른 중국인 선원 자체의 감
소와 조선인 선원 및 일본인 선원의 증가로 인해 1% 미만 수준으로
떨어졌다.

었다. 선원수첩 반환자의 수는 매년 1~20여 명 수준을 유지하다가 전시에 약간 증
가했다.

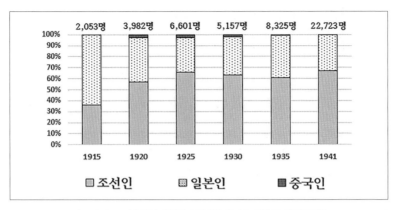

〈그림 5〉 조선총독부 체신국이 집계한 한반도 선원의 민족별 구성

선원수첩의 발급지를 보면, 1910년대 중반까지 조선인은 조선에서 발급된 수첩을, 일본인은 일본에서 발급된 수첩을 보유하는 경향이 강했으나, 1918년 이후 민족을 불문하고 조선 발급 수첩 보유자가 일본 발급 수첩 보유자를 크게 상회하기 시작했고, 1920년대에 접어들면서 일본 발급 수첩을 취득하는 조선인도 점차 증가했다. 외국인(중국인) 선원의 대부분은 시기를 불문하고 조선 발급 수첩을 보유하고 있었다.

이상 『遞信年報』의 '船員現在数' 표를 통해 1911~1941년 체신국이 조사 집계한 전체 선원 수와 민족 구성 등을 확인했다. 한반도의 선원 수는 제1차 세계대전을 계기로 증가하다가 1920년대 후반 미사용 선원수첩의 무효화와 경기 침체로 인해 감소와 정체 상태에 머물러 있었으나 1930년대 후반 전시 선원 수요의 증가와 함께 급증하는 양상을 보였다. 선원의 민족 구성은 1910년대 전반까지 일본인 선원이 다수를 차지했으나 곧 조선인 선원이 과반을 차지하게 되었고, 이후

다수의 조선인과 일본인, 소수의 중국인으로 이루어진 구성이 1940
년대까지 이어졌다.

2) 해기면장을 기준으로 한 선원의 규모와 구성

조선총독부는 1896년 제정된 일본의 [船舶職員法]에 기초하여
1914년 [朝鮮船舶職員令], [船舶職員令施行規則], [朝鮮船舶職員試驗
規則] 등을 제정, 시행했다. 일본 [船舶職員法]에 따르면 선박직원이
란 선장, 1등 운전사, 2등 운전사, 기관장 및 1등 기관사를 말하며, 법
령이 규정한 해기면장을 취득한 경우에도 선박직원으로 인정했다.
[朝鮮船舶職員令]은 조선에 선적항을 가진 일본선박의 직원에게 적용
되는 법령으로,[18] 선박직원의 기준이 되는 해기면장은 선박직원시험
을 통해 취득할 수 있었다. 선박직원시험의 응시 자격은 취득을 희망
하는 해기면장별로 일정 규모와 설비를 갖춘 선박에 승선한 경력이
있는 선원에게 주어졌으나, 일본 상선학교 졸업생의 경우 무시험으
로, 조선총독부 체신국 해원양성소 졸업생의 경우 1928년 이후 면접
시험만으로 일정 수준의 해기면장을 취득할 수 있었다.[19] 선박직원시
험을 통해 취득할 수 있는 해기면장의 종류는 관련 법령과 규칙의 개

---

18 [朝鮮船舶職員令](조선총독부제령 제10호, 1914년 4월 8일 제정, 1914년 6월 1일 시행)의
　　제3조에 따르면 해당 영은 조선총독이 정하는 바에 의하여 일본과 그 식민지인 대
　　만과 가라후토, 조차지인 관동주에 선적항을 가지는 일본선박으로 조선 연안 또는
　　호천항(湖川港) 안만을 항행하거나 조선을 기점으로 조선 외지로 항행하는 선박 및
　　[朝鮮船舶檢査令] 제4조에 게기하는 외국선박에 준용할 수 있었다.

19 일본 상선학교 졸업자와 조선총독부 체신국 해원양성소 졸업자의 해기면장 취득
　　방법과 차이 등에 대해서는 다음 논문을 참조할 것. 이상은, 「조선총독부의 해원양
　　성소 운영과 조선인 선원의 제한적 양성(1919-1936년)」

정을 통해 계속 변경되었으나, 크게 갑종 선장·1등 운전사·2등 운전사, 을종 선장·1등 운전사·2등 운전사, 병종 선장·운전사, 기관장, 1등 기관사, 2등 기관사, 3등 기관사로 구성되었다.

일제강점기 해기면장 보유자의 규모와 구성은 『遞信年報』 '海員' 항목의 '海技免狀受有者' 표를 통해 확인할 수 있다. 이 표는 해기면장 원부(海技免狀原簿)에 해기면장을 등록한 조선적 선박직원의 수를 해기면장의 종류와 취득지(조선, 일본), 면장 보유자의 민족을 중심으로 정리한 것이다.

<그림 6>은 1911~1941년도의 '海技免狀受有者' 표를 참조하여 해기면장 보유자의 전체 규모와 민족 구성을 나타낸 것이다. 해기면장 보유자는 같은 시기 전체 선원(선원수첩 보유자 기준)의 3분의 1~4분의 1 정도를 차지하고 있었다. 해기면장 보유자는 관련 규칙의 잦은 개정에도 불구하고 1927년을 제외하면 전반적인 증가세를 보이고 있었고 전시에는 더욱 증가하는 양상을 보였다.

해기면장의 종류별 구성을 보면 전 시기를 통틀어 을종 2등 운전사(20%대), 병종 운전사(20~40% 사이), 3등 기관사(20~40%대) 등 하위 등급의 면장 보유자가 전체 면장 보유자의 7~9할을 차지하고 있었고, 갑종 선장과 갑종 운전사, 기관장과 같은 상위 등급의 면장 보유자는 0~1%대의 낮은 비율을 점하고 있었다.

해기면장 보유자의 민족 구성을 보면, 1910년대 해기면장 보유자의 9할 이상이 일본인이었으나, 이후 조선인의 해기면장 취득이 증가하여 1920년대에는 전체 해기면장 보유자의 2할, 1930년대에는 3할, 1941년에는 4할가량을 조선인이 점하게 되었다. 단 면장 보유자의 수적 증가에도 불구하고 조선인이 보유한 해기면장은 을종 2등 운전사, 병종 운전사, 3등 기관사 등 하위 등급의 면장이 주를 이루었고, 갑종 선장, 기관장 등의 면장 보유자는 극히 적었다.

끝으로 해기면장을 취득하여 등록한 지점(국가)을 보면, 1910년대 중반까지 조선 등록자와 일본 등록자의 비율이 비슷한 수준에 있었으나, 조선 등록자가 급증하며 1920~1930년대에는 조선 등록 8할과 일본 등록 2할대의 비율을 유지하다가, 전시에 접어들며 격차가 조금 줄어 1941년에는 각각 7할과 3할 정도의 비율을 보였다.

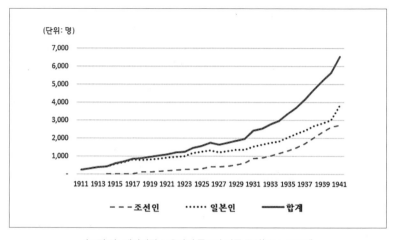

〈그림 6〉 해기면장 보유자의 규모와 민족 구성(1911~1941년)

이상 『遞信年報』의 '海技免狀受有者' 표를 이용하여 해기면장을 보유한 고등선원의 규모와 구성을 확인했다. 해기면장 보유자의 수는 1920년대 후반의 일시적 감소를 제외하고 계속 증가했으며 전시체제에 접어들며 증가세가 강해졌다. 해기면장 보유자의 민족 구성은 조선인과 일본인으로 양분되어 있었고, 두 개 집단의 보유자 수 모두 증가하고 있었으나, 일본인의 해기면장 보유 비율이 조선인보다 높았다. 해기면장의 종류별 구성을 보면, 조선인과 일본인을 통틀어 하위 등급의 면장 보유자가 다수를 차지하고 있었고, 특히 조선인의 경우 대부분 하위 등급의 면장을 보유하고 있었다.

IV. 맺음말

본고는 일제강점기 한반도 선원의 규모와 구성을 파악하기 위한 초보적 연구로서, 1930년 조선총독부가 실시한 국세조사의 결과물인 『朝鮮國勢調査報告』와 조선총독부 체신국이 발간한 1911~1941년도 『朝鮮總督府通信年報』 중 선원 관련 통계 항목을 정리, 분석했다. 각 장에서 분석한 내용을 종합하여 정리하면 다음과 같다.

1. 전체 선원의 규모와 구성

일제강점기 한반도 선원 규모의 추이는 조선총독부 체신국 자료를 통해 확인할 수 있었다. 1911~1941년 한반도의 선원 수는 1920년대 후반의 일시적 감소와 정체를 제외하고 전반적인 증가세를 보이고 있었고, 특히 1930년대 후반부터는 전시 선원 수요의 증가로 인해 급증하는 양상을 보였다. 선원의 민족 구성을 보면 1910년대에는 일본인 선원의 수가 조선인 선원의 수를 상회했으나, 1919년부터 조선인 선원이 과반을 차지하여 다수의 조선인 선원(6할대)과 일본인 선원(3할대), 소수의 중국인 선원의 구성을 유지했다.

1930년 진행된 국세조사에서 집계된 선원의 규모와 구성은 같은 해의 체신국 집계와 구체적인 수치에서는 차이가 있었으나 조선인 선원이 과반을 차지하고 일본인 선원이 3할대를 점하며 중국인 선원이 나머지를 이루는 유사한 민족 구성을 보였고, 일본인 선원과 중국인 선원의 한반도 내 소재지는 자신의 출신국과 지리적, 경제적으로 인접한 지역에 집중되는 양상을 보였다.

한편 두 개 자료를 바탕으로 분석한 1930년 한반도 선원의 구체적인 규모와 구성에는 상당한 차이가 있었다. 전체 선원 수를 보면, 1930년 말 체신국이 집계한 선원의 수는 5,157명으로 같은 해 국세조사에서 집계된 선원(14,303명)의 3분의 1 수준이었다. 선원의 민족 구성을 보면, 체신국이 집계한 구성(조선인 약 63.0%, 일본인 약 35.2%, 중국인 약 1.8%)은 국세조사의 그것(조선인 약 56.8%, 일본인 약 34.1%, 중국인 약 9.1%)과 비교하여 조선인 선원과 일본인 선원의 비율이 높고 중국인 선원의 비율이 상당히 낮게 나타났다.

이와 같은 차이의 원인은 다양하겠지만 무엇보다 각 자료가 대상으로 하는 선원의 범위와 조사 방식의 차이에서 기인하는 바가 클 것이다. 국세조사가 선원의 직무를 기준으로 조사 대상자의 답변에 근거하여 직업적 측면에서 선원을 파악했다면, 체신국 자료는 법령이 규정하는 선원수첩의 보유(발급) 현황을 기준으로 제도적 측면에서 선원을 파악했다. 국세조사는 인구 전수조사로서 당시 선원직에 종사하고 있던 실제 인원을 광범위하게 파악할 수 있었으나 조사 대상이 되는 선원의 범위와 집계 기준 등이 불분명한 한계가 있다. 체신국이 조사한 선원의 경우 선원의 범위나 집계 방식 등은 국세조사보다 명확하지만, 관련 법령이 적용되지 않는 선원은 조사 항목에서 제외되고, 제도의 변경이나 집계 방식의 변화가 선원의 규모와 구성 값에 직접적인 영향을 미치는 등의 한계를 가지고 있었다.

2. '고등선원'과 '보통선원'의 규모와 구성

체신국 자료를 통해 1911~1941년 해기면장 보유자('고등선원') 및 비 보유자('보통선원')의 규모 및 구성과 그 추이를 확인할 수 있었다. 연도별 전체 선원 수와 해기면장 보유자 수를 바탕으로 '고등선원'과 '보통선원'의 규모를 추산하면, 대개 '보통선원'이 전체 선원의 3분의 2에서 4분의 3 안팎, '고등선원'이 3분의 1에서 4분의 1 안팎의 비율을 차지하고 있었다. '고등선원'의 민족 구성은 조선인과 일본인으로 양분되어 있었고, 조선인 해기면장 보유자가 계속 증가했음에도 불구하고 모든 시기를 통틀어 일본인이 전체 해기면장 보유자의 과반을 점하고 있었다.

1930년 국세조사에 나타난 '고등선원'과 '보통선원'의 규모 및 구성은, 전체 선원 중 '보통선원'이 7할에 조금 못 미치는 비율을 차지하고 조선인 선원과 일본인 선원이 각각 '보통선원'과 '고등선원'의 과반을 차지하는 등, 같은 해 체신국 자료와 구체적인 수치는 다르지만 대체로 유사한 결과가 나타났다.

전체 선원에 대한 분석과 마찬가지로 선원의 계급별 규모와 구성에서도 두 자료 간의 차이가 있었다. 우선 1930년 말 체신국이 집계한 해기면장 보유자의 수는 1,979명으로 같은 해 국세조사가 집계한 '고등선원'(선장, 선박운전사, 선박기관장·기관사)의 수 4,456명과 비교하면 절반 수준에도 미치지 못했다. 해기면장 보유자의 비율을 국세조사의 관련 항목으로 바꾸어 계산하면 선장 약 3.3%, 선박운전사 약 58.2%, 선박기관장·기관사 약 38.6%로, 국세조사(선장 약 49.9%, 선박운전사 약 5.6%, 선박기관장·기관사 약 44.5%)와는 상당한 차이가 있다. 특히 항해 부문의 선장과 선박운전사 항목의 비율은 두 자료가 정반대의 결과를 제시하고 있는데, 해기면장의 종류에 근거한 체신국 집계와 달리 국세조사의 집계 기준은 확인할 수 없으므로 격차의 원인을 명확히 설명하기 어렵다.

'고등선원'의 민족 구성에서도 두 자료 간의 차이는 작지 않았다. 1930년 체신국 집계에서 해기면장 보유자는 일본인 약 68.6%, 조선인 약 31.4%였으나, 같은 해 국세조사 상 '고등선원'의 비율은 일본인 약 59.2%, 조선인 약 37.1%, 중국인 약 3.7%로 일본인이 과반을 차지하는 전반적인 구성은 유사하지만, 조선인의 비율이 체신국 자료보다 높고, 해기면장 보유자 항목에서 집계되지 않은 중국인이 집계되었다.

이처럼 '고등선원'과 '보통선원'으로 대별되는 선원의 계급별 규모와 구성에서도 각각의 자료가 규정하는 선원의 범위와 조사 방식에 따른 집계 결과의 차이를 확인할 수 있었다. 체신국 자료에서 확인되는 '고등선원'은 법령이 정하는 조선적 일본선박의 선원으로서 관련 규칙에 근거하여 해기면장을 취득한 선원을 대상으로 하지만, 국세조사에서 확인되는 '고등선원'은 선원의 직무를 중심으로 조사 대상자의 선택에 따라 집계된 것이었다. 전체 선원의 규모 및 구성 파악에서와 마찬가지로 자료별로 상이한 선원의 범위와 집계 기준이 조사 값 자체에 영향을 미침으로써 선원 계급의 종합적 파악에 한계가 있었다.

이상 조선총독부 체신국 자료와 조선총독부 국세조사 자료를 바탕으로 일제강점기 한반도 선원의 규모와 구성을 정리해보았다. 문헌 자료 분석이 주가 되는 연구 방법상 분석 자료가 규정하는 선원의 정의나 범위, 조사 방식 등에 따라 같은 시기에 집계된 선원의 규모와 구성에서도 상당한 차이가 있음을 알 수 있었다. 이처럼 개별 자료들이 가진 한계와 조사 값의 차이는 분석과 고찰에 혼란을 가져오기도 하지만, 일제강점기 한반도 선원에 대한 정의나 기준이 합의되거나 정립되지 않은 지금의 초보적 단계에서는 특정 자료를 선택하여 연구를 진행하기보다는 다양한 자료를 발굴, 정리하여 당시 한반도의 선원을 다각도에서 검토하는 작업이 우선되어야 할 것이다.

본고는 선원의 양적 구성을 확인할 수 있는 자료의 정리에 초점을 맞춤으로써 당시 선원 관련 법령과 규칙 등 제도에 대한 분석이나 선원의 양적 증감과 질적 분화 등에 영향을 미친 다양한 배경과 조건에 대한 고찰을 진행하지 못했다. 향후 구체적이고 심도 있는 고찰이 요구된다.

참고문헌

1. 사료

朝鮮總督府, 『昭和五年 朝鮮國勢調査報告 全鮮編 第一卷 結果表』(朝鮮總督府, 1935).

_____, 『昭和五年 朝鮮國勢調査報告 全鮮編 第二卷 記述報文』(朝鮮總督府, 1935).

_____, 『昭和五年 朝鮮國勢調査報告 道編 第一卷 京畿道』(朝鮮總督府, 1935).

_____, 『昭和五年 朝鮮國勢調査報告 道編 第二卷 忠淸北道』(朝鮮總督府, 1935).

_____, 『昭和五年 朝鮮國勢調査報告 道編 第三卷 忠淸南道』(朝鮮總督府, 1935).

_____, 『昭和五年 朝鮮國勢調査報告 道編 第四卷 全羅北道』(朝鮮總督府, 1935).

_____, 『昭和五年 朝鮮國勢調査報告 道編 第五卷 全羅南道』(朝鮮總督府, 1935).

_____, 『昭和五年 朝鮮國勢調査報告 道編 第六卷 慶尙北道』(朝鮮總督府, 1935).

_____, 『昭和五年 朝鮮國勢調査報告 道編 第七卷 慶尙南道』(朝鮮總督府, 1935).

_____, 『昭和五年 朝鮮國勢調査報告 道編 第八卷 黃海道』(朝鮮總督府, 1935).

_____, 『昭和五年 朝鮮國勢調査報告 道編 第九卷 平安南道』(朝鮮總督府, 1935).

_____, 『昭和五年 朝鮮國勢調査報告 道編 第十卷 平安北道』(朝鮮總督府, 1935).

_____, 『昭和五年 朝鮮國勢調査報告 道編 第十一卷 江原道』(朝鮮總督府, 1935).

_____, 『昭和五年 朝鮮國勢調査報告 道編 第十二卷 咸鏡南道』(朝鮮總督府, 1935).

_____, 『昭和五年 朝鮮國勢調査報告 道編 第十三卷 咸鏡北道』(朝鮮總督府, 1935).

_____, 『昭和五年 朝鮮總督府統計年報』(朝鮮總督府, 1932).

朝鮮總督府通信局, 『朝鮮通信事業沿革史』(朝鮮總督府通信局, 1938).

_____, 『朝鮮總督府通信年報』(朝鮮總督府通信局, 1912~1943).

2. 단행본

손태현·임종길 엮음, 『한국해운사』 (위드스토리, 2011).

한국해사문제연구소, 『우리 선원의 역사: 상선선원을 중심으로』 (해양수산부, 2004).

釜山水産大學校五十年史編纂委員會 편, 『釜山水産大學校五十年史』(釜山水産大學校五十年史編纂委員會, 1991).

3. 논문

이상은, 「조선총독부의 해원양성소 운영과 조선인 선원의 제한적 양성(1919-1936년)」 (고려대학교 석사학위논문, 2020).

강버들, 「우리나라 고등수산교육에 관한 사적 고찰」 『수산해양교육연구』 32-5(2020), 1125~1136쪽.

신귀원·김삼곤·지호원·김재식·김태운, 「일제하의 수산학교 교육에 관한 연구」, 『水産海洋教育研究』 19(1999), 69~87쪽.

안미정·최은순, 「한국 선원의 역사와 특징」 『인문사회과학연구』 19-1(2018), 95~123쪽.

이수열·안미정, 「근대 일본의 상선 선원: '고급'선원과 '보통'선원」, 『역사와 경계』 119(2021), 33~57쪽.

김성준, 「18世紀 英國 商船 船員의 配乘 構造와 勤勞 條件」, 『한국항해항만학회지』 26-1(2002), 55~65쪽.

현재열, 「17·18세기 잉글랜드 선원의 법적 지위 변화 -1729년의 '상선 선원의 더 나은 규제와 관리를 위한 법령'을 중심으로-」, 『역사와 세계』 60(2021), 277~307쪽.

한국의 초기 해기교육 모델의
수용과 변용의 역사*

최은순

I. 머리말

세계 대부분의 대학들은 서양 근대대학 모델로부터 영향을 받았다. 특히 19세기 근대 아시아 국가 중에서 일본은 구미 열강의 강압에 의해서가 아닌 서양의 대학 모델을 자발적으로 선택한 복합모델[01]을 적용한 국가이다. 반면 조선(한국)의 근대화의 방식은 독자적인 선택이기보다는 일본과 미국의 대학 모델의 영향을 받은 경우이다. 일본에 의한 식민 지배로 인해 한국에는 강제된 교육 모델이 이식되었고, 해방 이후 미군정기와 한국전쟁을 거치면서 교육 원조라는 형태로 미국의 교육 모델의 영향을 받았다. 이는 우리나라 초기 해기교육의 역사적 전개 과정에서 잘 드러나는 부분이다.

---

*   이 글은 부산경남사학회 〈역사와 경계〉(2021.06)에 실린 논문을 수정·보안한 것이다.
01   우마코시 토루, 『한국 근대대학의 성립과 전개』한용진 역(교육과학사, 2007), 26쪽.

본 연구는 해방 이후 미군정기에 수립된 고등교육체제 속에서 어떻게 현재의 해기교육이 성립되고 발전하였는지를 고찰하고자 한다. 특히 한국의 해기교육을 대표하는 한국해양대학교[02]의 역사 속에서 해기교육과 관련하여 어떤 지식의 이동이 있었는지, 이 지식의 이동을 이끌었던 주체는 누구였는지에 주목한다.

연구범위는 넓은 의미에서 교수진의 관점에서 보면, 일제강점기에 일본으로 유학을 갔거나 조선의 진해고등해원양성소를 졸업한 해기사들 일부가 1세대 교수진으로 활동하였다는 점에서 일본식의 해기교육 내용과 방법이 수용되는 일제강점기를 포함한다. 좁은 의미에서는 해방 이후 미군정기부터 해기교육이 일본 모델과 미국 모델을 수용하여 초기 해기교육 시스템을 갖추게 되는 1960년대 초반으로 제한한다. 유용식의 시기 구분으로 보면, 우리나라 '대학교육의 정초기',[03] 즉 해방 이후부터 6·25 동란을 거쳐서 대략 군사정권 이전까지의 시기에 해당한다. 다시 말해서 미군정기에 미국식 대학교육 제도를 수용하고, 대한민국 정부수립 이후에 혼란스러운 한국전쟁 시기를 거치면서 교육법의 제정과 함께 오늘날 대학교육의 제도적 기틀을 마련하였던 기간이다.[04]

---

02 본고에서는 특정 시기의 학교 명칭 이외에는 '해양대학'으로 통칭한다.

03 유용식, 「한국 대학교육제도의 변천과정에 관한 연구」『고등교육연구』 12-1(2001), 120쪽.

04 본고에서 '초기'라는 표현은 근대와 현대의 두 시기를 아우르는 의미로 사용하였다. 특히 한국교육사의 시대 구분을 보면, 근대의 기점을 정의하는 서로 다른 시각들이 존재한다. 일반적으로 근대교육을 크게 개화기 교육과 일제 강점기의 식민지 교육으로 구분한다는 점을 고려하여, 본고에서 사용하는 '초기'는 일제강점기 근대교육 시기에 생겨난 해기교육과 우리나라 대학교육의 정초기에 해당하는 현대 시기를 의미한다(한국교육연구소, 『한국교육사〈근·현대편〉』[풀빛, 1993], 61쪽).

먼저 지식의 이동이라는 관점에서, 해기교육이 어떤 종류의 지식이었는지를 밝히는 것이 중요하다. 해기교육의 1세대인 S교수의 구술에 따르면, '상선학'이라는 학문 분야는 없었으며, 다시 말해 당시 해기교육이 고등교육기관인 '대학'에서 가르칠 만한 학문은 아니었다는 것이다. 그럼에도 불구하고, 어떻게 해기교육이 대학의 틀 안에 들어왔는지를 한국해양대학교의 전신인 진해고등상선학교의 창립과 배경을 통해 알아볼 것이다.

다른 한편 지식의 이동자의 관점에서, 한국의 초기 해기교육을 성립시킨 교수와 학생은 누구였는지 또 그들의 역할과 기여는 무엇이었는지를 해양대학의 지난한 역사를 통하여 밝혀볼 것이다. 끝으로, 한국의 해기교육이 일본에 의한 식민지배와 해방 이후의 미국의 교육 원조 과정에서 어떻게 수용되고 변용되었는지를 알아본다. 이를 위해서는 대학 모델의 구성요소인 교육이념, 교수조직, 교육과정, 교수내용과 교육방법 등을 주로 다룰 것이다.[05]

연구 방법은 문헌조사와 구술조사를 병행하였다. 해양대학의 졸업생이자 교수로서 재직하거나 퇴임한 교수들과의 심층 면담을 통해 문헌조사만으로 밝힐 수 없는 구체적 내용들을 구술로 들을 수 있었다. 면담 대상자들[06]은 다음과 같다.

---

05 본 연구에서는 실습선 및 승선생활 교육·훈련은 포함하지 않으며, 향후 별도의 연구로 진행할 예정이다.

06 대부분의 면담은 2019년에 2시간 남짓하게 해당 교수의 연구실에서 이루어졌으며, S교수의 경우, 고령의 연세로 인해 회당 적게는 1시간, 많게는 2시간이 넘는 면담으로 6회를 실시하였다. 그리고 면담 내용의 인용에 있어 양적 불균형은 불가피하였다. 현시점에 생존하는 해기교육 1세대와의 인터뷰가 거의 불가능하고, 해양대학의 1기생이자 교수였던 S교수가 해기교육 관련 역사와 초기 한국해운 관련 저서를 집필한 학자라는 점에서, S교수와의 면담 내용의 인용 비중이 높지만, 학술적

〈표-1〉피면담자 목록

성명	출생년도 (현재나이)	기수(계열)	현재 직업	출신지	면담횟수(일자)
S	1922년(99세)	1기(항해)	명예교수	밀양	6회 (2019. 3.18, 3.25, 4.8, 6.2, 6.8, 6.11.)
H	1941년(80세)	15기(항해)	명예교수	서울	1회(2019.1.25.)
C	1955년(66세)	31기(기관)	교수	순천	1회(2019.4.8.)
O	1960년(62세)	35기(기관)	교수	천안	1회(2019.1.22.)

II. 초기 해기교육의 시작과 시대적 배경

한국 역사 속에서 근대 지식의 이동은 무엇보다도 지식을 전파하고 이 지식을 수용하고 변용하는 사람들의 역사적 과정과 다르지 않다. 한국(당시 조선)이 근대 지식을 수용하는 과정은 지난한 역사와 함께 시작되었다. 특히 조선의 근대화를 위해서 가장 필요했던 지식은 인재 양성을 위한 교육이었다. 조선은 과거의 전통적인 교육내용과 교육방식으로는 19세기 근대국가를 형성할 수 없는 국가적 위기에 있었다.

1876년 강화도 조약을 시작으로 개화기를 거쳐 1911년부터 일제 통치 기간 동안 일본은 조선에 일본 학제를 이식하였다.[07] 일본에 의

중립성과 객관성을 유지하고자 하였음을 밝혀둔다.

07 조선은 1894년 갑오경장 이후 교육혁신을 위해 예조를 학무위문(1895년 학부로 개칭)으로 개칭하고 소학교와 사범학교를 설립하여 반상의 구별 없이 인재를 육성하

한 근대 교육은 사실상 실용주의에 입각한 직업교육에 집중되어 있었으며, 1919년 3·1운동을 계기로 문치정책으로 전환하면서 교육정책을 바꾸게 되었다. 대표적으로 조선총독부 관할 고등교육기관으로 1개 대학(경성제국대학)[08]과 그 외 10개의 전문학교를 설치하였다.[09] 해방 이후 미군정청 학무국Department of Education이 이를 그대로 인수하였다.

3년간의 미군정기에는 탈일본화 정책이 실시되었다.[10] 먼저 문교부를 비롯한 각 도의 학무국 직원을 한국인으로 재배치하고, 각급 학교에 교장과 교사를 배치하여 휴교 상태의 학교를 개교하였다. 또한 학교에서 교육언어는 일본어가 아닌 한국어를 사용하게 하고, 한국

겠다는 교육의 기회균등의 의지를 고시하였다. 1895년에는 근대교육을 지향하는 고종의 의지가 담긴 교육 초서가 발표되었고, 먼저 교사 양성을 목적으로 하는 사범학교의 법규를 제정하고, 이에 따라 각종 근대적 관립학교가 설립되었다. 이러한 일련의 개혁은 우리나라 근대학교의 시작이 조선의 주도로 이루어졌다는 것을 의미한다(이은숙 외, 「한국 학제의 역사적 변천과 그 방향」, 『행동연구』 1-1[1978], 195~196쪽).

08 일본이 조선에 적용한 '제국대학 모델'은 전문학교 수준의 고등교육기관이 아니라 일본의 최고 수준의 모델이었다. 조선에서는 전통적인 대학 모델(성균관)을 대신하는 근대대학 모델로서, 일본 모델(제국대학 모델과 전문학교 모델)과 미국 모델(종파 컬리지 모델)이 경합하는 형태로 고등교육 체제가 형성되었다(우마코시 토루, 『한국 근대 대학의 성립과 전개』, 20~21쪽). 일본이 3·1운동이후에 문치정책의 일환으로 불가피하게 경성제국대학을 조선에 설립하였을 뿐 당초 의지는 없었다는 점을 밝혀둔다.

09 1943년 기준으로 보면, 10개의 관공립고등교육기관은 경성의학전문학교, 경성공업전문학교, 경성법학전문학교, 수원농림전문학교, 경성경제전문학교, 경성광산전문학교, 평양의학전문학교, 광주의학전문학교, 대구의학전문학교, 부산수산전문학교이다(손태현, 『한국해양대론』[다솜출판사, 2015], 10쪽).

10 해방 직후 미군정기의 한국은 탈일본화를 표방하며 미국식 민주주의 교육을 수용하였으며, 미군정 3년 동안 한국교육의 방향을 결정짓는 많은 개혁을 실시하였다. 미국적 이념과 제도, 가령 6-3-3-4 기본 학제, 교육위원회 제도가 도입되었다(우마코시 토루, 『한국 근대대학의 성립과 전개』, 189쪽).

어로 교과서를 편찬하도록 하였다.[11] 특히 일본의 복선형 학제 대신에 미국의 단선형 학제(6-3-3-4)를 도입하였다. 1946년 문교부[12]의 고등교육국은 대학의 수업연한(4년 이상), 대학의 종류(국립, 공립, 사립), 학위등급(학사, 석사, 박사), 졸업학점(180)[13] 등 법령을 통하여 대학계획을 수립하였다. 이와 같은 법령에 의거하여 일제시대의 전문학교를 4년제 대학으로 승격시켜 신설하는 방식을 진행하였다. 이러한 조치로 대부분의 전문학교가 4년제 국립대학으로 승격되었고, 매년 9월에 시작하는 2학기제의 미국식 학기 제도가 도입되었다.[14]

이와 마찬가지로 해방 직후 1945년 11월 5일 창립된 진해고등상선학교가 이듬해 1946년에 진해해양대학으로 승격된 것도 이와 궤를 같이 한다. 창립자인 이시형은 1936년에 동경고등상선학교를 졸업하고 조선우선 회사에 입사하여 9년간의 항해 경력을 가지고 있었다. 해방 이후 일본이 세운 진해고등해원양성소를 조선의 해기사 양성을 위한 교육기관으로 재개할 수 있도록 미군정청 운수부Dept. of Transportation를 설득하여 1945년 11월 5일 진해고등상선학교Chinhae Higher Merchant Marine School를 창립하였다. 1945년 12월 15일 1기생

---

11 홍덕창, 「해방이후의 실업교육에 관한 연구(1949~1960)」 『총신대논총』16(1997), 21~22쪽.

12 1946년 3월 미군정청 학무국이 문교부로 승격되었다.

13 해방 이후 미국의 영향으로 교양과정이 도입되고, 4년제 대학의 경우, 이수학점이 180학점으로 1954년까지 시행되었다. 1955년부터는 160학점으로 1981년 이후 140학점으로 하향되었다(유용식, 「한국 대학교육제도의 변천과정에 관한 연구」, 131쪽).

14 당시 지방에서의 국립대학 설립은 사전에 철저한 준비과정을 거쳐서 실행된 것은 아니었다. 교수, 시설 등 부족한 상태에서 대부분의 국립대학들이 설립되었다(유용식, 위의 논문, 127쪽).

을 모집, 선발하여 1946년 1월 5일에 입학식을 하였고,[15] 같은 해 8월 15일에 진해해양대학Chinhae Nautical College으로 개명하고, 9월에 대학으로 승격되었다.[16]

이시형은 해방 후 열악한 교육환경에서 신생 조국 건설에 필요한 실기실무에 능통한 인재를 양성하는 것이 시급하다고 판단하였다. 그런데 일본의 경우, 해기교육은 실업 교육과정에 해당하며, 중등교육기관에 해당하는 상선학교와 고등교육기관인 고등상선학교가 있었다. 이 두 과정은 상위 과정으로 진학이 불가능한 완성 교육과정이다. 그런데 이시형은 왜 중등교육기관이 아닌 진해고등상선학교라는 '고등'교육기관을 만들려고 했을까. 그는 1936년 동경고등상선학교를 졸업하고 일본 해군에 징용되어 2차 세계대전에 참전하였고, 일본의 패망을 보면서 해운력이 국가 흥망에 직결된다는 것을 직접 경험하였다. 그는 신생국가 건설을 위해서는 고급인력이 필요하며, 따라서 고급 해기사 양성을 통하여 '해운입국'을 해야 한다는 목표를 가지고 있었다. 그 자신이 고등교육을 받은 사람이었으며 건국 의지와 국가

---

15 9월 1일에 1기생은 2학년으로 승급하고 9월 17일에 2기생(항해/기관 각 40명)의 입학식이 이루어졌다(손태현, 『한국해양대론』, 12쪽 〈표-1〉 해양대학연혁[1945~1956년]; 한국해양대학교 50년사 편찬위원회, 『한국해양대학교 50年史 1945-1995』[소문출판, 1995], 58~59쪽).

16 관할부처: 미군정 운수부('45) → 통위부('47) → 교통부('49) → 상공부('55) → 문교부('56)

교명개칭: 진해고등상선학교('45) → 진해해양대학('46) → 조선해양대학('47) → 국립조선해양대학('48) → 국립해양대학('50) → 한국해양대학('56) → 한국해양대학교('91.10.22)

교사이전: 진해('46) → 인천('47) → 군산('47) → 부산 거제리('53) → 부산 동삼동('55) → 부산 조도('74)

손태현, 『한국해양대론』, 17쪽; 『한국해양대학교 70년사: 1945-2015』(소문출판, 2015), 77쪽 참조.

를 위한 희생정신의 소유자였다. 그는 미군정기에 미국과 함께 보조를 취하면서 국가를 건설하는 데에는 국제적 감각과 높은 수준의 지식이 필요하다고 생각하였다.[17]

당시 조선은 궁핍의 시대였고 청년들은 경제적 사정으로 진학을 하기 힘든 상황이었다. 이시형은 일본 동경고등상선학교에서 수학하였기에 일본 국비교육의 필요성에 대해 잘 알고 있었다. 일본은 1868년의 메이지 유신으로 근대국가를 건설하는 과정에서 3개의 교육기관[18]에 국비 교육시스템을 도입했다. 일본의 사례를 통해 이시형은 국비 지원 교육이 일본의 근대국가 건설의 성공 요인이라고 판단하였다. 미군정청 운수부장 해밀턴Hamilton 중령을 설득하여 관비제 교육을 승인받았다. 따라서 수업료 면제, 학생 전원 기숙사 수용, 급식과 제복과 관련하여 관비 지원을 받았다.[19] 이 과정에서 진해고등상선학교는 학교 건물과 다양한 물적 지원을 받게 되었다.

해방 이후 학교의 운영 및 교육에 있어 어떤 모델을 선택하느냐의 문제는 시대적 상황의 고려 없이는 불가능하다. 달리 말하면, 진해고등상선학교가 창립되던 시대에는 불가피한 선택을 할 수밖에 없는 여건들이 있었다. 특히 새로운 학교를 설립하면서 일본과의 단절을 강조하였던 이시형 교장은 일본이 패망한 이후 해기사 양성 중등교육기관이었던 진해고등해원양성소[20]를 교사(校舍)로 활용하였다. 더욱이

---

17 김종길, 『되돌아본 해운계의 역사들』(동재, 2006), 36~37쪽; 손태현, 위의 책, 8~9쪽.

18 3개 기관은 육해군 장교 양성기관(육군사관학교, 해군병학교), 소학교 교사양성기관인 사범학교, 상선 해기사 양성기관인 고등상선학교이다(손태현, 위의 책, 285쪽).

19 『한국해양대학교 70년사』, 84쪽.

20 1919년 7월 4일 조선총독부령 제122호로 고시된 이 학교의 공식 명칭은 '조선총

이 양성소는 조선총독부 관할의 중등교육기관으로 일본인과 조선인으로 구성된 민족 공학제[21]로 운영되었다. 그는 이 학교 출신의 일부 조선인들을 교수진으로 영입하였고, 다른 한편 학교 운영방식과 교육 내용은 그가 졸업한 동경고등상선학교의 체계를 S교수의 표현을 빌리면 "잠정적이기는 하지만 불가피하게" 도입할 수밖에 없었다.

III. 초기 해양대학의 학생과 교수는 누구였는가?

일본의 근대적 교육제도는 특히 중등 단계 교육에서 일반교육, 직업교육, 교원 양성 교육이라는 복선형 체제였으며, 식민지 조선에도 고등보통교육, 직업교육을 위한 실업교육, 초등교원 양성을 위한 사

독부 체신국 해원양성소'였다. 1940년 5월 11일 조선총독부령 제124호에서는 '조선총독부 체신국 고등해원양성소'로, 다시 1943년 12월 1일 조선총독부령 제375호에서는 '조선총독부 교통국 고등해원양성소'로 개칭되었다. 여기에서 명칭 변경 추이의 특이점은 3차례 조선총독부령 고시에서 소재지를 명시하지 않았다는 점과 2차와 3차 고시에서는 '고등'이라는 표현이 추가되었다는 것이다. 인천 시절 해원양성소는 정식 학력을 인정받지 못하였고 고등교육기관으로 연계되지 못하는 하급 단위의 양성기관의 지위를 가지고 있었기에 면허취득 및 취업 등에서 불이익을 받았다. 이로 인해 1925년에 학생들이 동맹휴학을 통해 '상선학교'로 승격할 것을 요구하였다는 점을 고려해보면, '고등'이라는 표기는 양성소의 위상을 높이기 위한 조치의 일환이었을 것이라 추정가능하다(김재승, 『鎭海高等海員養成所校史』[혜안, 2001], 69쪽; 이상은, 「조선총독부의 해원양성소 운영과 조선인 선원의 제한적 양성(1919-1936년)」[고려대학교 석사학위논문, 2020], 20~23쪽).

21　3·1운동 이후 일제는 민족별로 구분하던 학교 체제를 점차 내선공학(內鮮共學)을 목표로 조선인과 일본인의 민족 간 공학제를 도입하였다. 해원양성소의 경우는 강의를 맡았던 교관은 모두 일본인이었고, 교수용어가 일본어였고, 조선인과 일본인 생도가 같은 교실에서 수업을 받고 같은 기숙사에서 생활하도록 운영되었다(안홍선, 「일제강점기 중등 실업학교의 민족공학제 연구」 『교육사학연구』 25-1[2015], 50~51쪽; 이상은, 위의 논문, 20~23쪽).

범교육을 그대로 적용하였다. 교육 대상자의 관점에서 보면, 식민지 시기는 중등교육 억제정책으로 인해 보통학교(오늘날의 초등학교) 졸업생의 약 10% 정도만 중등학교로 진학할 수 있었으며, 이는 학령인구의 3~4%에 해당하는 적은 수였다.[22]

따라서 당시 조선인으로서 자녀를 학교에 보낼 수 있는 계층은 극히 제한적이었으며, 자녀를 중등학교에 보내려면, 부모의 재정적 뒷받침이 없이는 불가능했다고 볼 수 있다. S교수의 구술에 따르면, 그는 진해고등상선학교에 입학하기 전에 고등보통학교인 대구농림학교를 지원하였다.

> 그 당시에 조선 사람들이 다 어려웠으니까 5년제 중등교육기관에 자제를 보낸다는 것은 중산층으로서는 불가능했습니다. 나의 경우 1936년에 대구농림학교에 입학을 했는데 그 당시에 기숙사비가 7원 월사금하고 여행적립금이 있었어요. 여행적립금이라는 것은 5학년 때 일본 여행을 갔다 오는 돈을 매달 1원씩, 수업료가 2원, 여행적립금이 1원. 그러니까 한 달에 학교 공납금이 3원. 기숙사의 식비가 7원. 10원입니다. 그리고 한 달에 잡비가 6원 해서 나는 집에서 16원을 보내줍니다. 16원이라는 돈이 쌀 두 가마니죠. 매달 쌀 두 가마니를 자녀 교육비로 낼 수 있는 재정 상태의 집이라는 것은 조선인으로서는 한 마을에 한 집이나 두 집. (중략) 아마도 집안 어른들이 나의 소질로 봐서 3년제 농경학교 졸업시켜서 면서기 만드는 것보다도 5년제 대구농림학교를 가서 도청서

---

22 안홍선, 「식민지시기 중등실업교육의 성격 연구: 실업학교 학생 특성과 입학 동기 분석을 중심으로」『아시아교육연구』16-2(2015), 151쪽.

기가 되는 것이 좋겠다고 생각해서 그 비싼 대구까지 보낸 것
같습니다.

그는 집안에서 3년제 농경학교를 졸업하면 면서기가 되고, 5년제
대구농림학교를 나오면 도청 서기가 된다고 해서 입학하게 되었다.
그러나 그는 대구농림학교에 입학하고도 상급학교에 진학하려는 열
망을 가지고 있었고,[23] 해방이 되어 신문(1945. 10.)에서 진해상선고등
학교 입학 모집 광고를 보고 지원하게 되었다.

1945년 9월 28일 미군정청 학무국은 중등교육 이상의 모든 학교
에 교원과 교장의 채용방식과 학생들의 입학, 편입, 전학, 모집인원
등에 대한 기준을 제시하였다.[24] S교수의 증언을 통해, 해방 이후 당
시의 입학 모집과 선발제도에 대한 상세한 내용을 알 수 있었다.

그는 해방이 되어 상급학교를 가야겠다고 생각하던 차에 집으로
온 신문에서 진해고등상선학교 입학생 모집 광고를 보고 이 학교에
입학하게 되었다. 11월 21일 서울 용산의 철도병원에서 신체검사를
받고 12월 22일 옛날 철도학교에서 학과시험, 영어와 수학 시험을 쳤
고, 23일에 구두시험을 보았다. 그리고 27일에 합격자 발표가 있었
다. 합격자는 갑종 2등 국가 면허 과정에 항해과 40명, 기관과 40명,

---

23 S교수는 일본 동경고등상선학교에 들어가면 관비 지원이 있다는 이야기를 듣고
공부를 열심히 했다고 한다. 그러나 조선인은 이 학교에 입학을 허용하지 않는다는
것을 알고는 의욕을 잃고 무작정 일본 동경에 가서 동경상선학교 주변에서 3년간
신문 배달, 막노동 등 인생의 밑바닥 시절을 보냈다. 1944년에 한국으로 돌아왔을
때 나이가 21살이었다.

24 가령 중등 이상의 모든 학교의 학생 선발의 경우, 학년별로 모집할 인원수를 신문
이나 광고를 통하여 희망 학생이 지원할 수 있도록 해야 했다(홍덕창, 「해방이후의 실
업교육에 관한 연구(1949~1960)」, 24~25쪽).

총 80명을 선발하였고, 갑종 일등, 을종 일등, 해기 면허 과정의 항해과와 기관과 각 10명을 선발하여 총 100명의 합격자를 발표하였다. 이듬해 1월 5일에 진해고등해원양성소에서 제1기 입학식을 했다.

당시 중등교육의 기회가 제한적이었기 때문에 중등 실업학교 졸업만으로도 취업이 보장되었고, 사회적 지위와 처우가 일반계 졸업생에 비해 낮지 않았다. 그렇다면 진해고등상선학교를 입학하고자 하는 학생들은 단순히 계층의 상승이라는 목표 이상으로, 신생국가의 건설에 기여하고자 하는 사명감과 애국심이 있었을 것이라 추측 가능하다. S교수는 2기생들 중에 장관의 조카를 포함하여 명문자제들의 입학이 많았으며, 새로운 분야를 개척할 것이라는 기대감에 명사들의 자제들이 대학에 들어왔다고 회고한다.

고등교육기관에 시험을 쳐서 입학할 실력이라면 학생들의 학업능력은 최상위 수준이었다고 말할 수 있다. 진해고등상선학교는 급비지원과 기숙사 생활이라는 파격적인 지원제도가 있었다는 점에서 입학 경쟁이 치열했을 것으로 예상된다. 게다가 어떤 사립대학도 국립대학도 제공하지 않는 급비 지원[25]은 가난한 가정의 학생들에게 교육 기회의 평등이라는 공교육의 혜택이었을 것이다.

창립 당시 대학을 나온 교수는 한 명뿐이었고, 다른 3명의 교수는 해양 계통의 항해과와 기관과에서 중등 교육과정을 이수한 학력을 가지고 있었으며, 운용, 항해, 항해계기 등을 가르쳤다. 다음 <표-2>는 1945년과 1946년의 교직원 명단이다.

---

25 이때 급비 지원의 내용은 월 7백 원의 식비, 기숙사 무료 제공, 철도 국원의 모자와 작업복 지원 등이다(『한국해양대학교 50年史 1945-1995』 68쪽).

〈표-2〉 창립 당시(1945.11.25.)에서 대학 승격 경(1946.9.)의 교직원 구성[26]

1945년 창립 당시 진해고등상선학교		
성명	직무 / 담당과목	비고
이시형	(교장)박용기관	동경고등상선학교 졸업, 갑종기관장 면허
이응섭	운용충돌예방법	진해고등해원양성소 졸업, 갑종2등항해사면허
정인태	항해	진해고등해원양성소 졸업, 갑종2등항해사면허
신종섭	측기	진해고등해원양성소 졸업, 갑종2등항해사면허
조용구	왕복동기	진해고등해원양성소 졸업, 갑종2등기관사면허
신대현	보기	진해고등해원양성소 졸업, 갑종2등기관사면허
이종민	경제학	일본 동경제국대학 졸업, 경제학사
배인철	영어	중국 상해대학 졸업?, 사고로 사망
황중화	수학	연희전문학교 졸업, 1947년 도미유학
변00	물리	동경 일본대학 졸업, 1946년 9월 해안경비대 입대, 대위
김달원	기업	조선우선㈜선박승선경력, 을종면허, 1946년 9월 해안경비대 입대, 소위
000	서무주임	밀양출신
000	취사계장	조선우선㈜, 취사장 경력
1946년 9월 추가 취임 진해해양대학		
성명	직무 / 담당과목	비고
정범석	법학	일본 중앙대학 졸업, 정치대학으로 전출

---

26   손태현, 『한국해양대론』, 17~18쪽.

안상문	물리학 구면삼각	평양대동공업전문학교 졸업
이재신	조선학	일본 나가사키, 천남조선전문학교
김00	영어	일본, 청산학원 졸업?, 부산대로 전출
000	국어	

S교수는 1기 졸업생으로 본교의 교수가 된 경우이다. 그는 1946년에 입학해서 이듬해 7월에 실습선에서 6개월간 실습을 하고 1948년 2월 28일에 졸업을 했다. 당시 S교수를 비롯해 다른 졸업생들도 독학으로 영어를 공부했다고 한다. 그는 미국 도서관에서 폐기 처분한 책들을 구해 공부를 했고, 승선하면서는 일본인을 통해 얻게 된 콘사이스 사전을 가지고 공부했다. 그의 증언에 따르면, 한국 해기사들은 배에서 외출도 거의 하지 않고 공부를 했다. 그래서 그는 교수로 요청이 들어와 학교 교수진으로 오게 되었다고 한다.

S교수는 당시 교수는 물론 학생들에게는 노블레스 오블리주 noblesse oblige와 같은 의식이 있었다고 회고한다. 매번 학생들은 학교가 어려움에 처할 때마다 교수를 도와 적극적으로 문제를 해결했다.[27] 대표적으로 그들의 노블레스 오블리주가 발휘된 것은 학교가 교사를 이전해야 하는 3차례의 폐교 위기가 왔을 때였다고 말할 수 있다.

1차 폐교 위기는 1946년 미군정청으로부터의 진해해양대학과 해군병학교(현 해군사관학교)의 합병 제안이다. 학생들 중 소수의 반대가

---

27 1946년 11월 5일 통영상선학교의 운영난으로 인해 이 학교의 1기생 9명, 2기생 6명을 편입시켰다.

있긴 했지만,[28] 본교의 시설을 해군병학교에 이양[29]하고 인천으로 이전하여 1947년 1월 30일 인천해양대학과 합병하게 되었다.[30] 합병은 했지만 여전히 교사(僑舍)를 확보하지 못한 채 일제 시기 월미도 해안 경비대 건물인 용궁 별관에서 인사 초빙 특강 형식의 수업을 받으면서 생활하고 있었다. 대학 당국이 교사를 마련할 방법이 없던 차에 1학년(2기생) 김주년 학생으로부터 군산시가 해방 이후 도시 활성화 방안으로 해양대학을 군산으로 유치할 의사가 있다는 소식을 듣고, 결국 군산으로 이전하게 되었다.[31] 1945년 이후 2년이 넘는 짧은 기간 동안 3차례의 교명 변경과 교사 이전을 하였던 시기에 비하면, 3년간의 군산 시절은 가장 안정적인 교육과 훈련이 가능했던 시기로 볼 수 있다. 실제로 군산 시절에 견학(부두, 상선, 군함), 과외 활동(악대부, 럭비부, 웅변대회 등), 적도제와 가장행렬 행사 등 다양한 교육과 활동을

---

28 1,2학년(1,2기생) 약 150명 중 1학년(2기생) 4명이 해군병학교와의 합병에 찬성하였고, 교직원 중 4명은 잔류에 찬성하였다(『한국해양대 50년사: 1945-1995』 69쪽; 손태현, 『한국해양대론』 19쪽).

29 『해군사관학교 50년사』(1996), 40쪽을 보면, "1947.1.2. 교사가 너무 협소하여 앵곡동의 구 진해고등해원양성소 자리로 이전하였다"고 기술되어 있을 뿐이며, 당시 진해해양대학과의 합병 관련 내용은 언급되어 있지 않다.

30 여기에서 합병이란 인천해양대학의 학생 100명을 2기생으로 편입, 교명을 조선해양대학으로 개명하고 당초 운수부에서 통위부(현 국방부)로 이관한 것을 주요 내용으로 한다. 인천해양대학은 운수부 고문인 넬슨과 해상운수국장 이동근이 설립을 계획하고 동경고등상선학교 출신 황부길이 실무를 맡는 것으로 하여 학생을 모집(1946.10.1.)하여 인천상공회의소 회의실에서 입학식을 했다. 이미 교사로 해사국 건물을 사용하고 있었고, 진해해양대학이 인천으로 이전함에 따라 합병을 하였던 것이다(『한국해양대학교 50년史(1945-1995)』 65쪽).

31 이 과정에서 이시형 학장은 군산시장과 서한을 통하여 유치의 의지를 확인하고, 1947년 5월 초에 학교를 군산으로 이전하여 군산초등학교 별관을 가교사로 사용하였다. 1948년 1월 20일 미곡 창고를 개조하여 새로운 교사를 지어 전원 기숙사 생활을 하게 되었다(위의 책, 59~60쪽).

했던 시기이다.

이어 1950년 한국전쟁이 발발하여 휴교를 하고 교직원과 학생들이 피난을 가게 되면서 2차 폐교 위기를 맞게 되었다. 이시형 학장과 일부의 학생들(약 50여 명)이 부산 해운대국민학교에서 다시 집결하여 단체생활을 하였다.[32] 1년 뒤 전세가 악화되자 해군에 단체 입대하였고, 전쟁 후에 전원 동시에 제대하여 복학을 하였다. 2차의 폐교 위기는 단순히 물리적 공간의 소실을 의미하기보다는 '해양대인'이라는 정체성 상실의 위기를 극복하였다는 데 의미가 있다.

1953년 전쟁이 끝났지만, 군산의 교사가 완전히 소실되어 3차 폐교 위기를 맞게 되었다. 9·28 수복 후 군산 공회당을 임시 교사로 빌려 수업을 시작하였고, 소실된 교사를 보수하여 수업은 계속되었다. 다행히 부산 대한해운공사 해무과에 근무하던 2기 졸업생 장길상이 학교가 폐교의 위기에 있다는 것을 알고, 운크라(UNKRA)[33] 부산지부에 근무하고 있던 스캔린Scanline 선장에게, 미국 킹스포인트King's Point 연방상선사관학교US Merchant Marine Aacademy에 해당하는 한국의 해양대학이 폭격으로 인해 폐교 위기에 있음을 알렸고, 당시 해운국장과 학장을 겸임하던 황부길의 적극적인 추진으로 스캔린 선장은 해양대학이 부산 거제리로 교사를 이전할 수 있도록 도움을 주

---

32 1951년 정부는 전시 하에 교육특별조치 요강을 공표하여 피난지에서 모든 학교가 학업을 계속 하도록 조치하였다. 피난 온 대학생들을 위하여 전시연합대학이 부산을 시작으로 다른 지방에도 설치되었다. 이와 같은 특별조치로 인해 피난 중에도 대학교육이 이루어질 수 있었다(홍덕창, 「해방 이후의 실업화 교육에 관한 연구 (1949~1960)」, 30쪽).

33 운크라(국제연합한국재건기구)의 교육원조는 대부분이 전쟁으로 파괴된 학교 복구를 위해 사용되었다(한국개발연구원 국제정책대학원대학교, 『2011 경제발전경험모듈화사업: 한국의 원조 수혜 경험 및 활용』, 29쪽).

었다.[34] 결국 1953년 10월 5일 부산 거제리 철도고등학교의 가교사로 이전하였다. 이후 1955년 영도 동삼동 신축 교사로 이전하고, 다시 1970년에 현재의 조도 캠퍼스로 이전하였다. 진입도로공사 등 신축 공사가 있을 때마다 당시 재학생들이 자진해서 근로 봉사를 하였다. 이전 이후에도 옹벽쌓기, 화단가꾸기, 나무심기 등 학생들의 손길이 닿지 않은 곳이 없었다. 문병언의 회고록을 보면, 당시의 학생들의 자부심은 대단했다. 치열한 경쟁을 거쳐 합격했고, 해방 직후 개교한 국립대학의 학생이자 국가의 특혜를 받는 관비생이라는 이유에서였다.[35]

이와 같이 해양대학의 교수와 학생들의 위기 대응력은 사회적 도덕적 의무를 스스로 실천하는 노블레스 오블리주의 정신과 다르지 않으며, 결속력과 공동체 의식에 기인한 것이라 말할 수 있다. 교수와 학생이 공동체가 되어 매번의 폐교 위기를 극복해왔다는 점에서, 해양대학은 중세 볼로냐Bologna 대학처럼 '교수와 학생 간의 공동체의식'[36]과 학생의 주도적 의지를 통해 성립되었다고 볼 수 있지 않을까. 중세의 대학은 학생과 교수로 구성된 하나의 공동체로서 이들의 관계는 아주 밀접하였고, "단순히 배우는 장소만이 아니라 학생들의 삶의 중심처였다."[37] 중세에 모든 지식을 교회가 독점하고 있었고, 새로

---

34 운크라 기술원조자금 35만 달러와 정부자금 11억5천만 환으로 신축이 결정되었고 군산보다 부산에 신축교 건립을 결정하여 부산으로 이전하게 되었다(『한국해양대학교 70년사』, 100쪽).

35 『한국해양대학교 50年史(1945-1995)』, 114쪽.

36 이광주, 「중세대학 성립과 새로운 지적 상황 - 대학의 사회사(1)」 『논단』 (2015), 41쪽.

37 이석우, 「중세대학의 생활, 현실, 그리고 사회진출」 『경기사론』 2(2015), 245쪽.

운 지식에 대한 열망으로 기꺼이 배우고 가르치려는 열성을 갖고 있었던 학생과 교수가 모이기 시작하면서 오늘날의 대학의 원형이 성립될 수 있었다.

중세대학이 탄생하게 된 배경에 새로운 지식에 대한 갈망이 있었다면, 그런 의미에서 해양대학의 시작 또한 마찬가지였다. 다른 점이 있다면 배움에 대한 열망이 신생 조국의 건설에 공헌하겠다는 사명감과 애국심에 기반했다는 것이다. 대학을 의미하는 라틴어 *universitas*에 '전체' 혹은 '공동체'라는 의미가 있듯이, 당시 여러 차례 폐교의 위기를 극복할 수 있었던 것은 교수와 학생 간의 가르침과 배움에 대한 열의와 공동의 사명감이 없이는 불가능했을 것이다. 2기생 김주년 학생은 해양대학의 교수가 되고 나서 회고록에 '세계에서 그 예를 보기 힘든 유랑의 길을 걸었던 대학'[38]이라는 표현을 남겼다. 이 표현은 새로운 지식이 하나의 이름을 갖기까지, 세대를 넘어 전승되면서 지식체계를 갖추기까지 지난한 과정을 비유한다고 볼 수 있다.

S교수는 한국의 국립대학은 처음부터 관립학교가 국립대학으로 발전한 경우이다. 따라서 창립자가 필요 없지만, 해양대학은 앞서 역사에서 보듯이, 개인 창립자가 있다. 그런데 1956년 이후 문교부 산하의 '대학'이 되었다. 시대적 특수성을 감안하더라도, 한국에서 창립으로 시작한 학교를 국립대학으로 승격시킨 예는 없다. 이는 해양대학의 특이성이라 할 수 있다. 이러한 '한국해양대학'으로의 승격이 가능했던 이유는 무엇일까. S교수의 증언을 통하여 그 실마리를 찾을 수 있었다.

---

38 『한국해양대학교 50年史(1945-1995)』, 67쪽.

교육이라는 것이 자본의 형성, 자본의 축적이 먼저 이루어지고 그 자본이 필요로 하는 고급 인재를 교육 양성해내는 것이 정상적인 상태인데, 아무것도 없다고. 해운에 있어서 대표적인 자본은 선박입니다. 배라 하는 것이 한 척도 없는 아무것도 없는 자리에 대학이라는 간판 걸고. (중략) 그런데 이 젊은이들이 놀라운 일들을 해냅니다. 경제 발전의 단계에서 역행되는 그 역행을 극복을 해냅니다. 놀랍습니다. 대학 나왔다고 하는 좋게 말하면 긍지, 프라이드, 해야 되겠다는 책임감을 가지고 있습니다. (중략) 속은 아무것도 없습니다. 그런데 세상에 나왔다. 아무것도 탈 배가 없습니다. 탈 배가 없고 미국 원조로서 배가 차차 들어오게 되었습니다. 들어오게 된 조그마한 배, 연안 항해로 하는 배, 한국 부산에서 인천 가는, 혹은 더 가서 일본 가는 조그마한 배를 운항하게 되었습니다. 그러면 일본 시대에 중등교육을 받은 우수한 엘리트들이 대학이라는 곳에 들어와서 아무것도 배운 것이 없다고는 하지만 소질은 우수한 소질이 있고, 우리나라를 세워야 되겠다는 불타는 열정이 있습니다. 역설적이지만 불행 중 다행으로 배가 아무것도 없었습니다. 조그마한 배라고 해봤자 조그마한 연안용으로 한국 일본을 왔다가 갔다가 하는 배. 그런 곳이니까 아무것도 배운 것도 아는 것도 없지만 최고의 엘리트가 불타는 열정을 가지고 그런 일을 해낼 수가 있었고 그런 가운데서 단계적으로 높은 수준의 공부를 독학으로 해낼 수가 있었습니다.

개인적 차원에서 가난한 학생들에게 대학의 진학은 개인의 지적 욕구나 직업적 필요, 사회적 이동을 위한 선택이었을 것이다. 그러나 한국의 국가적 격변기라는 시대적 상황 속에서 대학의 교수와 학생은 사회적 역할의 한 부분을 담당했다고 말할 수 있다. 해양대학의 오늘은 교수와 학생이 시대마다 위기를 기회로 전환하면서 대학의 체제를 정비하고, '해운입국, 해양입국'이라는 대학 이념을 실천해 온 인재들이었기에 가능했다.

대학 모델을 이루는 구성요소 중 하나는 대학이 추구하는 교육이 념이다. 대학의 교육이념은 대학의 존재 이유가 되는 정체성의 토대 이다. 해양대학 창립 시 세웠던 "해운입국"의 정신은 사회와 국가를 위한 열정이자 사회적 책임감이며, 국립대학으로서의 공공적 가치 에 뿌리를 두고 있다. 해양대학의 상징으로 표현하자면, "아무도 보지 않는 곳에서 그 의지는 빛나고 소임은 달성되는 것",[39] 즉 '앵커스피릿 anchor spirit'에 다름 아니다.

IV. 교육내용과 교육방식: 무엇을 어떻게 배웠는가?

해양대학의 전신인 진해고등상선학교는 2차 세계대전 이전의 일 본 동경고등상선학교를 모델로 하고 있다. 아래 <표-3>에서 보듯이, 당시 일본 학제에서 중등상선학교는 3년 과정으로 철저한 완성(실기) 교육을 실시하였으며, 따라서 고등상선학교에 진학하는 것은 불가능 하였다. 마찬가지로 고등상선학교를 나온 학생이 진학할 수 있는 상 선대학이 없었다. 일본의 고등상선학교는 수학 연한이 5년 6개월의 장기간의 완성(실기)교육을 실시하였다. 이는 고등상선학교가 이론보 다 실기 연마를 중시하고, 학술연구와는 다른 교육을 목표로 했기 때

---

39   허일, 『바다에서 주운 이삭』(전망, 2006), 175쪽.

문이다. 즉 위험한 대양에서 인명과 막대한 재산과 안전을 책임져야 하는 선장에게 요구되는 것이 무엇보다 선박 운항에 관한 완전한 실기라고 보았기 때문이다.

〈표-3〉 일본 문부성 소관 관·공립 교육기관 상·하 계열= 관계 (1940년 기준)[40]

학위	박사	각종박사		문이학박사	농학박사	상학박사	공학박사	이학박사
	학사	각종학사		문이학사	농학사	상학사	공학사	이학사
3년		종합대학		문리과대학	대학농학부	대학상학부	대학공학부	대학수산학과
기관 (3년)		대학예과	고등학교	고등사범학교 (4년)	고등농림학교	고등상업학교	고등공업학교	고등수산학교	고등상선학교 (5년6개월)
		인문계		실업계				
(5년)	갑종 기관	중학교		사범대학	농업학교	상업학교	공업학교	수산학교	상선학교
		인문계		실업계				
		기관(6년)		소학교·국민학교				

40 손태현, 『한국해양대론』, 288쪽(도표 편집).

교육내용과 관련하여서 일본 중등상선학교는 주로 선박운항 실기에 관한 교육에 초점을 두었다면, 고등상선학교는 해외에서 외국의 여러 기관과 접촉할 기회가 증가하면서 선박운항 실기 교육 이외에 외국어(영어)구사력, 해사·해상법, 국제법, 보험(선체, 적하, P&I 보험), 해운(경제, 경영) 등 인문사회 분야 과목들을 추가로 교육하였다.[41] <표-4>에서 보듯이, 진해고등상선학교의 교과과정은 일본의 고등상선학교의 교육과정을 적용하였다.

〈표-4〉 한국해양대 항해과 교과목 1955~1959(11기~15기)[42]

4년간 필수 총학점(180)		
좌학 3년간의 이수과목의 학점(140)		
• 선박운항과목(5과목)　　43학점 　- 항해　　13 　- 운용　　16 　- 측기　　7 　- 재화　　3 　- 기상학　　4	• 이학(5과목)　　26학점 　- 수학　　14 　- 일반역학　　4 　- 물리학　　4 　- 화학　　2 　- 자연과학개론　　2	
• 인문학과목(5과목)　　33학점 　- 국어　　2 　- 문화사　　2 　- 철학개론　　2 　- 영어　　15 　- 제2외국어　　12	• 공학(3과목)　　11학점 　- 무선공학　　5 　- 전기공학　　1 　- 조선학　　5 • 체육　　3학점	
• 사회과목(3과목)　　19학점 　- 법학　　12 　- 경제·경영학　　7	• 좌학기간실기(신호·기업·단정) 5학점 • 승선실습 1년의 학점　　40학점	

41　손태현, 위의 책, 299쪽(도표 편집).

42　손태현, 위의 책, 291쪽(도표 편집).

<표-4>를 보면, 손태현이 분석하듯이, 좌학 3년 동안 선박 운항 관련 과목이 48학점(43학점 + 좌학 기간 중 실기 5학점)인 데 비하여, 인문 사회 과목 52학점과 이학·공학 37학점이 총 89학점으로 상당한 비중을 차지한다. 선박 운항 관련 과목과 승선실습 1년간의 학점을 합치면 88학점으로 비선박 운항 과목의 비중과 거의 유사하다. 이러한 변화는 해양대학이 해운경영, 해운기업 창립, 해사 행정, 기타 해사 관련 분야에 폭넓게 진출할 수 있는 인재 양성에 교육목표를 두었다는 점을 시사한다.

문제는 교육과정이 이론 교육 및 연구 수행을 위한 체계적이고 유기적인 단계 교육이라기보다 실무 수행에 필요한 교과목들을 상호연계성 없이 구성하였다는 데 있다. 달리 말하면, 항해과의 교육내용이 어느 학문 범주에도 속하지 않는 것[43]이 되어 버렸거나, 아니면 새로운 학문 분야를 만들어야 하는 과제를 남겼다고 말할 수 있다.

해양대학 1기생이었던 S교수와의 면담을 통하여 당시의 교육내용과 교육방식에 대해 이야기를 들을 수 있었다. 1946년 중등교육을 받은 교수들이 수업내용을 구술해주면 학생들은 연필과 마분지로 받아 적으면서 공부를 하였다. 해양대학에는 교재도 참고서도 교과서도 전무하였다. 학생들은 교수가 영국, 미국, 일본의 교재를 번역하여 음독하는 내용을 받아쓰는 것이 고작이었다. 이것은 해양대학만의 문제는 아니었다.[44] 해방 이후 상당 기간 동안 한국에는 대학 교재

---

43 교육의 문제는 곧 연구의 문제이기도 하다. 손태현은 항해과 졸업생 출신 교수들이 학문연구에서 '단서'를 잡지 못해서 중도 퇴직하는 경우가 많았다고 언급한다(손태현, 위의 책, 292쪽).

44 해방 이후 교장이 없거나 교사가 부족하여 개교를 제대로 하지 못하는 학교가 많았다. 개교를 하더라도 모든 담당 과목의 교사가 확보되지 않았고, 교과서가 없어 교

나 교과서를 제작하거나 출판하는 기관이 없었다. 그는 면담을 통하여 당시의 상황을 다음과 같이 설명해주었다.[45]

책이 하나도 없었습니다. 교육 기자재 아무것도 없었습니다. 1957년 신성모 학장 때 미국의 킹스포인트의 교재를 가지고 와서 해군 인쇄창에서 복사를 해서 1959년 영어로 된 책을 처음으로 교재로 갖게 되었습니다. 책도 없이 그렇게 공부를 했습니다. 책도 없이 선생님이 일본책이나 영국, 미국책을 가지고 강단에 서서 읽으면 학생들이 그것을 받아쓰는 그런 교육을 해왔습니다. 이후로 최초로 한국어로 된 교재를 가지고 수업을 했지만, 이 교재들도 교수들의 저서가 아니었습니다. 일본책을 번역한 것이었습니다.

해양대학은 1953년부터 미국의 ICA(국제협력청) 자금으로 교사 건물을 새로 짓고,[46] 미국의 킹스포인트 출신인 고문관이 학교에 상주

사가 준비한 등사물이나 판서에 기록한 것을 베껴가며 수업을 받았다(홍덕창, 「해방 이후의 실업교육에 관한 연구(1949~1960)」, 25쪽).

45 O 교수와의 면담에서 교과교육 이외 생활·훈련 교육과 관련하여 미국과 일본의 교육모델의 영향을 들을 수 있었다. 그에 의하면, 해양대학은 미군정기부터는 제복 착용과 용어 사용을 비롯하여 미국의 킹스포인트와 미군의 영향을 받았고 또 전 학년이 ROTC 교육을 받는 시점부터는 해군교육을 받게 되어 복장면에서나 생활면에서 미국의 방식을 따르게 되었다. 일본으로부터는 주로 교과과정을 그대로 받아들였는데, 그 이유는 1기생을 가르쳤던 교수들이 이미 일본교육을 받았던 세대들이고, 이 교육을 받고 1기생들은 졸업이후 국내 타 대학에서 학위를 받거나 일본 유학을 다녀온 교수들이 많았기에 일본 모델의 영향이 계속되었다.

46 한국의 미국 교육 모델의 수용은 미국의 교육 원조가 크게 기여하였다. 한국전쟁 직후 국제연합한국재건기구(UNKRA, 1953~1959)가 일반적인 부흥 원조를, 미국 대외협력처(FOA, United States Operations Administration, 1953~1955)가 교육 원조를 맡아 한국 교육 재건에 중심적인 역할을 했다. 미국의 교육 원조는 크게 인재의

하면서 교육을 하였다. 해양대학 학생이 교과서로 공부를 하기 시작한 것은 1957년 신성모 제8대 학장 때부터였다.[47] 물론 한국어가 아닌 영어를 번역하면서 배웠다. 다행히 해양대학은 운크라 자금으로 1958년에 미국 연방상선사관학교에서 사용하는 교과서를 해군 인쇄창에서 복사하여 대학 교재로 사용하였다. 입학 정원이 100명 남짓하였기 때문에 학생 수만큼의 복사본을 도서실에 비치하여 학생 전원에게 대여하여 원서로 수업을 하였다. 1961년 도서실이 마련될 때까지 학내에 학생들이 읽을 수 있는 서적은 전혀 없었다. S교수는 대학 수준에 못 미치는 교육을 받았지만, 그 정도의 교육으로도 선박 업무를 충분히 할 수 있었다고 말한다. 이와 같은 교육을 통하여 1948년 2월 28일 해양대학 1기생들이 졸업을 했다. 현재의 대학교육과 비교하면, 4년의 수학에 미치지 못하는 만 20개월 남짓한 수학을 마쳤던 것이다.[48]

한국어로 해기교육 교재가 만들어진 것은 60년대 중반 이후이다. H 교수에 의하면, 『항해과요체』와 『기관과요체』라는 책을 만들어 교

상호교류, 건물(교사, 실험실)의 건설 및 설비 비품의 제공, 교육 재건을 위한 조사단의 파견 및 각종 조사 활동의 원조 등이다. 특히 1950년대에 들어와서 한국은 한국인 유학생의 미국 파견과 미국인 교육전문가의 초빙 등 다양한 물적 인적 교육 원조를 통해 미국의 대학 모델로부터 큰 영향을 받았다. 이는 해양대학의 경우에도 마찬가지이다(우마코시 토루, 『한국 근대대학의 성립과 전개』, 196~198쪽).

47 신성모는 영국 최고 해기명장인 Extra Master 자격을 받았고, 유일하게 영국 유학을 한 교수였다.

48 당시 졸업생들은 통위부(현재 국방부) 산하의 조선해양대학을 나오면 갑종 2등의 항해사와 기관사 면허를 무시험으로 취득할 수 있었다. 최고의 학벌로 졸업하여 갑종 면허를 받고, 미국 원조를 받은 천 톤 혹은 이천 톤급의 선박을 운항할 수 있었다. 강화도와 목포에서 무연탄을 실어 부산, 마산, 군산, 인천 등으로 운송하였으며, 연근해를 넘어서는 일본을 오고 가는 정도였다.

과서로 사용하였고, 이후 이 책들을 분철하여 교수들이 각자 담당한 부분을 교과서로 만들어 사용하게 되었다. 그를 통해 당시의 교육방식과 사용되었던 교재들에 대해 들을 수 있었다.

> 교육 교재란 게 없었고, 선생들이 옛날에 일본 책 불러주면 받아 적는 그게 교육이었는데. 신성모 학장이 와가지고 미국 킹스포인트 교재를 가져다가 해군 인쇄창에서 해적판을 만든 거야. 닥터 네비게이션이라는 항해책, 마린 카고 오퍼레이션이란 책, 그 다음에 리젠버그의 씨맨십이라는 스탠다드 씨맨십이라는 운용책, 자이로컴퍼스에 대한 책, 그 다음에 솔라스규정, 요 책을 그냥 날로 만들었어. 그걸 학생들 교육 교재로 썼고. 기관부도 마찬가지야. 그때부터 교과서가 있던 건데. 그래가지고 쭉 교육 교재로 썼는데, 그 후에 몇 년 후에 교수들이 다른 교수들이 들어오고 나서 한글 교과서를 만들기 시작했다고. 그게 67-8년이야. 그 때 만든 책이 항해과요체라는 책이야. 항해과요체라는 것. 기관과요체라는 걸 만들었어요. 그걸 가지고 교과서를 하다가 그걸 분화 해가지고 교수들이 다 자기 책을 만들었지.

H 교수가 언급하는 『항해과요체』와 『기관과요체』는 두 종류의 책이지만, 아래 <표-5>에서 보듯이, 교과목 개념으로 보면 10여 가지 이상의 교과목에 해당하는 내용을 담고 있다. 교수들이 공동 작업으로 발간한 이 두 저서는 해기교육 교재의 한국화라는 점에서 의미가 크다고 말할 수 있다.

〈표-5〉『항해과요체』의 목차[49]			〈표-6〉『기관과요체』의 목차[50]		
편구분	제목	집필자	편구분	제목	집필자
1편	지문항해	윤여정	상권		
2편	천문항해	정세모	1편	기초	노창주
3편	전파힝해	김기현, 정세모	2편	내연기관	김용성
4편	Gyro 계기	김기현	3편	보조기계	전효중
5편	일반계기(1~6장)	김기현 외 다수	4편	전기공학	이성복
6편	선박운용(정비)	양시권, 김택문	하권		
7편	선박운용	배병태	5편	보일러	김주년
8편	적화법	양시권, 백웅기	6편	증기 왕복기관	신민교
9편	해상기상	정성호	7편	증기터어빈	김용성
10편	해운실무	정연형	8편	추진	김용성
11편	충돌예방	이종락	9편	기계공학	신민교
12편	해사법규	이준수	10편	자동제어	노창주
13편	해사영어	김기현	11편	관리	전효중, 신민교
부록	해기면허 시험문제	각 위원 일동			

---

49 〈표-5〉와 〈표-6〉은 한자로 표기된 두 책의 목차를 한글로 바꾸어 편집하였다. 『항해과요체』는 1966년에 한 권으로, 『기관과요체』는 1968년에 두 권(상권/하권)으로 발행되었다.

50 『기관과요체』의 서문을 보면, 교재의 수준과 활용에 있어 선진국의 수준에 뒤지지 않는 교재를 만들었다는 자부심이 잘 드러난다. 6명의 집필 교수가 약 14개월간 총 150권 이상의 미국, 영국, 일본, 독일, 이탈리아의 참고서와 수많은 문헌 카탈로 그 등 최신의 자료를 수집 참고할 뿐 아니라, 국내에 도입된 선박의 자료를 포함하여 해양대학의 재학생뿐 아니라 다양한 수요자들(기초교육을 받은 상급 면허시험의 응시자, 정규 4년제 대학이나 전문학교, 고등학교 학생들, 면허를 취득하고 일선 현장에서 선박이나 조선소에서 활약하는 기사들, 을종면허를 취득하고 상급 면허를 준비하는 시험생, 독학으로 해기사가 되려는 사람들)에게 유용한 교재가 되도록 개발하였다는 취지를 알 수 있다(김용성 외, 『기관과요체』(한국해양대학 해사도서출판부, 1968), 5~6쪽).

학교에서 수학을 마친 졸업생들은 다행히 식민지 통치에서 벗어나서 새로운 국가를 건설하겠다는 의욕을 가지고 독학으로 기술을 익혔다. 배를 타고 연안 항해를 하지만 일본 갈 기회가 되면 그때 일본 책을 구하여 독학으로 공부하였다. 우수한 학생들이 들어와서 독학을 했지만 독학만으로는 한계를 느껴 미국 유학을 가기도 했다. 미국 원조의 일환으로 해양대학의 교수들에게 미국 유학의 기회가 주어져, 두 명의 교수들이 미국 킹스포인트 연방상선사관학교로 유학을 갈 수 있었다.

S교수에 의하면, 미국 학생들과 동일한 책으로 공부하였기에 영문에 익숙해지는 데는 효과가 있었다. 그러나 상선사관 양성을 목적으로 하는 실무 교육기관인 킹스포인트의 교과서였다는 문제가 있었다. 당시 해양대학의 입시는 서울대학보다도 어려울 정도로 최고의 대학이었으며, 우수한 학생들이 입학하였다. 따라서 우수한 학생들이 정치하고 심오한 이론을 추구하는 강의내용이 아니면 만족하지 못했다. 달리 말하면, 미국의 상선사관 교육과 해양대학 교육 간에는 실무와 이론의 수준 차이가 생겼다는 것이다. 이런 상황에서 이상과 현실의 갈등 속에서 대학 생활을 보낸 학생들도 있었다고 한다.

1945년 미국 교육제도를 도입하여 중학교 3년, 고등학교 3년, 대학 4년이라는 단선형 학제가 시행되면서 진해고등상선학교는 1946년에 진해해양대학으로 교명이 바뀌었다. 그러나 상선대학에서 상선학을 해야 하는데 관련 학문이 정립되지 않은 상태였다. 그런데도 대학의 자격으로 상선학사라는 학위를 부여했다.

마찬가지로 해양대학 초기 진해고등상선학교 시절에 항해과, 항해학의 실체가 무엇인지 질문을 하지 않을 수 없다. 항해과에서 배우는 기상학, 조선학, 항해학, 천문학, 지구물리학, 해양학, 법학, 해운 등을 포괄하는 학문의 성립이 가능한가? 그런데 1956년 문교부 산하로 소속이 바뀌면서 이 모순은 더욱 표면화 되었다.[51] 교통부나 운수부 산하에서는 철저한 실기실무 교육기관으로서 실기실무 종사자 양성기관의 역할에 충실했지만, 문교부 소속이 되면서 학문적 연구 성과가 요구되었다. 초기에는 항해과 졸업생에게 이학사를 부여했는데, 대학원 진학을 위해서는 이학 석사과정에 들어가야 하는 상황이 되었다. S교수는 다음과 같이 강조한다.

> 영국에는 해양대학이 없고, 따라서 상선학이라는 학문도 없다. 달리 말하면, 상선학이라는 학문이 없으니까 상선학을 교육하는 대학도 없는 것이다. 대신에 영국에는 실기실무를 교육하는 전문학교가 있다. 학문으로서 성립이 안 되는 교육 이니 교수든 학생이든 떠날 수밖에 없었다. 모두 엘리트였기에 실기만으로는 충족되지 않는 한계가 있었다.

실제로 초기 졸업생들이 문교부 이관 이전에 모교에 임용된 항해과 출신 교수가 11명이었는데, 이중 9명이 중도에 퇴직하였다. 2명만이 정년퇴직을 하였다. S교수는 당시 대학교수들이 학문에 대한 연구 의지가 있었지만 학문연구에 있어 "단서"를 잡지 못해서 중도에

---

51 해양대학은 운수부 소속으로 시작하여 여러 번 소관 부처가 바뀌었고, 1956년 7월 14일 교통부에서 문교부로 소속 변경을 결정하게 되었다. 그 이유는 소관 부처가 바뀜에 따라 학사업무상의 교육 혜택을 받지 못했던 데 있다. 특히 졸업시 학사학위 수여가 되지 않아 대학원 진학이 불가능했다. 당시 신성모 학장은 해운과 선박 분야의 고급인재 양성을 위해 대학원 설치를 추진하여 1960년에 대학원 개설 인가를 받았다(『한국해양대학교 50년史(1945-1995)』145쪽; 『한국해양대학교 70년사』, 115쪽).

그만두게 되었다고 고백한다. 그가 말하는 학문연구의 단서란 무슨 의미일까. 문제는 항해과가 체계적인 이론 연구보다 해사 실무를 수행하는 데 필요한 다양한 과목을 강의하게 됨에 따라 그 교육내용이 특정 학문 범주에 속하지 않게 되었다는 것이다. 간단히 말하자면 해기교육과 학문연구 간의 간극이 생겼다는 데 있다. S교수는 "항해과의 졸업생의 경우, 박사학위의 종류가 법, 경제, 이공학 등 다양하다. 이것은 항해과 전공자들의 학문연구에 있어 고난성의 표출이라 해석 가능하다"고 말한다. [52]

면담에 참여했던 C교수는 일본식도 영국식도 아닌 '한국적'이라고 말할 수 있는 교재를 20여권 이상 만들었다고 구술한다. 그는 20년 넘는 해운실무 현장에서 기관장과 조선감독관의 경험을 가지고 1996년에 해사대학의 교수진으로 들어오게 되었다. 당시 학교에서는 20년 전에 사용하던 일본식 교재를 가르치고 있는 상황이었고, 항해계열도 사정은 마찬가지였다고 한다.

> IMO에서 제시하는 건 영국식이다 보니 우리 대학생 위주의 지식 전달이 아닌, 고등학교 수준 인원이 현장에서 실습해보고 실력이 부족하면 다시 이쪽에서 훈련받고 투입되고

---

[52] 문교부 소속이 되면서 학칙 제7장 제33조는 항해학과는 이학사, 기관학과는 공학사 학위를 수여한다고 명시하고 있다(『한국해양대학교 50年史(1945-1995)』, 149쪽). 그러나 학부, 학과, 전공 단위의 학사구조 개편에 따라 다양한 학위명을 부여해왔다. 최근 2021학년도 대학 학사구조 개편에 따라 항해계열의 학부들이 '항해융합학부'라는 하나의 단위로 통합되었지만 전공별로 다양한 학위명을 부여하고 있다. 2021년 2월 25일 기준으로 기관계열의 학부의 학위명이 공학사라면, 항해융합학부의 경우 공학사(해사안전전공, 선박운항전공), 행정학사(해사법무보험전공), 경영학사(해사경영관리전공), 글로벌해사학사(해사문화교섭전공)로, 해양경찰학부는 해양경찰학사(항해전공, 기관전공)로 학위명을 변경하였다.

하는, 진정한 캡틴헤드 기관장을 키워내는 것, 우리 해양대학은 지금 목표가 기관장을 키워내는 것이 아니잖아요. 항상 제 불만이 우리 학과에서는 현장 기관장을 키우는 곳으로 생각하고 들어왔는데 매번 고시생을 키우니. 배를 키우는 대학이 아니라는 생각이. 우리 대학교의 대외적인 목표가 유능한 선기관장을 육성하는 거라고 하는데 실제로는 아니에요.

C교수는 자신의 교재를 해외출판사에서도 번역하겠다고 요청할 정도로 "세계적으로도 희귀한" 책을 썼다고 말한다. 현재 해양대학 내에서도 10여 권을 교재로 사용하고 있고, 국내외 대학에서도 교재로 사용하겠다고 요청이 들어온다고 한다. 그의 저서는 이론만이 아닌 실무를 포함한 교재이다. 달리 말하면, 해기사 양성에는 현장의 실무가 없는 이론은 유용하지 않다는 의미일 것이다. 종합대학이라는 틀 안에서 교육과 연구의 균형 중에서 어디에 주안점을 두고 있느냐라는 질문과 상통한다. 현재는 해기사 양성을 위한 교육과 관련 교수법 개발보다는 연구에 중심을 두고 있다는 의미로 이해된다.

V. 맺음말

대한제국 시기에 정부에 의한 근대학교의 시도를 혹자는 "제도는 잘 만들어졌으나, 그 내용이 따르지 못하는 상태"[53]라고 평가하였다. 마찬가지로 S교수가 한국해양대학교의 시작이 "간판을 걸었을 뿐 내

---

[53] 우마코시 토루, 『한국 근대대학의 성립과 전개』, 65쪽.

용은 없었다"라고 하는 평가는 같은 맥락에서 이해된다.

앞서 살펴보았듯이, 초기 해기교육 모델은 역사적 이유로 일본 모델과 미국 모델을 융합한 <복합 모델>이라고 말할 수 있다. 동경고등상선학교의 수준을 목표로 한 고등교육기관으로 시작하면서 그에 준하는 이론과 실무 교육 내용을 구성하고자 하였다. 그러나 당시 시대 상황은 교육을 위한 인적 물적 기반이 부족했다. 고등교육 교수 자격을 갖춘 사람도 부족했고, 교과서나 참고서도 부족했다. 기존의 진해 고등해원양성소 출신 교수들이 실기교육을 맡았고, 그 외 학위가 없는 교원들이 인문사회 과목 등을 맡았다. 1960년대 미국의 교육 원조를 통하여 미국 연방상선사관학교의 교재를 가져와 그대로 사용하였고, 사회에 진출한 졸업생들은 실무 경험 속에서 제각기 독학을 하면서 부족한 지식을 터득했다. 졸업생 일부가 교수진으로 학교에 왔을 때, 학생 때 배웠던 지식으로는 우수한 학생을 교육하기가 힘들었고, 국내든 해외든 유학을 가서 일정 학위를 취득하였다.

초기 해기교육과 마찬가지로, 오늘날에도 해기교육이 가지고 있는 문제는 대학이라는 형식과 가르치는 내용 간의 간극에 있다. 이러한 상황에서 오늘날 한국해양대학교는 어떤 수준으로 발전해왔는가? 물리적으로는 미국의 교육 원조를 통하여 교사와 교재, 도서관 등의 시설을 갖추었고, 전문학교가 아닌 종합대학으로서 한국해양대학교는 독일의 베를린 대학 모델처럼 연구를 중심으로 하는 대학원을 포함하는 교육기관이 되었다. 실기교육을 중심으로 하던 고등상선'학교'school가 단과대학 형태의 '대학'college이 되었고 다시 '종합대학'university(1992년이후)이 되면서 교육과 연구라는 교수의 역할이 요구되었다.

현재 한국해양대학교는 2021학년도 기준 3개의 단과대학으로 구성된 종합대학이며, 단과대학의 자격으로 해사대학이 해기교육을 담당하고 있다. 한국해양대학교가 창립 이후 내외적으로 발전을 거듭해왔지만, 해사대학은 이제 단과대학의 형태로 해기교육의 발전을 모색해야 하는 상황에 있다. 우선적으로는 창립 초기부터 문제가 되어 왔던 교육과 학문의 간극을 어떻게 극복할 것인지에 대한 해법을 찾아야 한다. 앞에서 이미 언급했듯이, 초기 해양대학의 창립의 의지와 교육이념의 실현을 위해서는 대학 모델의 기본 구성요소인 교수조직, 교육과정, 교수방법과 교육내용 등의 재검토와 고도화가 필요하며, 현재 해사대학의 교육과 연구가 종합대학이라는 틀 안에서 어떻게 조화를 이룰 수 있을지 깊은 고민이 필요하다. 이런 의미에서 오늘날 한국적인 해기교육 모델은 시대적 변화와 요구에 맞게 변용되어 초기 해기교육의 역사의 연장선에서 발전되어야 할 것이다.

참고문헌

김용성 외, 『기관과요체』(한국해양대학 해사도서출판부, 1968).

강명숙, 「미군정기 대학 단일화 정책 수립에 관한 연구」 『한국교육』 29-2(2002), 439~453쪽.

김재승, 『鎭海高等海員養成所校史』(혜안, 2001).

김종길, 『되돌아본 해운계의 역사들』(동재, 2006).

손태현, 『한국해양대론』(다솜출판사, 2015).

안홍선, 「식민지시기 중등 실업교육의 성격 연구: 실업학교 학생 특성과 입학동기 분석을 중심으로」 『아시아교육연구』 16-2(2015), 145~174쪽.

안홍선, 「일제강점기 중등 실업학교의 민족 공학제 연구」 『교육사학연구』 25-1 (2015), 49~84쪽.

우마코시 토루, 『한국 근대대학의 성립과 전개』 한용진 역(교육과학사, 2007).

유용식, 「한국 대학교육제도의 변천과정에 관한 연구」 『고등교육연구』 12-1 (2001), 225~264쪽.

이광주, 「중세대학 성립과 새로운 지적 상황 - 대학의 사회사(1)」 『논단』(2015), 39~41쪽.

이상은, 「조선총독부의 해원양성소 운영과 조선인 선원의 제한적 양성(1919-1936년)」(고려대학교 석사학위논문, 2020).

이석우, 「중세대학의 생활, 현실, 그리고 사회진출」 『京畿史論』 2(2001), 119~166쪽.

이은숙 외, 「한국 학제의 역사적 변천과 그 방향」 『행동연구』 1-1(1978), 190~219쪽.

전효중 외, 『항해과요체』(한국해양대학 해사도서출판부, 1966).

한국개발연구원 국제정책대학원대학교, 『2011 경제발전경험모듈화사업:한국의 원조수혜 경험 및 활용』 2(2012).

한국교육연구소, 『한국교육사 <근·현대편>』(풀빛, 1993).

한국해사문제연구소, 『선원열전』(해양수산부 외, 2004).

한국해사문제연구소, 『우리 선원의 역사: 상선선원을 중심으로』(해양수산부 외, 2004).

한철호, 『한국 근대의 바다』(경인문화사, 2016).

한국해양대학교 50년사 편찬위원회, 『한국해양대학교 50年史 1945-1995』(소문출판인쇄사, 1995).

한국해양대학교 70년사 편찬위원회, 『한국해양대학교 70年史 1945-2015』(소문출판인쇄
　　사, 2015).

해군사관학교 50년사 편집위원회, 『해군사관학교 50년사(1946-1996)』(해군인쇄창, 1996).

허일, 『바다에서 주운 이삭』(전망, 2006).

홍덕창, 「해방이후의 실업교육에 관한 연구(1949~1960)」『총신대논총』 16(1997), 17~40쪽.

한국 선원과 해외 한인 사회 형성
- 스페인 라스팔마스 한인들의 구술사 -

안미정

I. 머리말

'선원'들이 승선하는 선박은 용도나 목적에 따라 크게 상선과 어선으로 구분되는데, 이에 따라 그들의 삶의 양태도 크게 다르다. 상선 선원들의 바다 생활은 항로를 따라 가는 '항해'로 압축된다면, 어선 선원들의 바다 생활은 주로 "조업"이라는 말로 표현된다. 상선 승선원들의 항해가 항로를 따라 도시와 도시를 연결하며 물류를 수송하는데에 초점이 있다면 어선의 선원들은 특정 수역에서 고기를 어획하는 데에 초점이 있는 것이다. 또한 '선원'이라 부르는 일반적 명칭 안에는 그들의 역할에 따라 선장, 사관, 부원 등으로 나뉘어 각각의 경험들도 다양하다. 그리고 선원들 가운데에는 원양으로 나갔다가 타국에 정착하여 새로운 한인사회를 형성하는 사례가 있으며 이 글에서 주목하는 스페인의 라스팔마스도 그 한 예이다.

선원들에 의해 해외 한인 사회가 형성된 것은 19세기말부터 해방 후 한국의 산업화 과정에서 나타나는 해외 한인 이주사회와 그 맥을 같이하는 동시에 또 다른 점이 있다. 한반도에서 한인들이 해외로 이주한 역사는 1860년대 러시아 극동지방과 중국 동북부 지역으로 이주한 것이 그 시작이었으며,[01] 1903년 하와이 사탕수수 농장의 노동자,[02] 그리고 한일병합 이후 일본으로의 이주가 있었다. 해방 후에는 6.25 전쟁으로 모든 산업이 피폐화된 가운데, 한국 정부는 해외로 인력을 파견하여 외화획득과 실업 문제를 해소하기 위해 1963~1980년까지 독일(서독)으로 7,900명의 광부를, 1966년~1976년까지 1만여 명의 간호사를 파견 한 바 있다.[03] 원양 선원들 역시 외국적 회사에 해외 취업을 하거나 원양어업에 종사함으로써 외화 획득에 기여하였는데, 1960년대~1970년대 이들의 해외 진출은 현지 교민사회가 형성되는 계기가 되었다.

'선원'에 의한 이주가 함축하고 있는 것은 우선, 이들은 특정의 기지/항구도시를 중심으로 하여 어장을 반복적으로 오가며 생활하였고, 그들의 어획물은 유관분야(수산물의 냉동, 유통, 그리고 선박의 수리 등)와의 복합적 생산체계가 형성되어 있는 가운데 이뤄졌던 점을 들 수 있다. 즉 선원가족 이외의 유관분야의 종사자들의 이주가 동시에 나타났다는 것이다. 그리고 자국과 먼 거리의 해외에 기지(基地)를 둔 "기지어업"은 자국 산업의 해외로의 확장을 의미하지만 그것은 동시에 자국의 특정 산업체계가 다른 곳에서 구축되는 산업 이주의 성격을 가진다. 이는 근대에 나타난 새로운 이주 양상이라고 말할 수 있

---

01   김게르만, 『한인이주의 역사』(박영사, 2005), 147쪽.

02   김게르만, 위의 책, 305쪽.

03   한국민족문화대백과사전(http://encykorea.aks.ac.kr/) 참조.

다. 그런데 이러한 이주는 국가의 정책에 의해 이뤄져, 국가 간 대외교역과 국내외 법이 미치는 영향이 크며, 동시에 그에 따른 산업적 성쇠가 이주사회에 미치는 영향도 크다고 말할 수 있다.

원양 선원들에 의한 이주사회 형성은 정부수립 후 국가의 산업정책이 주효하게 작용하였고 여기에 개인의 경제적 동기가 작용하였기에, 이전의 해외 한인 이주와는 다르다. 따라서 이러한 국가의 산업정책의 영향이 한인사회 변동에 어떻게 작용하는지도 주목된다. 이러한 맥락에서 필자는 1970년대 대서양 북서아프리카 어장에서 조업하였던 선원 출신자들의 구술을 통해, 어업 활동에 기반한 해외 한인사회의 형성 과정을 살펴보고자 한다. 필자는 한국연구재단의 지원을 받은 한국해양대학교 선원연구팀의 일원으로 2020년 1월 9일부터 14일까지 스페인 라스팔마스의 현지에서 '선원' 유경험자들을 중심으로 구술생애사 자료를 수집하였다. 피면담자들은 부산 영도 선박 수리업에 종사하며 과거 라스팔마스에서 살았던 한 정보제공자로부터 사전 소개를 받아 면담을 진행하였다.[04]

II. 스페인 카나리아제도와 한국 어업기지

1. 유럽 항해자들의 기착지 카나리아제도

스페인 남단과 약 1000㎞, 서부 아프리카와는 100㎞ 가량 떨어져

---

04 조사기간 중 모두 6명을 인터뷰하였으며, 이 글에서는 2명의 구술사 자료를 논점에 맞춰 다루기로 하겠다. 또한 현지 자료 조사에 도움을 주신 라스팔마스한인회를 비롯하여 곽태열 분관장(총영사), 이창희 해양수산관(영사)께도 이 지면을 빌어 감사드린다.

있는 카나리아 제도(Las Islas Canarias)는 대서양에 있는 스페인령의 군도를 말한다. 모두 7개의 섬으로 이뤄져 있다. 이 가운데 그란 카나리아 섬 북동 해안에 라스팔머스 데 그란카나리아(Las Palmas de Gran Canaria)가 있다. 줄여 라스팔마스라고 부른다. 이곳의 인구는 2018년 기준, 378,500명으로 카나리아제도에서는 사람이 가장 많이 살고 있는 항구도시이다. 라스팔마스라는 이름은 야자나무, 즉 팔마(palma)가 많은 곳이라하여 붙여진 이름이다. 본래 이들 섬에는 카나리(Canarii), 관체(Guanche)를 비롯 여러 부족이 살고 있었다. 카나리아제도는 화산섬들로 이뤄져 있고 연중 온난한 날씨로 지금도 유럽인들이 즐겨 찾는 대표적인 휴양지이며 고대로부터 "행운의 제도"로 알려져 왔다. 그러나 사실 이 제도의 원주민들은 기원전 북아프리카에서 이동해 이곳에 정착하였으나 유럽인들의 해외 팽창과정에서 첫 번째로 절멸당한 사람들로 알려지고 있다.[05]

지리적 위치로 말미암아 무슬림은 물론 서유럽의 항해사들도 이곳을 찾았었고, 카스티야의 후원을 받은 프랑스 항해사 출신이 카나리아 왕국을 성립, 이 섬을 정복하였다. 1404년 카나리아 제도 일대에 성립된 카나리아 왕국은 1448년 국왕이 포르투갈에 자신의 왕국을 매각해버린다. 그러나 이미 이주해 왔던 카스티야 인들은 저항하였고, 포르투갈은 온전히 섬을 지배하지 못한 채 15세기 포르투갈과 스페인 사이에 카스티야 왕위계승권을 둘러싼 전쟁 끝에 1479년 알카코바스 협정을 체결함에 따라 포르투갈은 카나리아를 카스티야의 땅으로 인정하기에 이른다. 이 협정에 의해 포르투갈은 왕위를 포기

05　주경철, 『대항해시대』(서울대학교출판문화원, 2009), 383쪽.

하는 대신에 대서양에 대한 항해권과 상업권에 대해 우세를 차지하게 되었다. 하지만 얼마 지나지 않아 스페인의 후원을 얻은 콜럼버스가 첫 항해를 하며 협정을 위반(영역 침범)한 탓에 다시금 영토 분쟁이 발발하게 되는 등,[06] 카나리아제도는 서유럽 항해자 및 왕국의 해상 제해권을 두고 다퉜던 중요한 거점이자 교두보 역할을 하는 곳이었다. 카나리아제도에서 가장 큰 도시인 라스팔마스는 지금도 남미와 아프리카를 항로의 선박 보급 기지역할을 하고 있으며, 유럽인들이 선호하는 피한지이자 관광지로 유명하다.

이처럼 라스팔마스는 지리적으로나 역사적으로 한국과는 거리가 먼 다른 바다, 다른 대륙에 위치한 곳이다. 그럼에도 경계를 넘어 원거리 항해를 하는 '사건'들은 시대와 지역을 초월해 언제나 있었으며, "자기 구획을 넘어 다른 바다로 나아간 것은 꼭 근대 유럽만의 역사인 것은 아니"었다.[07] 가령, 페니키아인들의 아프리카 회항, 바이킹의 아메리카 대륙 방문이나 정화의 원정 등 대양을 넘어 항해가 이뤄진 역사적 사건들이 있었고, 1500년 이후의 유럽인들의 대항해는 세계의 바다를 연결하여 이전과는 질적으로 다른 결과를 낳았다고 지적되곤 한다. 일반적으로 대항해시대의 역사는 이처럼 유럽인들의 세계 진출의 역사로 마침표를 찍는다. 그러나 이후에도 세계의 바다는 연결되었고 그것은 세계 여러 민족과 국가들의 항해사 및 뱃사람들에 의해 이뤄져 왔다.

---

06 콜럼버스는 배 수리를 위해 이곳에 왔다(Belén Domínguez, *Gran Canaria* [Madrid: Ediciones A. M., 2009], p. 26).

07 이처럼 원거리 항해가 이뤄진 하나의 '사건'으로 주경철은 페니키아인의 아프리카 회항, 아일랜드인들의 페로제도 도착, 바이킹의 아메리카 대륙 방문, 정화의 원정 등을 거론하고 있다(주경철, 『대항해시대』 125쪽.).

2. 1960년대 한국의 대서양 어업기지 구축

아프리카 북서쪽 대서양에 7개의 섬으로 구성된 카나리아 제도는 크게 동서로 구분되는데, 동쪽의 라스팔마스 주에 3개의 섬(Gran Canaria, Fuerteventura, Lanzarote)과 서쪽의 산타크루즈 데 테네리페 주에 4개의 섬(Tenerife, La Gomera, El Hierro, La Palma)이 있다. 이들 섬 가운데 란사로테, 그란 카나리아, 테네리페 등 3개의 섬에 한인회가 구성되어 있다. 라스팔마스는 그란 카나리아 섬에 위치하며, 카나리아제도에서 가장 큰 도시이다.

지리적으로 한국과 먼 이 카나리아 제도에 한국 선원들이 처음 도착한 것은 1966년 5월 13일, 라스팔마스의 북쪽 판탈랑 부두에 강화 601호(수산개발공사 소속, 1,472톤급)가 닻을 내리면서였다.[08] 이보다 앞서 1957년 6월 26일 부산항 제1부두에서 출항한 제동산업 주식회사 소속 제1지남호가 인도양에서 시험조업을 했던 역사가 있었다. 여기서 원양어업의 가능성을 찾은 한국 정부가 대서양으로의 진출을 시도하게 된 것이다. 어선이 원양으로 진출한 까닭은[09] 무엇보다 조업을 통한 외화 확보가 가능하였기 때문이었으며 이는 곧 국가경제에 기여하는 것이었다. 이탈리아와 프랑스의 어업차관으로 도입한 제601강화호가 라스팔마스 근해에서 시험조업을 하였고, 이어 총 8척이 이곳 어장에 진출하여 대서양 트롤어업이 시작되었다.[10] 1973년도 한국의 해외 어업기지들은 태평양에 267척, 대서양에 173척, 인도양

---

08 El Eco de Canarias 1966. 5. 13 일자 기사(라스팔마스 한인회 제공).

09 상선의 경우는 다른 글에서 언급하였기에 이 글에서는 원양의 어선원에 초점을 두고자 한다.

10 해양수산부, 『원양산업 60년발전사』(2018), 9쪽.

에 112척 등의 선박들이 출어하고 있었으며, 그 가운데 라스팔마스를 기지로 한 원양어선들은 62척이었다.[11] 당시 대서양의 라스팔마스는 태평양의 사모아 다음 가는 우리나라 중요 해외 기지였고, 우리나라 해외 트롤어업의 최초 해외근거지로서도 중요한 의의가 있다. 라스팔마스에는 대서양에 기지를 둔 선박들의 37%가 출입하고, 트롤어선으로는 대서양 전체적으로 볼 때 70%가 출입하는 중심적인 어업 기지였다. 서구지역, 특히 스페인을 겨냥한 수산물 수출 근거지였으며, 이 기지를 중심으로 1973년 스페인으로의 수출액은 3천37만 불에 달했다.[12] 지금은 어선 감축 및 국제 원양어업 환경의 변화 등으로 어업세력이 축소되고, 교민들도 크게 감소하였으나 지금까지도 아프리카 연안국과 수산 협력을 추진하는 데 있어 거점 역할을 하고 있다.[13]

이러한 한국의 원양 진출 역사는 국가경제에 기여한 '산업'이었다는 데에 그 의의를 두고 있음을 볼 수 있다. 가령 "원양어업은 자원과 자본 그리고 기술이 빈약한 상황에서 해외자원, 자본과 기술에 의존하여 국제적 협력을 바탕으로 산업발전을 이룬 모범적인 성공 사례"라고 지적되고 있는 것이다.[14] 게다가 원양어업을 통해 양질의 단백질 식량이 공급되었고, 외화획득은 물론, 일자리 창출과 종사자들이 세계 각국을 누비며 민간외교관 역할을 하는 등, "국민의 시야를 외국으로 돌리게 하는 선구적 역할을 하였으며", "해외투자 등의 경제활동 영역

---

11   장수호, 「漁業勞務管理에 관한 調査分析: 라스팔마스基地漁業을 중심으로」, 『수산경영론집』 6-1(1974), 1쪽.

12   장수호, 위의 논문, 2~3쪽.

13   해양수산부, 『원양산업60년발전사』, 67쪽.

14   해양수산부, 『원양산업60년발전사』, 47쪽.

을 세계화 하는 데 크게 기여"하였다는 의의를 부여할 수도 있다.[15]

한편, 라스팔마스의 한인회장을 역임했던 이횡권씨는 라스팔마스 원양산업계가 1966년부터 1987년까지 8억 7천만 불의 외화를 고국으로 송금하였으며, 이 종자돈으로 한국은 세계 10위 경제 대국일 될 수 있었다고 말하며, 그러기에 한국 경제는 "원양산업 전사들의 피와 땀의 결실"에 의해 이뤄진 것임을 강조하였다.[16]

3. 해방 후 한국 경제와 선원의 도시

2016년 한국은행 분석 자료에 따르면, 1950년대 우리나라의 경상수지는 매년 1억 달러 미만의 흑자 또는 적자를 기록하고 있었다. 1960년에서 1966년 중에는 연 1억 달러 내외의 경상수지 흑자 또는 적자를 기록하였으나 제2차 경제개발 5개년 계획(1967~1971년)이 시작된 1967년부터는 상품수출입이 모두 늘어난 가운데 수입이 더 큰 폭으로 늘어 적자규모가 확대되었다.[17] 이러한 적자 기조는 1차, 2차 석유파동(1974년~1975년과 1978년~1979년)에 따른 영향도 컸다고 볼 수 있을 것이다. 1980년대는 상품수지를 중심으로 적자의 상황이 개선되어 경상수지가 1988년 올림픽 개최를 전후한 시기에 흑자규모가 큰 폭으로 확대되었고,[18] 90년대 들어 적자기조를 지속하던 경상수지가 외환위기 직후인 1998년과 1999년에 큰 폭의 흑자를 기록하였다.[19]

---

15 해양수산부, 위의 책, 49쪽.

16 고혜선, 『한인 하스팔마스 진출 50주년 우리들의 50년: 1966~2016』(월드코리안신문사, 2016), 8쪽.

17 한국은행, 『우리나라 국제수지 통계의 이해』(2016), 83~84쪽.

18 한국은행, 위의 보고서, 85쪽.

19 한국은행, 위의 보고서, 87쪽.

이처럼 한국경제의 경상수지 추이를 고려할 때, 3시기로 크게 구분된다. 첫 번째는 1950년 한국전쟁 이후 1977년까지 1억 달러 안팎에 머물렀던 시기, 두 번째는 1978년부터 1997년까지 흑자와 적자를 반복하며 부침이 컸던 시기라고 할 수 있으며, 세 번째는 1998년 이후부터로 경상수지가 증가하였고, 또한 이 시기에 수출입의 규모가 비약적으로 성장하였다는 것을 알 수 있다.

이글에서 소개하는 스페인 라스팔마스에 정착한 한국 선원들의 활약은 두 번째 시기에 집중된다. 1985년 취업 선원의 현황을 보면, 고용된 총 52,410명 가운데 상선 선원이 90%를 차지하고(47,174명), 어선 선원이 10%를 차지한다(5,236명). 이들 가운데 해기사는 36.3%, 부원이 63.7%였으며, 승선하고 있던 선박의 국적은 국적선의 경우가 21.2%, 외국적선인 경우가 78.8%를 차지하였다. 따라서 상선에 부원으로 외국적선을 승선한 경우들이 많았다고 할 수 있으며, 반대로 어선에 해기사로 국적선에 승선한 이들도 있었다.[20] 그리고 1984년 말 기준, 한국과 외국적의 상·어선에 고용된 해기면허(항해, 기관, 통신) 소지자 총 17,740명의 연령은 25세에서 40세 이하가 가장 많으며, 10년 미만의 승무경력을 가진 이들이었다.[21] 「선원통계연보」는 이들을 수산계와 해양계로 나뉘어 집계하였는데, 대부분 고교이상의 고학력자들이었다.

다음의 <표-1>을 보면, 부산을 포함 경상남도에 거주지를 둔 선원들이 많았음이 현격하게 드러나며, 경기도와 서울, 경상북도 등의 경우에는 해기사보다 부원이 더 많았다. 충청남도와 제주도, 충청북도

---

20   한국선원인력관리소,『한국선원선박통계연보 1985』(1986).

21   취업한 승선원과 예비원을 합한 수임. 한국선원인력관리소, 위의 책 참조.

의 취업선원이 200명 미만으로 적은 것은, 충북의 경우 내륙지방이라는 점이, 그리고 충남과 제주는 연근해 어장이 발달되어 있있기 때문인 것으로 추정된다. 따라서 부산과 경남 지방은 원양으로 나간 한국 선원들을 배출해 온 근거지라고 할 수 있으며, 특히 부산시는 해기사는 물론 부원까지 그 수가 다른 지역에 비해 압도적으로 많아 한마디로 '선원의 도시'였다고 말할 수 있을 것이다.

〈표-1〉 1999년 취업선원의 거주지별 현황 (단위: 명)

구분 지역	해기사 (항해사,기관사, 통신사)	부원 (갑판부,기관부,조리부)	합계
부산	6,132	4,304	10,436
경남	1,367	966	2,333
경기	930	1,029	1,959
전남	909	467	1,376
서울	624	773	1,397
경북	601	627	1,228
강원	280	185	465
전북	252	131	383
충남	200	202	402
제주	170	69	239
충북	80	92	172
합계	11,465	8,753	20,218

＊ 내항선 선원과 연근해어선 선원은 제외된 수치임.

＊＊ 자료: 해양수산부·한국해양수산연수원,『한국선원통계연보』(2000), 92쪽.

III. 라스팔마스로 간 한국의 선원

그런데 왜 하필 라스팔마스였을까? 그 이유는 라스팔마스가 스페인의 거점지역으로서 이미 어업기반 시설이 갖춰져 있었던 배경과 관련이 깊다. 라스팔마스는 스페인의 자유무역항이었으며, 공동창고, 어업무선국이 설치되어 있고, 어획물을 처리 가공할 수 있는 시설이 있었다. 또한 테네리페의 산타크루즈 항구와 함께 훌륭한 어업전진기지로 자리매김하고 있었다. 한국수산개발공사는 1966년 원양어선단의 원활한 지원을 위해 스페인의 이 지역에 기지를 설치하게 된 것이다.[22] 2020년 주라스팔마스 한국영사관이 제공한 자료한 따르면, 라스팔마스에 거주한 한인들은 1966년 3명에서 시작하여 1971년 100명, 1976년 150명, 1981년 6000명, 1986년 8500명, 1991년 5688명, 1996년 2283명, 2001년 1346명, 2006년 1282명, 2011년 1197명, 2016년 713명이었다. 1980년대 크게 증가하였다가 1990년대 후반부터 다시 큰 폭으로 감소하였다는 것을 알 수 있다. 이 수치는 육상에 정주한 인구수로, 실제 이곳을 기지로 하여 출입하였던 한국 선원들까지 포함할 때 라스팔마스의 한인 인구는 1만 명을 넘었었다고 한다. 가령, 2004년 42개의 선사(船社)에 118척의 선박이 있었고 여기에 한국 선원 수는 2,849명이었으며, 2008년에는 36개의 선사에 100척의 선박에 2,228명의 한국 선원들이 있었다.[23] 한인 인구의 변동에 따라, 라스팔마스의 한국 영사관도 1974년 설치된 이후 1976년에는 총영사관으로 승격되었으나 1999년에는 분관으로 바뀌는 부침(浮沈)을

---

22   고혜선, 『한인 하스팔마스 진출 50주년 우리들의 50년』, 68쪽.

23   "라스팔마스 재외동포 현황" 주라스팔마스분관 미간행 자료(2020.1.13).

겪었다.[24] 이제 라스팔마스에 살고 있는 한국 선원 출신의 구술사를
들어보도록 하자.

1. 바다로 간 이유

통영이 고향인 B씨(1954년생)는 통영수전을 졸업하고 첫 항해로
간 곳이 라스팔마스였다.[25] 1976년으로 그의 나이 스물두 살 때였다.
1980년 귀국하여 결혼하였고, 1981년 원양회사에 선장으로 취업해
다시 라스팔마스를 기지로 조업하게 되었다. 그가 주로 조업했던 어
장은 대서양 해역으로 모리타니아와 모로코가 있는 아프리카 북서부
지역이었다. 고향에서 그의 아버지는 어선 6척을 경영하고 있었으며,
형제들 가운데 막내였던 그가 원양의 바다로 나가게 된 것은 당시 육
상보다 바다에서의 수입이 컸기 때문이었다.

> 옛날, 옛날 같은 경우는 원양어선이나 선박을 타게 되면
> 은 아무래도 육상에 근무하는 거 보다는 수입이 낮고 그러다
> 보니까 배를 타고 해서 다 이제 외화 획득에 많은 기여를 하
> 고. 사실 우리나라 정부에서 사실 잘 못 한 겁니다. 이게 최초
> 의 독일 그 광부들하고 해외에 나온 게 독일 광부들하고 크게
> 보면은 선원이었어요. 독일 광부가 사실 벌이는 돈 그건 돈
> 도 안 되는 거에요. 왜? 자, 우리 독일 광부들은 이백 불 삼백
> 불을 받았어요. 그러면은 우리 원양어선 회사에서는 배가 한
> 척이 육십일 동안 어획해서 들어오는 돈이 초창기 때는 한 이

24　"공관연혁 및 약사" 주라스팔마스분관 미간행 자료(2020. 1. 13).

25　2020년 1월 12일 라스팔마스 Jee and Bang 식당에서 면담.

삼십만 불 정도 됐어요. 두 달 동안에. 그라믄 그거를 친다면은 인건비하고 이런 거하고는 게임이 안 되는 겁니다. 그것도 한 척이 아니고 백 몇 십 척이 벌이는 들이는 외화는 엄청납니다. 광부들 몇 만 명이 가서 벌인 돈 우리 여기 어선, 어선 선박에 미니멈 열 배 이상 벌었습니다.

20대에 가족과 이별하여 먼 곳에서 일하며 사투를 벌이던 원양어선을 그는 그만두려고 했었다. 잠시 귀국하여 선박 자재를 수출하는 회사를 다니기도 하였고, 부친의 어선어업을 이어받아 고향에서도 잠시 살았으나 그는 결국 다시 라스팔마스로 가게 되었다.

제가 86년에 한국에 귀국을 해가지고 배를 그만두고 안탈라 했어예. 안 탈라고 생각하고 한국에서 무역회사에 근무를 하고 있었어예. 그러니까 선박 자재를 판매 이제 수출을 하는 회사에서 판매를. 그런데 내가 배를 선장을 했고 배를 아는 사람이기 때문에 어떤 자재가, 배를 안 타본 사람은 같은 자재이지만 사실, 이 자재가 필요한 긴가 안 한 긴가를 잘 모릅니다. (중략) 이제 여러 가지 이제 이런 거를 다 해가지고 물건을 선적을 하고 이런 일을 1년 정도 했어예. 1년 정도 했는데 어느 날 갑자기 여기서(라스팔마스) 공장을 이 선박 수리 공장 하시던 분이 배를 한 개 샀는데 자기 인자 첫 사업으로 이 배 사업이라는 거는 자그마한 게 아닙니다. 구멍가게가 아니고, 상당히 큰 규모입니다. 그래서 그 사람이 이제 일본에 배를 한 개 사놨는데 배를 감정을 좀 해주고 그래 배를 좀 내가 첫 사업을 시작하는데 당신이 나를 좀 도와줬으면 좋겠다. (중략) 그래서 이제 연락을 받고, 그래 일을, 이제 일단은 배를 안탈라고 생각을 했으니까 일단 그러면 일본에 배를 사놨다니까 한 번 가서 배를 검토를 한 번 해보겠다. 그래 이 제, 날짜를 맞춰서 나는 한국에서 일본을 들어가고 그 사람은 인자 라스팔마스에서 일본으로 들어오고. 그래가지고 일본 에서 만났어요. 만나가지고 배를 사놓은 곳에 이제 기센누마 (気仙沼) 그 한 시(市)에 그래가지고 거 가서 배를 봤는데 배가 아닌 거에요. 배는 배인데 이거는······ 너무 낡은 거에요. 이 배는 활용성이 없는 배에요. 이거는. 이, 이게 사업성이 있어 야 되거든예. 사업성이 없는 배를 사 놓은 거예요.

연료탱크가 너무 작은 배를 45만불(선불금 10만불)을 주고 구매한 한국인은 라스에서 선박수리를 하던 사장이었다. 그의 첫 배 사업에 B씨가 선장 했던 경험을 살려 일본 배를 감정하러 갔던 것이다. 일본 에서 이 배를 소개한 이는 재일교포 오카모토씨였다. 실제 배를 본 B 씨가 배의 가격이 터무니없게 높았던 이유는 당시 일본의 어선 감척 사업과 관련이 있었다.

(오카모토씨와) 술을 한 잔 하면서 이제 사실직고해라. 이 거 니 가격이 내가 볼 때 지금 선박 가격이 있는데 이거 안 맞 는 기다. 그래가 한 게 그 때 당시에 어떻게 됐는가 하면, 그 보다 더 크고 좋은 배를 20 불, 25만 불에 샀어요, 더 좋은 배 를. 그랬는데 일본에서 배를 감척하면서 그거를 일본에서 물 에 집어넣는 겁니다. 어초로 만들기 위해서. 그러니까 기관 이런 거 쓸 만한 것은 다 뜯어내고 배만 선체(船体)만 딱 해가 지고 옆에 크게 구멍을 다 뚫습니다. 뚫버가 기관실에 인자 긴 선 밟으면 탕 열어가꼬 사람이 튀나와 가지고 보트 타 버

리면은 배는 자연적으로 가라앉게 되어 있죠. 그래 이제 그러다 보니까 그런 배를 갖다가 정부에서 돈을 더 많이 부르는 거예요, 정부에서. 그 선가(船價)보다도. 그래야 선주가 팔라 하니까, 정부에 줄라하지. 누가 그거를 판매하는 가격보다 작게 준다고 하면은 그러니까 그게 선가가 오르고 오르고 하다 보니까. 그, 그래서 그 배가 사실 상 20만 불짜리가 36만 불인 거예요. 그래가 그 배를 갖다가 이제 제가 일본에서 팔고 그 사장이 그러면 이왕 일본에 왔으니까, 일단 한국 사장한테, 너거 사장한테 이만이만 해가지고 지금 지연이 될 것 같다. 그래서 기한을 좀 넉넉하이 달라. 그래서 이제 그 사장, 그 배를 사는 사장하고 제가 다니는 회사 사장하고 둘이가 좀 아는 사이예요. 알고 지내는. 그러니까 말하기가 조금 쉬웠지. 그래 이제 그 배를 사는 사장도 이야기를 하고 그래서 일본에 제가 2개월을 있었어요, 배를 사러 이제 다닌다고. (중략) 거기에(와카나이/稚内) 가 가지고 배를 그 때 당시에 폐선 물에 집어 넣을 기라고 줄 서 있는 배를, 착착 짤라 내고 있는 배 중에 한 척을 딱 보니까, 아 저거 되겠다. 그래 이제 선주를 찾아가지고 그 배를 45만 불에 샀어요. 그래서 이제 그 때 당시는 일본에서 외국에 배를 못 팔게 법을 만들어 놨어요. 이제 (바다)물에 어초를 집어넣을 계획으로 했기 때문에 그런데 어떤 식으로, 우리 한국사람이 그러니까 영리하지. 그러면 너거가 이 배를 타고 한국에 수리 들어온다 해라 그래가지고 그 배를 타고 일본사람이 한국으로 건너왔어요. 우리는 탈 수가 없잖아요. 그래와 가지고 일본사람은 배 놓아두고 가버리고. 그래가 우리가 인수를 받아가지고 그 이제 한국에서 수리를 해가지고. 그기 인자 제일 마지막 내가 선장을 한 거. 그 때 이제 그래가지고 그 배를 타고 제가 인도양

을 건너서 수에즈를 통과 해가지고 지중해로 해서 라스팔마
스까지 왔죠. 그게 사십 이년 전.

　B씨가 일본에서 어선을 구입하였던 것은 그가 귀국 후 국내에서
선박자재 수출회사를 다니던 1985년 일로 그의 나이 서른한 살 때였
다. 당시 라스팔마스에서 원양 어업기지가 일본에서 한국으로 전환
되던 시점이다. 그가 다니던 회사의 사장과 새로 선박을 구입하려고
했던 라스팔마스의 사장 역시 서로 아는 지인관계였다는 것은 부산
과 라스가 원양 산업으로 연결되고 있었다는 것을 보여준다. 또 일본
에서 어선을 구매 후 라스팔마스로 다시 간 B씨의 행보에서 알 수 있
듯이 감척사업이 진행되던 일본의 어선이 한국 선원들의 해외 기지
로 이동하였다는 것 등은 스페인 라스팔마스 기지 형성에 있어서 한
국이 일본에 이어 어떻게 후발 주자가 되고 있었는가를 보여준다.
　두 번째로, N씨(1950년생)가 라스팔마스로 간 것은 1975년부터였
다.[26] 그는 강원도에서 태어났으나 6.25 전쟁의 발발로 가족들이 서울
로 피난을 떠나야 했다. 그는 육형제 중 차남이었다. 1969년 부산 수
산대에 진학하였고 학업과 군복무를 마친 후 바로 항해사로 취직하
여 라스팔마스로 가게 되었다. 라스팔마스를 기지로 한 북양수산에
서 항해사로 2년, 이어 스페인과 모로코 합작 회사(SOEAPEM)에서 선
장으로 취업하여 3년 가까이 일을 하였다. 잠시 귀국하여 결혼하였
고 다시 해외 합작 회사에서 "감독선장"(육상 근무, 주재원)으로 취업제
안이 들어와 라스팔마스로 가게 되었다. 그가 선원으로 일한 것은 만
5년이었으나, 이후에도 그는 국적선 및 해외송출선의 선원생활을 비

26　2020년 1월 11일 라스팔마스 연구팀의 숙소에서 면담.

롯하여 주재원과 유통업, 트롤어업에 이르기까지 평생 수산업에 종사하다 2016년 은퇴하였다. 여러 번의 직업 변화가 있었으나 변하지 않은 것은 스물여섯 살부터 지금까지 그의 삶의 터전은 줄곧 라스팔마스였다는 것이다.

그 때 당시로는 배타는 게 그 원양어업이 지금으로 말하면 IT나 마찬가지였어요. 상당히 그 이 뭐라고 그럴까, 장래성이 있는 직업이었죠. 그 때 당시로는.69년. (69년에 대학 일학년이 되는 거잖아요? 이 때 당시에 우리나라의 해양에 대한 인식이랄까?) 상선 쪽은 내가 알기로 상선 쪽은 배가 별로 크게 많이 없었고, 원양, 원양어선 쪽은 그 때 막 폭발적으로 늘어나기 시작할 때죠, 그 때가. 우리나라 원양어선이 50, 처음에 56년도인가 이래. 57년인가요? 그 때 이제 동원산업 회장 김재철 씨가 이제 당회사로 처음 나갔죠? 그리고 그 한 69년 이때는 이제 원양어선들이 그냥 말하자면 폭발적으로 늘어나기 시작하던 때거든요. 그때는 이 물론 해양대학교도 마찬가지였겠지만 수산대학교 나와서 취직 걱정은 안 했죠. 서로 내가 선택할 수 있는 그게 있었지. 회사에서 나를 선택하는 게 아니라. 내가 회사를 선택하고 배를 선택하고 그럴 수 있는 그런 거 있었죠. 배가 막 늘어나니까.

2. 1980년대 라스팔마스의 선원들

1) 라스팔마스의 풍경

N씨는 부산을 기지로 하는 북양수산에서 항해사였으나, 1978년 (29세) 모로코와 스페인 합작회사의 선장을 하였고, 이윽고 라스에 정

착해 같은 회사의 "감독선장(주재원)"이 되었다. 1981년 서른두 살 때였다. 여기서 5년(만4년) 일을 하다 한국 원양어업 회사의 임원을 다시 8년을 일하였고, 1995년부터는 유럽 시장을 겨냥한 수산물 유통업을 하였다. 2003년에는 트롤어업을 시작해 부산에 사무소를 두기도 하였으나 2015년 정부의 감척사업에 의해 어선을 정리하고 2016년 은퇴하였다. 그는 해외취업어선에 승선한 제 1세대였다.

> (그러면 어떻게 정착하실 생각을?) 저는 이제 여기 선장 마치고 나 근무하던 회사에 감독선장으로 선임이 되가지고 그래서 육상근무를 하기 시작했죠. (그 회사가, 이름이?) 모로코, 모로코 회사입니다. 모로코. (해외회사네요?) 네, 모로코, 스페인 합작회사였어요. ……..(그러면 처음에 국적선을?) 처음에는 북양수산이라고 국적선 항해사 하고, 그리고 선장 할 때는 이제 모로코, 스페인 합작회사 선장을 했고. 그 이후에 모로코 그 다음에 이쪽에 모리타니아 이래갖고 그 한국선원들이 한 거의 한 200척 정도 그 쪽에, 해외취업을 했는데, 그 이 우리 때가 거의 초창기죠. 해외. 이 상선들은 그 때 송출선도 많이 탔잖아요? 어선보다 더 빨리 송출선을 탔거든, 해대학생들이. 그런데 어선은 거의 내가 초창기. 네, 초창기.

그의 해외합작회사(SOEAPEM) 감독선장 일은 육상 근무를 하는 것으로, 당시 라스팔마스에는 약 8,000명 가량의 한인들이 있었고, 국적선 외에도 해외 송출선에 승선한 선원들이 라스팔마스 항을 오갔다. 입출항하는 선박 수가 280척~300척을 헤아렸다고 한다.

팔십 년에는 (교민들이) 얼마 없었고, 제일 많았던 게 88올림픽 끝나고 한 90년, 80년대 말 90년대 초에 여기 제일 많았어요. 그러니까 뭐, 한 선원들까지 합 하면은 8000명 정도? 그렇게 됐으니까. 그리고 육상에, 육상에 상주하는 사람만 3500 명 그 때 3500명. 좁은 동네에 굉장히 많았던 거죠.(업종은 뭐, 미용사 하시는 분들, 태권도 하시는 분들, 이 당시에 왔나요?) 미용사 하시는 분들은 훨씬 뒤에 왔고, 태권도 하시는 분들은 70년대에 오신 분들이 많고. (그러면 5000명, 5000명이 바다에 나가 있었다는 말입니까?) 그렇죠. 그러니까 한 이리저리 합하면 한 280 척 정도? 한국선원 타는, 그러니까 국적선하고 아까 얘기한 모로코-모리타니아 쪽에 송출선하고 합해가지고 그 때 한 280척, 한 300척 가까이 있었을 겁니다. 한국선원 타는 배가. (라스팔마스에서도 우리 교민들이 모여 있는 지역이 있다고...) 여기죠. (여기 어제 주소를 보다 보니까, 파스칼, 아, 칼레 파스칼/Calle Pascal 되어 있던데 내나 이 지역입니까?) 저기 광장에 가면 ㅇㅇㅇ씨 식당 있는 데, 거기 로타리 하나 있어요. 거기 조금 가면은. 로타리 반경, 반경 한 2킬로 이내에서 한 80프로 이상이 산다고 보면 되죠. 그러니까 어지간한 거리는 거의 걸어 다닐 수 있는 거리가 되겠죠.

북적이던 라스팔마스의 거리에는 한국 슈퍼마켓과 교회와 성당, 그리고 수산업 관련한 다양한 사업체 외에도 자동차, 보험 판매자들도 있었다. 한창 때 교회는 4군데 있었다고 한다. 이곳에 모여든 한인들의 출신 지역도 다양했다. 그러나 제일 많은 곳은 경상남도 출신들이었다.

저기 한국 슈퍼마켓 하나 있죠. 옛날에는 더 있었는데 지금은 이제 사람이 줄어가지고 지금은 이제 한 군데 있죠. (원래는 더 많았습니까?) 더 많았죠. 옛날에는 교회도 지금도 교회는 남아있죠. 교회가, 교회가, 교회가 하나, 둘, 셋, 네 군데인가? 성당 한 군데. 저는, 저는 성당 다닙니다. (여기 계시는 분들 직업군이 어떻게 됩니까?) 직업군이 거의 수산업 관련해서 그러니까 수산업 이제 직접 배하는 사람 있죠. 거기 회사에 취직한 사람 있죠. 그 다음에 이제 배들이 이제 들락날락 했으니까 여기 수리하던 사람 그 다음에 이제 선식 보급하는 사람, 자재 보급하는 사람. 뭐 그래가지고 뭐 그렇게 하다 보니까 식당 하는 사람. 옛날에는 술집 하는 사람도 있었고. 뭐, 예. 그렇게 한국사람들이 많이 있다 보니까 자동차 파는 사람도 있었고 보험하는 사람도 있었고. (가족들이 이렇게 같이 많이 사시고 하니까. 지역적으로는 어느 지역 출신이 많다 뭐, 이런 것도 있습니까?) 경상도 출신들이 아무래도 제일 많을 것 같고요. 경상도. 그 다음에 이제 호남. 이제 그 다음에 기타. 뭐 그렇겠죠. (제주도 출신도 있습니까?) 있습니다. 제주도 출신도.

한편, 원양 어선들의 출입항이었던 이곳 라스팔마스의 기지와 바다의 선원들과의 관계는 어떤 것이었을까? 입출항 시에 휴식과 여가를 보내는 것에 지나지 않았던 것일까? 당시 라스팔마스를 기지로 조업하는 원양 어선원들의 가족은 라스팔마스가 아니라 한국에 있었다. 라스팔마스의 한인 사회 형성은 원양어업에서 비롯되었으나, 선원 생활을 하였던 이들이 주재원이 되거나 자영업을 하는 등 육상 근무를 하면서 한국의 가족들의 이주가 이뤄지기 시작하였고 이후 정

주 사회가 형성되어 갔던 것이다.[27]

    그런데 여기서 저기 그러니까 가장은 선장하고 부인은 여기서 한국 학교 교사하고 이런 경우는 거의 없어요. 왜 그렇냐 하면은 선원가족이 여기서 사는 경우는 그렇게 별로 크게 많지를 않거든요. 그러니까 여기 있는, 가족들이 있는 건 거의 주재원이나 여기에서 취업이나 자영업 해서 여기 사는 사람들 부인들이지, 선장 가족이 여기서 사는 거는 없는 건 아니지만 그렇게 많지를 않아요. 왜? 한 번 출항하면은 몇 달씩 있다 나오는, 들어오는데 여기서 가정 생활이 될 수가 없죠. (그러면 선장 부인은 어디에서?) 한국에서. (그러니까 주재원은 같이 오지만?) 예, 한국에서. (어, 그러면은 되게 힘드셨겠어요? 가족과 떨어져 있는 부분이.) 한국에 사는 부인들이 더 힘들었겠죠. (예, 그건 맞습니다.) [웃음] 애들 교육시키고 그러려면 한국에서가 더 힘들었겠죠. 여기 나와 있는 사람들, 여기 나와 있는 사람은, 배 타고 있는 사람은 힘이 들지만 매일매일 일과가 있으니까 그거는. (그러면 선장은 거의 서른 한 살쯤 시작하셨는데 어느 정도 나이까지 선장 하십니까?) 지금 칠십 대도 선장 하는 사람이 있어요. 정년이 없으니까. (지금까지도. 그러면 그분은 가족 없이 계속 여기에 있지는 않을 거 아닙니까?) 그게 이제 요새는. 이제 지금 저 아는 친구도 모로코에서 이제 한 선장을 한 사십 몇 년째 하고 있는데, 모로코 같은 경우는 일 년에 금어기를 두 번 하거든요. 그러니까 여기 와서 한 석 달이나 넉 달 배 타고 한국 가서 두 달 쉬었다가 또 나와서 그런 식으로

---

27   이러한 내용들은 기존 자료에서도 확인할 수 있다. 고혜선, 『한인 하스팔마스 진출 50주년 우리들의 50년』, 77~78쪽 참조.

되니까 그게 평생직업이 되는 거죠. 그러고, 이제 여기 국적선 같은 경우도 일 년에 한 번 정도씩 이제 수리, 수리를 하면은 한 달 이상 수리를 하니까 선장 같은, 선장, 기관장 교대를 해가지고 휴가를 보내주죠. (중략) 이제 주재원, 주재원들도 많이 줄었지만. 주재원 출신들이 그러니까 나나 아니면은 ㅇㅇㅇ사장이나 주로 배타던 사람들이 주재원 하는 경우가 많았으니까.

현지에서는 스페인어를 사용하는 언어 구사력이 새로운 취업의 길로 나가는 계기들도 있었다.[28] 그럼에도 다양한 길로 취업이 이뤄져 나간 그 바탕에는 '어업'이라는 하나의 산업과 이에 종사했던 선원들에 의해 파생되었음을 알 수 있다.

2) 1980년대~2000년대 선원 구성의 변화

한국의 라스팔마스 기지 형성에 앞서 이곳은 일본의 어업기지이기도 하였다. 그러나 N씨의 이야기를 들어보면, 일본은 1980년대 초반 어업 채산성이 낮아 철수하기 시작했고, 그 뒤를 한국이 이어 어업기지를 구축하였던 것이다. 앞서 보았듯, 일본은 어선 감축사업을 하고 있었고, 감축대상의 노후화된 선박이 수리를 거쳐 라스팔마스에서 다시 조업에 쓰였다는 것은 B씨의 사례에서도 알 수 있다. 일본의 후발적 영향을 받았다고 하겠다. 그러나 라스팔마스에서 조업한 한국 선원들의 세계는 일본과 달랐다.

---

28 고혜선, 위의 책, 75~76쪽.

일본도 선원들에 대한 급여 수준이 급상승하다 보니까, 일본은 빨리 철수했어요. 일본 배들은 여기서 대략 한 80대 초반에는 거의 다 철수 했습니다. (인건비가 너무 비싸져서?) 네, 비싸니까. 합작을 하던지 뭘 하던지 채산성이 안 나니까 철수를 했고. 일본에서 필요한 거는 아까 얘기한 오징어 종류라든가, 문어 종류라든가 그거니까 걔네들은 샀죠. 모로코 배가 잡아왔든 한국 배가 잡아왔든 지네들이 이제 그 이 어획물 확보만 하면 되니까 채산성이 안 남는데 억지로 어선을 운영할 필요가 없잖아요? (그런데 어선 운영할 때 하급선원들을 외국사람들을 썼을 것 아닙니까?) 일본사람들이요? (예, 안 썼습니까? 자기들끼리만 했습니까?) 여기서 한 70대 중반까지는 외국선원 안 썼어요. 백 프로 일본사람이었어요. 그러다가 미처 우리 한국사람들 같이 이렇게 외국선원 혼승하고 이런 과정 거치기 전에 철수 했어요. 지금은 일본의 튜나선들은 아직까지 조업을 하고 있는데 튜나 연승선들을 타고 있는데. 거기는 지금 일본선원은 두 명 밖에 없어요. 아, 사람은 세 명. 선장, 기관장, 갑판장 이 세 명. 나머지는 필리핀이나 인도네시아나 제 삼국 선원들을 쓰고 있고.

1980년대 초 일본은 일본인들로 구성된 선단을 운영하여 조업하고 있었고 외국인과 혼승하는 양상이 없었다는 것이다. 지금은 인력 부족으로 필리핀과 인도네시아 선원들이 혼승하고 있으나, 한국인들처럼 외국 선박에 혼승하는 사례가 없었던 것이다.[29] 외국인 선원 혼승은 의사소통의 문제와 선상에서 일어날 수 있는 갈등의 여지, 그리

---

29 N씨에 의하면, 한때 3백 명 가량 거주하였던 일본인은 지금 약 백 명 정도 살고 있다고 하였다.

고 노동의 효율성이 낮아지는 등의 부정적 요인으로 간주되지만, 또 한편 이러한 혼승의 현상이 긍정적인 면이 전혀 없었던 것은 아니었다. N씨의 사례에서 한국인과 모로코인들의 혼승은 어업기술의 전수가 이뤄지는 이른바 지금의 공적개발원조(ODA)와 같은 적극적 의미도 발견할 수 있기 때문이다. 모로코 선원들을 보아 온 N씨는 한국 선원과 모로코 선원에 대해 이렇게 말 하였다.

(모로코 선원들과는) 처음에는, 이제 그 이 이제 문화적인 차이도 있고 예를 들어서 종교적인 차이도 있고 그래가지고 의사소통도 잘 안 되고 그래가지고 그렇게 같이 타는 게 이 양국선원들 특히, 이제 한국선원들도 다 간부가 아니고 하급선원도 있잖아요? 그래서 이 트러블이 많이 있었어요. 트러블이 있었는데, 한 같이 타고 한 5 년? 5년 정도 지나가지고는 서로 이해도 하고 의사소통도 되고 서로 이제 문화도 피차 이해를 하고 그러니까 나중에 그렇게 뭐, 선원들끼리 문제가 생기는 거는 많이 풀었죠. (중략) 그런데 이제 그 친구들이 그 동안에 한국선원들한테 배워가지고, 지금은, 지금은 모로코 선박이 지금도 여기서 몇 백 척이 있는데 거의 다 모로코 선, 기관장들. (중략) 그 때, 우리, 내 탔던 배는 아니고. 다른 배에 그 모로코 선원 중에 항해사로 탄 애가 있었어요, 항해사로. 기술자는 아니고 모로코에서 수산전문학교를 나왔는데, 그 이름이 오다우드인가 그랬어요. 오다우드. 그런데 이 친구는 이제 한국사람하고 타다 보니까 지가 한국말도 배우고 그래가지고 꽤 열심히 했어요. 그래서 이 친구는 나중에 뭐가 됐냐 하면은 아가딜에 있는 선원학교 교수를 했어요, 교수를.

한국 선원들은 라스팔마스르를 기지로 하던 모로코 선원들과 북서 아프리카 근처 어장에서 조업하였다. 1985년 모로코 선원들은 자국의 아가딜(Agadir), 딴딴(Tan-Tan) 등으로 기지를 옮기면서 라스팔마스의 양상도 달라졌다. 1985년을 기점으로 모로코 선원들이 나가고, 1988년 이후에는 한국인 외에도 중국교포들이 보충되기 시작하였다. 2000년대부터는 중국교포들이 감소하며, 인도네시아, 베트남 선원들이 들어왔다.

> 지금 이렇게 보면 어선 쪽이 선원들, 선원들이 없어요. 그러고 이제 선원들이 없어지면서 한국선원들이 말하자면 구인하기가 힘들어지면서 선원들을 중국교포들을 많이 쓰거든요. 중국교포들을. 그것도 88올림픽 이후에 쓰기 시작해가지고 그러니까 90년대하고 2000년대. 그러니까 2010년까지는 거의 이 그러니까 이 초급선원하고 중급선원까지는 예, 우리 교포선원들을 많이 썼죠. 그러고 많이 도움이 됐고. 이제 그 다음에 2000년 이후에는 이 조선족 선원도 별로 없으니까 우리가 이제 인도네시아 선원, 베트남 선원 데려다 썼고. 그런데 지금은 이쪽에 중국교포선원도 없어요. 왜냐하면 중국교포선원들이 다 국내에 취업을 하잖아요. 대우가 낫고 그러니까.

3. 어획물의 어장과 시장

한편, 이들이 어획한 수산물들은 어떻게 되었을까? 북서아프리카 연안 지역 어장은 민어, 조기, 황다랑어 등이 잡히는 세계적인 어장으로 각국의 어선들이 이 지역의 어장에서 어획경쟁을 벌여 왔다. 그리고 이 지역에서 잡은 어획물은 아프리카 연안은 물론, 유럽과 일본으로 유통되었다. 1980년대 선장으로 일하던 B씨는 부산에서 1년간 선박자재 수출 회사를 다닌 것을 제외하면, 그가 주로 다닌 어장은 아프리카 북서 해역이었다. 이곳에서는 주로 문어, 오징어, 갑오징어, 민어류를 잡았다. 그리고 이를 라스팔마스항으로 가져와 유럽시장으로 수출하였다.

그런데 1985년 그가 세 번째 선장을 시작하면서 이 패턴이 달라지기 시작하였다. 기지로 입항하지 않고 일본 운반선이 어장에서 직접 어획물을 실어 일본으로 수출되었다고 한다. 그리고 이 지역의 어획물이 국내로 반입되기 시작한 것은 그가 "기지장"을 하던 1988년부터였다. 다소의 편차가 있겠으나 크게 보면, 라스팔마스의 한국 선원들이 잡은 아프리카 북서 연안어장의 어획물들은 유럽과 일본, 그리고 국내로 그 시장이 점차 변화하였다는 것을 알 수 있다.[30]

〈표-2〉 B씨의 직업과 조업 지역

연도	나이	직업	회사	어장(어획물)	유통
1981년 ~	27세 ~	선장	DH원양	모로코, 모리타니아, 기니비사우, 앙골라(문어, 오징어, 갑오징어, 민어류 어획)	기지 → 유럽
1984년	30세		DR수산	모리타니아, 세네갈 등	
1985년	31세	회사원	선박자재 수출회사	-	-
1985년 ~ 1988년	31세 ~ 34세	선장	(불명)	모로코, 모르타니아, 기니비사우, 코나크리, 앙골라(갑오징어, 도미류 등을 어획)	운반선 (일본)

30   한국원양산업협의회 http://www.kosfa.org/fish/fish6.asp

1988년 ~ 1996년	34세 ~ 42세	기지장	GW수산	육상 근무	기지 → 한국

* 기지는 라스팔마스를 말한다.

N씨 역시 1975년부터 국적선을 타고, 이후 합작회사에서 일할 때에도 어획한 수산물들은 모두 수출용이었다. 즉, 원양에서 어획한 물고기는 모두 타국으로 수출하고 대신 노동의 대가로 번 외화가 국내로 들어왔다. 이러한 패턴에 변화가 일어난 것은 1988년 올림픽 이후부터였다.

> (주로 어떤 것들을 잡았습니까?) 여기서 오징어, 그 다음에 문어, 서대, 그 다음에 돔 등등 그런 거. 그런 종류죠. (북양수산은 내나 이게 우리나라 그 어획물이 국내로 운반이 되지 않았습니까?) 그때는 국내로, 국내로 안 갔죠. 그때는 전부 다 그 우리나라, 우리가 잡은 어획물이 국내로 가기 시작한 거는 88올림픽 이후에. 그 전에는 국내로 간 게 하나도 없어요. 국내 시장이 있어야지 가죠. (그걸 잡아서 다 팔았던 거네요?) 해외에 전부 수출했죠, 다. 수출한 거지. (주로 해외 어디인데요?) 일본, 스페인, 이태리 그 다음에 이제 아프리카 국가들. 이제 싼 어종은 아프리카 국가들. 그렇죠. (모로코, 스페인 합작회사가 된 후에도?) 그러니까 그때는 그러니까 마찬가지로 그때도 어획물은 거의 그 쪽으로 다 팔았고요. 이제 선주가 한국선사가 아니니까 우리는 이제 그 급여, 급여하고 상여금 가지고 한국에 송금하니까 그게 이제 외화. 상선, 상선송출이나 마찬가지죠.

<표-3> N씨의 직업 변화

연도	나이	직업			연도	나이	직업
1970 ~ 1974	21 ~ 25	수산대 입학, 군복무			1993	44	
					1994	45	
1975 ~ 1977	26 ~ 28	항해사	① BY 수산		1995 ~ 2002	46 ~ 53	⑤ 대유럽 수산물 유통업
1978	29	선장	② 해외합작회사	조업 :모로코,모리타니아	2003 ~ 2014	54 ~ 65	⑥ 트롤 (새우트롤, 저인망 등 운영),부산사무소 개소
1979	30						
1980	31	결혼					
1981 ~ 1984	32 ~ 35	③ 육상근무: 감독선장(주재원) (해외합작회사) 거주는 라스팔마스					
1985 ~ 1992	36 ~ 43	④ 한국 원양어업 회사 (부장, 임원)-8년 2016 67			2015	66	정부 감척사업
					은퇴		

　　N씨가 한국 원양어업 회사의 임원으로 일한 것은 1985년부터 1992년까지 8년간이며, 그는 모로코 선박들이 기지를 옮기던 1985년 합작회사를 퇴직하고 한국 회사로 이직한 것이었다.

　　N씨의 직업변화에서 보듯이, 그동안의 경험을 축적한 N씨는 대서양 어획물을 국내외로 수출, 유통시키는 회사를 운영 하는 등 그의 자립을 통해 원거리 '해외기지' 역할을 한 라스팔마스가 독립적 산업

기지로 변모해가는 단면을 엿볼 수 있다. 그러나 그것은 2015년 정부의 감척사업으로 끝나버리고 말았다.

4. 지속가능한 사회의 조건

라스팔마스를 기지로 한 북서아프리카의 어장은 서사하라 남쪽 주변 어장으로 이동하였다. 그 이유는 모리타니아가 1976년 서사하라 어장 대부분을 귀속함에 따라 입어권을 얻지 못한 데에 따라 남하하게 된 것이었다.[31]

> (여기서 모리타니아, 모로코-모리타니아 수역까지는 얼마나 걸리나요?) 모로코는 하루면 가고요, 모리타니아까지는 한 삼 일? 삼 일 정도 하면. (그러면 다른 데는 안 가고 여기서만 거기까지 왔다 갔다만 하면 돼요?)그래서 우리가 나 배 탈 때까지는 거의 모리타니아 정도까지만 우리가 진출을 했고. 그러니까 한 70년대 후반서부터는 이제 더 밑으로 내려가기 시작했어요. 이제 한국 국적선 경우에. 그러니까 이제 제가 탔던 배는 모로코 국적이니까 모로코에 조업을 할 수가 있잖아요? 그런데 이제 그 때 국적선, 한국 국적선들은 모로코에 입허(입어허가) 하기도 점점 까다로워지고 그러니까 저 밑에 이제 세네갈, 이제, 이제 기니라는, 그 쪽. 그 쪽으로 이제 점점 어장을 넓혀가기 시작했죠, 우리가. (그러면 어종은 그대로 비슷한 어종으로?) 그렇죠, 비슷한 어종이죠. (어떻게 보면 어장이 좀 확대되어갔다고 할까요?) 그렇죠, 그렇죠. (선박도 크기가 더 커진다든지...?) 선박은

---

31 원양산업협회, 「서아프리카 트롤어장과 운명을 같이한 민어 조정관세」『원양산업』 1070(2016).

커지질 않았고요. (그렇게 어장이 확대되고 항상 그 거점이랄까, 기지 내나 여기...?) 여기였었죠. 네, 기지는 여기였죠. (뭔가 선박을 수리해야 된다던가 할 때는.) 수리할 때나 보급 받거나 그럴 때는 여기가 베이스였죠, 항상.

아프리카 해안을 따라 남하해 어획한 것은 민어가 주종이었다. 민어가 잡히던 어장은 기니, 기니비사우, 시에라레온 등 서아프리카 어장은 국내 원양산 민어의 대중화에 기여한 곳으로, 이곳은 민간의 노력으로 입어권을 확보하여 조업이 이뤄지고 이를 계기로 정부 간 국교수립이 이뤄지는 등 민어는 한국의 대서양 어업의 주요 어종이었다. 또한 민어는 조기의 대용품으로서 그 소비처는 전 세계적으로 한국이 단일시장으로 유일하다시피 하다. 기존 모리타니아 등지의 어장에서 남하하여 민어 어장을 개척하였고, 또한 정부는 저가의 민어 수출공세를 하던 중국으로부터 원양어업을 보호하기 위한 관세를 상향조정함으로써 서아프리카의 민어 어장이 유지되고 있었다.[32]

우리가 수출 위주로 어획을 하다가 채산성이 점점 떨어지니까 내수용으로 바꾼 게 올림픽 이후에 내수용으로 바꿨다고 봐야죠. 그래서 그 이후에 내수시장이 많이 커졌어요. 그래가지고 여기서 이제 그 이후에는 주어종이 그러니까 뭐, 오징어 이런 문어보다는 조기, 민어 위주로 조업을 했어요. 조기, 민어. 그래가지고 부산에 보내면은 부산에서 그거를 이제 유통하는 분들이 사가지고 전국 각지로 다. 그래서 여

---

32 원양산업협회, 위의 논문 참조.

기서 이 그게 부산의 이 조기, 민어 냉동은 거의 여기서 보낸다고 봐야죠. (그러니까 저희들이 어느 시점부터 조기, 민어가 국내산이 아니고. 제사에 민어가 올라가도 이게 아니라고 했던 게 거의 이때부터...) 여기서, 여기서 간 거는 한국에서 보니까 여기 대서양산 조기, 민어는 거의 영남지방에서 유통이 되고, 호남지방은 쪼그매도 서해 것 먹더라고요. 호남 쪽에 가면. 요만한 조기류도.

N씨는 2003년부터 유통업에서 다시 트롤어업을 전환해 라스팔마스를 기지로 원양어업을 직접 경영하였다. 이때 부산에 사무소를 개소하여 매년 두서너 차례 방문하곤 하였다. 그러나 2016년 그가 은퇴한 것은 정부의 감척사업과 관련이 있다. 한국 정부가 원양어선에 대한 감척사업을 본격적으로 추진한 것은 2015년으로, 99억원의 예산을 투입해 서아프리카 수역 원양어선을 대상으로 총 18척을 감척을 추진하였다. 이는 EU와 국제환경단체로부터 불법어업 문제가 지속적으로 제기되어 오던 차, 정부의 불법어업 문제를 해결하기 위해 이뤄진 것이었다. 2013년 11월 26일 EU위원회가 한국, 가나, 퀴라소 등을 원양어선의 IUU어업 및 이에 대한 처벌 및 통제가 미흡하다는 이유로 예비IUU어입국으로 지정했나.[33] 성부 산 어업협정 없이 연안국의 입어 허가서에만 의존해 조업해 온 관행이 EU로부터 정상적인 입어로 인정받지 못한 데 따른 것이었다. 2015년 IUU어업국 지정에서는 최종적으로 해제되었으나 정부는 그 후속조치로서 서아프리카 수

---

33 불법·비보고·비규제어업(Illegal, Unreported and Unregulated Fishing).

역에서 조업 중이 원양어선 감척을 실시하였다.[34] 이처럼 국가의 감척사업은 그 배경에 1994년 UN해양법협약과 2001년 UN공해어족자원 협정 등의 국제법이 발효된 데에 따른 것이라고 할 수 있을 것이다. N씨가 은퇴한 2016년은 한국의 어선 강화1호가 라스팔마스 판탈랑 부두에 도착한 지 50주년이 되던 해였다.

IV. 맺음말

지금까지 살펴 본 바와 같이, 이 글은 첫째, 타국의 바다에서 어획활동에 종사하였던 한국 선원들의 삶을 조명함으로써 '원양'의 어업은 한인들의 새로운 이주 사회를 형성시켰던 동인(動因)이었음을 밝혀보고자 하였다. 1960년대 후반부터 한국의 선원들이 원양으로 나갔던 이유는 당시 경제적 소득이 높은 큰 장점과 더불어 원양어업을 통해 외화를 획득함으로써 국가 경제발전을 이루고자 한 정부의 정책이 그 배경에 있었기 때문이다. 태평양과 인도양, 그리고 대서양으로 이어진 원양으로의 진출은 국가의 지원정책과 거대자본이 없이는 불가능하였고, 한국전쟁 후 분단과 경제적 열약성으로 말미암아 원양어업은 그 출발에 있어서 정부의 정책과 긴밀성을 가지고 있었다. 원양의 수산물을 수출하여 외화를 벌어들이려는 국가 정책은 선원들의 어획 노동을 통해 실현될 수 있었다. 이 글에서 사례로 다룬 스페인의 라스팔마스는 한국의 대표적 원양 어업 '기지'로 대서양 연안에 해외 한인 이주사회가 형성되는 계기를 만들었다. 산업적 '기지'가 형

34　원양산업협회, 「서아프리카 원양어선 감척 추진」『원양산업』 1060(2015).

성됨에 따라 이주사회가 형성된다는 것은 19세기말부터 이어진 해외 한인 이주사 속에서 볼 때 이전과는 다른 새로운 현상이었다. 원양어업 기지의 형성은 산업적 의의를 넘어서, 국경 밖에서 이뤄진 근대적 산업에 의해 한인의 이주 사회가 형성되는 과정이기도 한 것이었다.

둘째, 라스팔마스 한인 사회는 원양어업의 쇠퇴에 직접적 영향을 받았으며, 그 배경에는 해양자원을 어획하는 어업의 특성 상 자국만이 아닌 국제적 규범과 제도들이 강한 영향을 미치는 등 이주 사회에 미치는 요인들의 다중성(多重性)이 존재한다는 것을 알 수 있었다. 라스팔마스의 경우 국가의 산업정책이 이주사회를 형성시켰던 중요한 요인이었다면, 이주사회의 지속성에도 그 영향은 계속 작용하였다는 것이다. 게다가 국제 해양의 규범과 제도들을 수용하지 못한 국가의 원양어업 정책은 해당 이주사회를 쇠퇴시키는 요인이 되었다. 결국 한국의 산업의 확장과 더불어 형성된 해외 이주사회는 자국의 산업적 육성책만이 아니라, 자원에 대한 글로벌 가치를 수용하고 실행하는 변화 없이 지속가능한 사회도 없다는 것을 보여준다. 이 논문에서 살펴 본 두 선원 출신의 생애가 그것을 말하고 있다.

참고문헌

1. 논문과 단행본

고혜선, 『한인 하스팔마스 진출 50주년 우리들의 50년: 1966~2016』(월드코리안신문사, 2016).

김게르만, 『한인이주의 역사』(박영사, 2005).

원양산업협회, 「서아프리카 원양어선 감척 추진」『원양산업』 1060(2015).

_____, 「서아프리카 트롤어장과 운명을 같이한 민어 조정관세」『원양산업』 1070(2016).

장수호, 「漁業勞務管理에 관한 調査分析: 라스팔마스基地漁業을 중심으로」『수산경영론집』 6-1(1975).

주경철, 『대항해시대』(서울대학교출판문화원, 2009).

해양수산부, 『원양산업60년발전사』(2018).

Belén Domínguez, Gran Canaria (Madrid: Ediciones A. M., 2009).

2. 자료

"공관연혁 및 약사" 주라스팔마스분관 미간행 자료(2020).

"라스팔마스 재외동포 현황" 주라스팔마스분관 미간행 자료(2020).

한국선원인력관리소, 『한국선원선박통계연보 1985』(1986).

한국은행, 『우리나라 국제수지 통계의 이해』(2016).

해양수산부·한국해양수산연수원, 『한국선원통계연보』(2000).

El Eco de Canarias 1966. 5.13 일자 기사.

3. 인터넷 검색

한국민족문화대백과사전(http://encykorea.aks.ac.kr/).

한국원양산업협의회(http://www.kosfa.org/fish/fish6.asp).

원양어업 선원들의 경험을 통해 본 해역세계

김윤미

Ⅰ. 머리말

해역은 사전적으로는 '바다 위의 특정한 구역'이다. 이것을 인문학으로 다시 풀이하면 바다와 육지의 권역에 의미를 부여하여 임의로 공간을 구획한 것이라 하겠다. 해역을 삶의 터전으로 살아온 선원들은 그들의 시선으로 바다를 보았고, 국가적 영토의 한계를 처음부터 의식하지 않았다. 선원들은 해역에서 주체적이고 역동적인 삶을 살아왔다.

선원으로서 개인사는 특수한 경험이지만, 이것이 모여서 공동체의 기억이 되고, 또 사회의 정체성을 찾아갈 수 있다. 선원들의 활동이 국가 경제와 연결되어 장려된 것은 1960년대부터였다. 국가주도 경제발전을 추진하려고 했지만 자본이 부족하고 기반시설이 없었다. 산업시설이 부족한 상황에서 경제적 사회적 문제를 해결하는 방편은 노동력 밖에 없었다. 여러 분야의 사례가 있겠지만, 원양어업과 선원들의 역할도 큰 비중을 차지했다.

원양어업과 선원에 대해서는 관계 기관에서 기념 저서를 발간했다. 2007년 '한국원양어업 50년'을 기념해서 농림수산식품부 원양산업과에서 발간한 『원양어업 50년 발전사』를 비롯하여 해양수산부 국립수산과학원, 한국원양어업협회, 부산광역시 수산행정과에서 원양어업사를 발간했다.[01] 부경대학교 어업학과 총동창회에서도 2012년 『부산수산대학교·부경대학교 어업학과 70년사』를 발간했다.[02] 이외에도 원양산업종합정보시스템, 해양수산부 통계시스템을 통해 많은 자료를 접할 수 있다. 소수이지만 선원의 경험을 가진 사람들이 작가로서 활동하며 직접 그들의 이야기를 해양문학으로 전하고 있다.

원양어업에 대한 학술적 연구는 한국 원양업계가 직면한 과제와 변화, 위기를 어떻게 극복할 것인가에 대한 실용적인 분석이 선행되었다. 국가 경제발전의 소명을 가지고 전개했던 정책, 국제법, 산업경제, 수산어업기술의 측면에 대해 활발한 연구가 축적되었다.

원양어업의 역사와 가치, 그리고 사람에 대한 사회적 논의는 2016년 시작되었다. 새로운 해양정책과 인식을 요구하는 자성의 목소리가 나왔고, '한국원양어업 60주년'이 되는 이 해에 일련의 프로젝트들이 진행되었다. 해양수산부는 '원양어업 60년 발전사' 발간 용역을 발주하여 『원양어업 60년 발전사』를 펴냈다.[03] 부산시 수산자원과에서

---

01 농림수산식품부 원양산업과, 『원양어업 50년 발전사』(2008), 해양수산부 국립수산과학원, 『원양어장개발 50년』(2007). 한국원양어업협회, 『통계로 본 韓國遠洋漁業 50年史』(2007). 부산광역시 수산행정과, 『釜山水産史』上下(2007).

02 부경대학교 어업학과 총동창회, 『부산수산대학교·부경대학교 어업학과 70년사』(2012, 한길).

03 해양수산부, 『원양어업 60주년 발전사』(2018).

도 '원양어업 스토리텔링 콘텐츠개발 방안' 용역과제를 발주했다.[04] 이 과제를 통해 원양어업 변화와 선원들의 삶에 대한 조명이 첫걸음을 내딛었다. 참여 연구진들은 연구성과를 논문으로 연결하여 외양에서 원양으로 어업 공간을 확장해나가는 과정을 탐색하고, 원양어선 선상의 생활문화를 탈영역적 공간성과 영토성, 개방성과 유동성, 촉각적 공간, 원초적 공간으로 분석했다.[05]

신문언론사에서도 연재기사를 기획하고, 원양산업 재조명에 나섰다.[06] 국립해양박물관은 2017년 '원양어업 70주년기념' 전시를 시작으로, 2019년부터 수산어업인들의 삶을 기록하기 위해 구술생애사 프로젝트를 진행하고 있다. 2021년 사업의 주제는 원양어업이었다.[07]

한편 상선선원에 대해서도 새로운 논의가 시작되었다. 2018년 선원이 탄생하는 배경과 과정, 그리고 특징에 대한 연구성과를 시작으로 선원들의 탈경계적 세계관, 선상노동과 선원문화, 인력송출방식 등에 대한 검토가 발표되었다.[08] 이러한 연구를 매개로 2019년 한국

---

04 부산광역시 수산자원과, 『원양어업 스토리텔링 콘텐츠 개발 방안』 연구 용역 보고서』(2016).

05 황경숙·채영희, 「원양어업 종사자의 구술 자료에 나타난 해양 인식」 『동북아문화연구』 49(2016).

06 『국제신문』, 2017.1.~3., 「이야기 공작소-우리나라 원양어업 스토리 여행」. 『부산일보』, 2017.1.~8., 「기억해야 할 역사, 원양어업 60년」. 『현대해양』, 2018.3.7.~2019.7.9., 「기사로 보는 해양수산 40년」; 2019.8.8.~2021.9.19., 「기사로 보는 해양수산 50년」.

07 국립해양박물관, 2017.6.29.~9.17., 〈원양어업 60주년 기념 전시: 먼 바다, 만선의 꿈〉 국립해양박물관, 『바다 사람들의 생애사 1』(2019); 『바다 사람들의 생애사 2』(2019); 『바다 사람들의 생애사 3』, (2020), 『바다 사람들의 생애사 4』, (2021).

08 안미정, 「한국 선원의 역사와 특징」 『인문사회과학연구소』 19(2018); 안미정, 「한국 선원의 원양 항해와 글로벌 네트워크 형성」 『해항도시문화교섭학』 21(2019). 최은순·안미정, 「한국 상선 해기사의 항해 경험과 탈경계적 세계관: 1960~1990년대

해양대학교 연구진들은 '근현대 한국 선원(船員)에 대한 기초연구'를 공동으로 수행하면서 다각도에서 선원에 대해 조명하고 있다.[09]

이 글은 한국현대사 속에 원양어업을 역사화 시켜보려는 시도로, 선원 개인의 삶을 거시적 변화 속에서 읽어보려고 한다. 글의 구성은 먼저 원양어업에 영향을 미친 한국 내 정책, 국제법, 어업과 관련한 상대 국가의 정치사회적 변동 등을 검토할 것이다. 두번째는 선원들이 해역세계를 이동하면서 교류했던 장소들, 일명 어업기지에 대한 고찰을 시도했다. 그리고 어업기지보다 더 적극적인 어업정책이었던 어업이민도 소개하려고 한다. 세번째는 선원이 되기 전 수산어업 교육과정, 졸업 후 선원들에게만 있는 승선근무예비역 제도를 이해해 보려고 한다. 넷째는 선원들의 경험을 통해 원양어업에 대한 인식, 선상생활 등을 살펴보려고 한다.

한국해양수산업에 대한 문헌 조사와 경험자들의 구술면담을 진행했다. 2020년 7~8월 원양어업이 가장 번성했던 시기 승선했던 사람들을 만났다. 이들은 1980년 전후 부산수산대학교에 입학해서 수산어업 교육을 받고, 원양어업의 현장에 나섰다. 구술자의 약력은 다음과 같다.

이름	생년	입학	첫승선	원양선사명	해역 어장
A	1961	1980	1984	동원수산, 삼원어업 등	뉴질랜드, 포클랜드

해운산업 시기를 중심으로」『해항도시문화교섭학』 19(2018).

09 이수열·안미정, 「근대 일본의 상선 선원: '고급' 선원과 '보통' 선원」 ; 최은순, 「한국의 초기 해기교육 모델의 수용과 변용의 역사」 ; 안미정, 「한국 선원과 해외 한인 사회 형성: 스페인 라스팔마스 한인들의 구술사적 접근」, 『역사와경계』 119(2021).

B	1959	1977	1981	신라교역, 동원산업 등	베링해, 파키스탄, 이란, 인도네시아 등
C	1959	1977	1982	한모통상, 북양수산 등	뉴질랜드, 포클랜드, 아프리카

구술자들은 1980년대 원양어업이 새로운 활로를 모색하던 시기에 선원 생활을 시작했다. 선장으로 활동한 사람들이므로 원양어업 전반을 대변하기는 어렵다. 일부 선원들의 이야기라는 한계는 명확하다. 그럼에도 이들의 이야기가 한국해양수산업의 한 부분을 구현한다는 것에서 큰 의미가 있다. 선원들의 삶은 역사 기록에 남겨져 있지 않다. 시대의 단면을 읽어내고 그들의 일상을 통해 당시의 사회를 이해하는 자료로써 가치를 지닐 수 있을 것이다.

Ⅱ. 한국 원양어업의 해양 진출

1. 어장개척과 국내외 환경 변화

한국 원양어업은 1957년 6월 26일 부산항을 출항한 제동산업의 지남호가 시험조업에 성공한 것을 출발점으로 삼는다. 이후 남태평양 미국령 사모아를 기지로 원양어선들이 어업활동을 시작했다. 1963년 참여 원양선사 9곳 대표들이 모여 한국원양참치어업협회를 설립하고, 1년 후 참치뿐아니라 다양한 어종과 업종을 고려해서 원양어업 전체의 입장을 대변할 수 있는 협회 창립을 결의했다.[10] 이때 탄

---

10   농림수산식품부 원양산업과, 『원양어업 50년 발전사』, 42~42쪽.

생한 한국원양어업협회는 원양어업계의 견인차 역할을 했다.

한편 정부에서도 적극 지원에 나섰다. 1962년부터 시행된 '경제개발 5개년 계획'과 맥을 같이하여 대일청구권 자금에 의한 어선 건조사업, 계획조선에 의한 어선건조 어업차관, 대일어업협력 자금, 상업차관, 아시아개발은행 차관, 노르웨이와 네덜란드 차관에 의한 어선 도입, 국적 취득을 조건으로 한 나용선 어선 도입을 추진했다.[11]

그러나 활발했던 해외진출은 1995년 유엔해양법협약 발효 다음 해부터 두드러진 감소 추세를 보였다. 연안국이 해양관할권을 확대하고, 공해어업에 대한 국제사회의 규제도 강화하여 해외어장은 점점 더 축소되었다. 한편으로는 WTO체제 출범으로 수산물 무역이 자유화됨에 따라 전통 국제법상 확립되었던 공해어업 자유원칙 마저 변화되었다. 해양생물자원의 보존, 관리 정책을 적극 수용하는 단계로 재편되었다.[12]

한국원양어업협회는 원양어업의 역사를 원양어업 개척기(1957~1969년), 원양어업 도약발전기(1970~1985년), 원양어업 정체 조정기(1986~2006년)로 구분한다.[13] 이후 2007년부터는 '원양어업'에서 '원양산업'으로 대전환을 모색하는 단계로 재편한다. 이러한 구분은 원양어선수, 생산량, 선원수, 수출액 등을 종합 검토한 것인데, 선박수와 생산량에 관한 것은 <그림 1>과 같다. 어선수는 1975년 가장 많은 수를 기록했고, 이후 하향곡선을 그리다가 1984년을 기점으로 상승하

---

11 한국민족문화대백과사전: 원양어업(遠洋漁業)
    '나용선'은 선주가 선박 이용자를 위해 선박을 제공하는 용선 중, 선박만을 대차하는 것이다.
12 농림수산식품부 원양산업과, 『원양어업 50년 발전사』, 40쪽.
13 한국원양어업협회, 『통계로 본 韓國遠洋漁業 50年史』(삼창인쇄사, 2007) 참고.

여 1990년 두 번째로 많았다. 생산량은 증가와 감소를 반복했다.

<그림 1> 원양어선 척수 및 생산량 추이

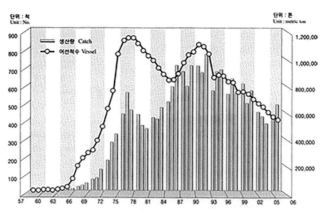

출처: 한국원양어업협회, 『통계로 본 韓國遠洋漁業 50年史』(2007), 93쪽.

<그림 1>과 같은 변화를 가져온 것은 다양한 국내외적 요인이 있었다. 절대빈곤에서 벗어나야 한다는 국가적 사명에 부응하여 1960년대 원양어업은 증산과 수출정책을 근간으로 했다. 한국 정부는 1960년 '수산물 수출진흥책'을 수립하고 1966년 '수산진흥계획', '수산물수출 5개년계획'을 통해 구체적인 운영을 이어나갔다. 1970년대에도 수산정책은 식량자급과 수출이었다. 남미 수리남 해역에서 새우 트롤선이 진출하고, 북태평양 명태 트롤어업이 활성화되면서 원양어업의 활로를 개척한 시기로 평가된다. 그러나 1973년과 1977년 두 차례의 석유가 파동, 1977년 주요 연안국들의 200해리 EEZ 선포로 한국 원양어업은 위기를 맞았다.

게다가 1980년대 경제성장과 민주화운동이 확산되면서 원양어업 선원지원자가 감소하기 시작했다. 시기별로 선원수의 변화를 살펴보

면 <그림 2>와 <표 1>과 같다. 1975년 2만 3천명이었던 선원수는 점
차 줄어들었다가 1990년 다시 2만 2천여명까지 증가했다. 그러나 원
양어업 전반의 위기로 인해 한국인 선원이 급격히 감소하여 1993년
외국인 선원 고용을 허가했다.

<그림 2> 원양선원 추이

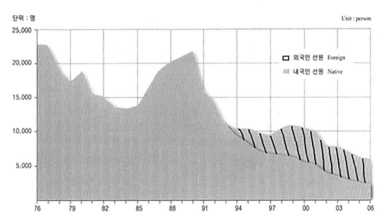

출처: 한국원양어업협회, 『통계로 본 韓國遠洋漁業 50年史』, 107쪽.

<표 1> 원양선원수

연도	선원수	연도	선원수	연도	선원수
1966	3,632	1976	22,894	1986	16,178
1967	4,210	1977	22,714	1987	18,900
1968	5,056	1978	19,105	1988	20,301
1969	5,718	1979	17,367	1989	20,924
1970	6,972	1980	18,989	1990	21,984
1971	9,103	1981	15,467	1991	15,393

1972	12,230	1982	15,049	1992	14,212
1973	15,433	1983	13,493	1993	10,826
1974	20,963	1984	13,318	1994	9,367
1975	23,000	1985	13,789	1995	8,282

출처: 성락곤, 『한국원양어업 경영사: TRAWL 어업편』(2003), 70쪽.

원양어업이 급성장한 시기는 1960년대 후반부터 1980년대까지였
다. 공해에서 자유어업이 허용되던 시절 연안국의 관할권이 몇 마일
에 불과했다.[14] 이 시기는 어업기술의 발전과 급증하는 수산물 수요
로 인해 세계적으로 수산물 생산량이 크게 증가했다. 원양어업이 정
체기로 접어든 것은 1980년대였다. 국내외 어업환경이 급격히 변화
했다. 인건비 상승 등에 따라 구조조정을 시행하고, 해외어업협력을
시도하며 원양어업은 재편을 단행했다. 1981년 정부는 '연근해어업
진흥 및 원양어업육성대책'을 수립했다. 이에 따라 원양어업계는 남
빙양 시험 조업, 포클랜드 어장 진출 등으로 활로를 모색하고, 국제수
산기구 가입, 해외협력, 공해어장 진출을 추진했다.

1980년대 후반부터 새로운 어장개척에 성공하면서 재도약을 시
작했다. 1978년부터 1987년까지 7차례 걸친 남빙양 크릴어장 시험조

---

14 원양어업은 어업의 종류에 따라 시작한 연도가 다르다. 참치연승어업은 1957년 6
월 인도양에서 시험조업 성공 이후 시작되었고, 대서양 트롤어업은 1966년 5월 한
국수산개발공사가 이탈리아, 프랑스 어업차관으로 도입한 어선이 라스팔마스 근
해에서 시험조업에 성공하면서 시작되었다. 북태평양 명태트롤어업은 1966년 백
경호와 삼양수산이 베링해와 북해도 근해에서 시험조업을 성공함으로써 시작되었
다. 북태평양 빨강오징어유자망어업은 1979년 7월 우성수산 제3오룡호가 동북태
평양 어장에서 시험조업에 성공한 이후부터 본격적으로 출어했다. (한국민족문화대
백과사전: 원양어업 참고)

사를 거쳐 1989년부터 크릴새우 어획을 시작했다. 1985년 포클랜드에서 오징어 채낚기어업을 본격적으로 진행하고, 1987년 인도네시아, 소련과 공동사업을 시작했다. 1990년 페루수역에서, 1993년 북태평양에서 오징어채낚기 어업을 추진했다. 1994년에는 남빙양 사우스조지아섬 근해와 공해에서 파타고니아 이빨고기(메로) 시험조업에 성공하여 본격적인 조업에 나섰다.[15]

활발했던 원양어업은 1990년대 후반부터 정체기에 접어들었다. 한국원양어업협회는 변화를 모색했다. 2007년 8월 '원양산업발전법' 제정, 2008년 2월 시행으로 한국원양어업협회는 한국원양산업협회로 개편했다. 원양어업에서 원양산업으로 탈바꿈하는 법적 기반을 마련하고, 산업화를 위한 체계적인 운영을 도모한 것이다.

2. 어업기지 건설과 어업이민 추진

한국 정부는 1966년 수산청을 개청하고, 수산진흥법을 제정하여 해외 경제협력의 기초를 마련했다. 한국원양어업협회는 규모의 차이는 있지만, 어업이 활발한 해외에 어업기지를 설립했다. 어업기지는 어업상황에 따라 설립과 확장, 혹은 폐쇄를 결정했다. 원양어선이 진출하는 어장은 북태평양, 남태평양, 인도양, 대서양, 남빙양으로 크게 나뉜다.[16] 이 중 가장 먼저 원양어업이 진출한 곳은 남태평양 참치어

---

15 한국원양어업협회, 『통계로 본 韓國遠洋漁業 50年史』, 58~59쪽.

16 2021년 현재 원양어업은 북양트롤어업(미국, 북해도, 러시아), 참치어업(참치연승어업, 참치선망어업), 오징어채낚기어업, 꽁치봉수망어업, 해외기지트롤어업(대서양트롤어업, 태평양트롤어업, 인도양트롤어업)이 가장 큰 부분을 차지한다. 남태평양 트롤어장은 뉴질랜드, 호주, 인도네시아, 베트남 근해어장을 포함하고, 북태평양 트롤어장은 오호츠크해, 베링해, 알래스카만, 캄차카해를 포함한 북해도 북부의 전역이

업이었다. 1967년 사모아에 어업기지를 처음 설립하고, 어장이 형성되는 곳에 점차적으로 어업기지를 확대해나갔다. 1975년 라스팔마스(아프리카 스페인령), 1976년 아비장(아프리카 코트디부아르), 1979년 파라마리보(남미 수리남), 1983년 알래스카, 1992년 타히티, 1994년 하와이 등에 사무소를 개설하고 원양어업을 지원했다. 1960년대 말까지 해외어업기지는 태평양 4개항, 대서양 6개항, 인도양 2개항 등 모두 12개의 기지가 있었다. 2020년말 현재 태평양 9개항, 대서양 10개항, 인도양 2개항 등 21개 어업기지가 <그림 3>과 같이 분포하고 있다.

<그림 3> 해외어업기지 현황

출전: 한국원양어업협회 포털(검색: 2021)

어업기지 중에서 대표적인 어업기지는 미국령 사모아와 스페인령

다. 인도양 트롤어장은 이란, 파키스타, 오만 등 아라비아 반도 근해어장과 소말리아 근해어장, 인도 근해어장으로 구분된다.

라스팔마스이다. 1958년 남태평양 사모아 근해에서 참치어업을 시작한 이후 1967년 8월 한국원양어업협회에서 출장소를 설치했다. 사모아 기지에서 어선이 철수한 1997년까지 300여척의 어선이 활동했고, 이때 3,000여명의 교민이 거주하기도 했다. 2008년 동원산업에서 Star Kist를 인수하여 다시 활성화되고 있다.

아프리카 서북부에 위치하는 라스팔마스에는 1975년 12월 출장소를 설치했다. 1966년 한국과 스페인간 어업협정이 체결되면서 사하라 어장에서 어업을 시작했다. 1967년 라스팔마스 대한민국 영사업무가 개시되고, 1973년 한국영사관이 개설되었다. 1970년대 말 45개 수산회사, 120여척의 트롤선과 참치연승어선 80척은 라스팔마스를 기지로 하여 대서양에서 활동했다. 1976년 스페인령이던 사하라 어장이 모로코와 모리타니아에 분할귀속되면서 어장을 잃게 된 한국 어선들은 기니, 세네갈, 앙골라, 포클랜드로 이동했다. 1993년 사무소도 철수했다.[17]

어장개척과 어업기지정책에서 가장 적극적인 방법은 국가에 의한 어업이민이다. 1977년 미국과 소련이 200해리 EEZ를 시행함에 따라 다른 주요 연안국들도 이러한 추세를 따랐다. 당시 수산청은 어장개척 사업의 일환으로 수산자원이 풍부한 아르헨티나 근해어장을 개발하겠다는 방침을 세웠다. 명태, 멸치, 오징어 등이 풍부한 아르헨티나는 어획능력이 따라주지 못해 외국어선의 입어를 허용하고 입찰에 부쳤다. 한국도 신청했지만 일본과 서독이 낙찰되었다. 한국은 국제어업입찰에 실패한 후 어업협력 방안을 강구했다. 두 국가는 한국 원

17　농림수산식품부 원양산업과, 『원양어업 50년 발전사』, 67~69쪽 참고.

양선원을 아르헨티나로 어업이민하는 정책에 합의했다.

수산청은 어업이민 추진 사업자로 대림수산을 선정했다. 1978년 12월 4일 수립된 사업계획은 400세대 2,000명, 투입어선 210척, 냉동창고와 선박수리고 건설 등 총 사업비 238억 규모였다. 그러나 사업 진행과정에서 사업규모, 사업기간, 사업자, 이민정착지 등이 조정되었다. 이민정착 후보지는 산타크루주주 푼타퀴라시에서 츄브트주 푸에르또마드린시로 변경되었다. 사업자도 대림수산에서 한성기업으로 전환되고, 아르헨티나 합작회사도 몇 번 바뀌었다.

1984년 이주민이 2~3개월 이내에 시민권을 취득할 수 있게 하고 아르헨티나 해군성으로부터 한국의 해기사자격을 기본적으로 승인한다는 통보를 받았다. 1985년 8월 1일부터 이주민을 모집하기 시작하여 1986년 2월 10일 14명이 처음 출국했다. 이주민들의 주택과 냉동공장 1동을 건설하고, 선박 2척을 매입하여 조업을 시작했지만, 1987년 12월 34세대 99명이 출국한 것을 마지막으로 이민사업은 사실상 중단되었다.[18] 이민사업의 중단은 여러 이유가 복합적으로 나타난 결과였다.[19]

어장개척과 어업기지 건설 등 국가의 지원 속에서 성장한 원양어업 발전의 이면에는 많은 희생이 있었다. 재해와 사망사고기 잇따르면서 어업기지에는 그들의 묘지가 형성되었다. 대부분 유족에게 인계되지만, 그렇지 못한 경우는 라스팔마스, 수리남, 사모아, 피지, 타히티, 앙골라, 세네갈 등에 안장되어 있다. 이 중 라스팔마스, 사모아, 파라마리보, 피지, 타히티, 앙골라에는 위령시설이 건립되어 있다.

---

18 위의 책, 460~466쪽 참고.

19 남당설, 『대양에 선 개척자들』(현대해양사, 1996), 245~267쪽 참고.

2007년 현재 해외 묘역에는 320여기의 유해가 있다. 2002년부터 해양수산부는 한국원양산업협회를 사업자로 선정해서 묘지 현황을 파악하고 보수와 관리를 진행하고 있다. 유가족들이 원하면 국내로 묘지를 이장하는 사업도 추진되고 있다.

한국에는 별도의 선원 묘지가 없지만 선원들을 기념하는 공간이 있다. 부산시 남구에 소재한 부경대학교 내에는 1971년 수산업계와 대학 당국의 뜻을 모아 건립한 백경탑이 있다. 원양에서 조업 중 희생한 선원들을 기리는 탑이다. 부산시 영도구에 소재한 순직선원위령탑은 1979년 한국선주협회, 한국원양어업협회, 한국해기사협회 등 유관단체들이 주관하여 건립했다.[20] 2017년 한국원양산업협회는 원양어업60주년을 기념하는 조형물을 국립해양박물관 내에 세웠다.[21]

III. 선원들의 바다 지식과 경험

1. 교육과 승선근무예비역 제도

수산어업 관계 산업이 성장하면서 교육기관 설립도 확대되었다. 부산수산대학교는 1941년 설립된 부산고등수산학교를 시원으로 한다. 개설 당시 어로학과, 제조학과, 양식학과로 학생들을 모집했다.

---

20 농림수산식품부 원양산업과, 『원양어업 50년 발전사』, 505~507쪽 참고. 해양수산부 원양산업과, 「2014년 원양선원 해외묘지 관리 및 이장 지원사업 시행지침」 (2014). 부산광역시 수산자원과, 『원양어업 스토리텔링 콘텐츠 개발 방안' 연구 용역 보고서』, 73~76쪽 참고.

21 『국제신문』, 2017.6.4. 「원양어업 진출 60년 조형물, 영도 해양박물관 앞에 선다」

어로학과는 원양어업에 중점을 두어 교육했고, 양식학과에서도 어로와 관련된 다수의 과목을 신설했다. 1945년 해방 이후 부산수산대학교로 변경되면서 수산어업의 인재 양성 교육은 지속되었다.

구술자들은 처음부터 수산대학을 가서 어선을 타겠다는 생각을 한 것은 아니었다. 당시 취업이 보장되고, 많은 수익까지 얻을 수 있었던 사회적 배경이 그들을 수산대학으로 끌어들였다. 구술자B와 구술자C는 1977년 부산수산대학교 어업학과에 입학했다. 1977년 부산수산대학은 '실험대학'으로 지정되어 계열별 신입생모집, 졸업학점 140학점으로 감축, 부전공제 실시가 새롭게 시행되었다. 계열 신입생 모집은 과에 구분 없이 1학년을 모집하고, 2학년에 들어가서 과를 선택하는 방식이었다. 320여명의 학생들은 어업학과, 증식학과, 식품공학과, 수산경영학과, 기관학과, 환경학과로 편성되었다.

어업학과는 다양한 과목을 학습했다. 수산과 어법은 기본이고, 선박운용, 해사법, 해사영어, 기상, 천문항해, 전자기학, 물리 등 교과의 범위가 넓었다. 그만큼 원양어업에 필요한 지식이 많았다는 것이다.

부산수산대학교 어업학과의 필수 과목 중 하나는 실습선 승선이었다. 1970년대 승선실습은 어업학과, 증식(양식)학과, 기관학과, 수산경영학과, 수산교육과가 대상이었다. 어업학과는 2학년과 3학년 때는 연근해 승선실습, 4학년 때는 원양 승선실습을 실시했다. 기관학과, 수산교육과 어로전공 학생들도 실습에 동행했다. 연근해 승선실습 선박은 백경호(389톤), 관악산1호(243호톤)였다.

연근해 승선실습은 입학 후 첫 현장 실습이다. 많은 학생들이 멀미를 하며 힘들어했다. 이 고비를 넘기지 못해서 선원의 꿈을 접기도 했다. 학생들과 담임 교수, 관계 기관 사람들이 승선해서 백여명이 넘는 인원이 항해를 시작했다. 배 위에서 강의도 듣고, 그물을 던져 고기를 잡으면서 어법을 현장에서 배웠다.

원양 승선실습은 3학년과 4학년이 대상이었다. 어업과와 수산교육과를 포함 4학년을 대상으로 90일을 원칙으로 했지만, 1976년 이후 3학년도 실습선에 승선할 수 있게 하면서 90일간 원칙은 상황에 따라 적절히 조정하도록 했다. 1980년에는 실습일이 40~45일로 줄었다.

원양 승선실습은 두 개의 항로가 있었다. 하나는 남쪽으로 동중국해와 남중국해, 다른 하나는 북태평양 방면이었다. 동중국해와 남중국해 방면은 부산항을 출항해서 일본-동중국해-대만(기륭 혹은 까오슝), 다시 남중국해-싱가포르(말레이시아, 필리핀)-부산항으로 입항했다. 북태평양 방면은 부산항에서 일본-북태평양-일본을 거쳐 부산항으로 입항하는 항로였다.

실습 해역은 국내에서 일본과 대만해역으로, 다시 동남아시아에서 북태평양과 남태평양까지 확대되었다. 1985년 인도네시아와 호주, 1990년 홍콩, 1993년 중국 청도, 1994년 러시아 블라디보스톡, 1999년 중국 대련, 2000년 러시아 사할린으로 새로운 실습 해역이 추가되었다. 실습 해역의 변화는 해양 환경, 원양어업 어장개척 여부, 국제 정치외교 변화와 맞물려 있었다.[22]

그 다음에 3학년 때는 저 새바다 호를 타고 저희 때 일본,
대만, 싱가포르 세나라를 다녀왔죠. 그래 그때 저 해외여행
어려울 땐데 거 신원조회 받고 보증서고 도망가지 마라 그래

---

22 부경대학교 어업학과 총동창회, 『부산수산대학교·부경대학교 어업학과 70년사』 (한길, 2012), 320~331, 407~408쪽 참고.

서. 남들 안 하는 진귀한 경험을 했죠. 학교 잘 오는 바람에 (중략) 선장님이 가기 전에 모아놓고 민간 사절단, 그때 유니폼 다 입고. 유니폼이 따로 있을 수가 없어요. 그냥 흰 와이셔츠에 파란넥타이 가져오라 파란 바지에 그 뭐 가난한 시절에 유니폼 새로 살 수도 없고 아버지 거 전부 그 당시 전부 짙은 색이니까. 파란색 넥타인데 근데 검은색도 대충 봐주고 그래 뭐 밤무대 무슨 기타리스트 같은 복장으로 외국 항구에 들어가가지고 그 당시 참 외국 나간다는 게 굉장히 힘든 때였으니까. 굉장히 조심을 했던 기억이 납니다. (A)

연근해 승선실습도 학생들에게 즐거운 여행이었지만, 학생들이 더 기대한 것은 원양 승선실습이었다. 해외여행이 어려웠던 시절, 한국과 교류가 적은 국가의 항구에 입항하는 것은 새로운 경험이었다. 실습선 승선은 선원이 되기 전 가장 먼저 바다를 체험하는 과정이다. 연근해실습과 원양 승선실습은 학생들이 바다 위의 삶을 살아갈 수 있을지 없을지를 확인해보는 기회이기도 했다.

어업학과를 졸업하고 3등 항해사 자격증을 취득한 후에 대부분은 승선근무예비역 제도를 선택했다. 5년 동안 승선과 하선을 반복하더라도 승선기산을 합쳐 3년이면 군 면제를 받는다. 사실상 어선에서 군생활을 하는 것이었다. 1학년부터 4년간 해군 ROTC를 시작하는 사람도 있지만, 여러 이유로 1학년 모집시기를 놓치면 승선근무예비역 제도를 택했다. 3년을 채우면 만 30세가 되기 전에 한국에서 3주 군사훈련을 받아야 했다. 육군 이병으로 인정되면 제대가 되는 것이고, 전쟁이 나면 해군 함선의 중위로 운항요원에 소집될 수 있었다.

해양대학 항해과나 우리 수산대 어업학과 이럴 때 가장 보편적인 흐름이 해군 ROTC요. 육군처럼 3학년 4학년 2년을 하는 게 아니고. 1학년 때부터 4년을 학군단 훈련을 받으면 장교, 소위 해군 소위로 임관이 되든지. 또 그때는 바로 예비역으로 해주든지. 그런 엉성한 제도가 있었습니다. 근데 우리는 전부 그렇게 못했죠. 광주 민주화 때문에 입학하자마자 휴교 되면서 모집 시기도 놓쳐버렸고. 또 홍보도 덜 된 상황에서. 그래서 승선예비역 제도라고 거 선박특례라 그럽니다. 저 같은 경우에 저희 동기 36명 중에 해군 장교 훈련받은 친구가 10명이고, 밖에 안되고 나머지 한 30명 정도가 다 승선예비역 제도를 택했는데, 그 당시에는 5년을 5년 동안에 3년을 배를 타야 합니다. 그러면 군대 면제가 되는 거죠. 5년 사이에 있다가 내렸다 올랐다 선택해야 하는 경우가 있으니까 5년 중에 실 승선기간 3년을 채워야 군필로 봐주는 제도였죠.(A)

승선예비역 제도는 1950년 대통령령으로 입법되어 현재도 존속한다. 3년간 복무 후 60세까지 전쟁, 국가 재난 등 유사시 강제로 국가 필수 선박에 운항요원으로 차출된다. 즉 유사시 특별용무가 부가되는 현역병사이다.

2. 원양어업에 대한 선원들의 인식

부산수산대학을 졸업하면 3등 항해사 자격을 취득할 수 있고, 몇 년의 승선경력이 쌓이면 선장이 될 수 있었다. 원양선원은 선장과 해원으로 나뉘고, 해원은 다시 직원과 부원으로 나뉜다. 해원이라 하면

기관장, 항해사, 기관사, 통신사, 냉동사 등 해기사면허 또는 국가 기술자격증을 소지하고 선박직원법 상의 선박직원으로 승무하는 사관급 선원을 이른다. 직원이라 하면 갑판부, 기관부, 조리부 등의 부서 업무를 담당하는 선원을 칭한다. 이들과 함께 계약기간 2년을 바다에서 생활했다.

부산수산대학교 어업학과를 졸업한 사람들은 대부분 20대부터 원양어선 생활을 시작했다. 시기마다 원양어업의 환경이 변했지만, 구술자들이 졸업한 1980년 초는 국내와 국제 환경이 복잡하게 맞물리면서 원양어업 환경이 이전과 많이 달랐다. 국내에는 민주화운동이 진행되고 있었고, 1988년에는 서울올림픽도 열렸다. '뭐 하러 배타노'라는 분위기가 확산되면서 선원생활을 하던 사람들도 완전히 하선하기도 했다. 원양어선에 승선하려는 사람들이 줄어들기 시작하면서 선원들의 진급이 빨라진 것도 사실이다. 국제적으로는 해양과 영해를 구분하고 통제하면서 기존의 원양어업 어장에 큰 변동이 있었다. 이 시기 승선했던 구술자들은 바다 위에서 삶을 두려워하지 않았다.

> 한 이십 칠세 팔 개월 이래 됐을 겁니다. 그게 이론적으로 가능한 게, (중략) 뒷받침 되는 논리가 그 고기가 많은 어장에 대한 경험이죠. 그 어장에서 4년 있었다. 이러면 이 눈감고 이레 배를 침실에 누워 있어도 '배가 동서남북 어디로 간다. 아, 요 밑에 고기가 있었다.' 그게 다 머리에 들어와. (중략) 4년을 제가 무식하게 4년을 배 타고 귀국을 안 한 적이 있었거든. 집에 가야 하는데 가만히 생각하니 가봤자 뭐, 기다리는… 식구들은 기다렸지, 엄마하고 이런데… 제가 연애 이런데 소리할 애인도 없고 그 때 그 항공료가 비싸가지고 귀국안

하고 곱빼기 '곱빼기한다.' 표현을 썼거든요. 그러면 항공료를 집에 붙여줘요 '우리 엄마 통장으로 붙여 주이소 내 안갈랍니다.' 그래있으면 뒤에 후임 선장하고 오시면 우리 다 선배들이지 이 분도 굉장히 좋은 거야. 이 경험 있는 어장의 항해사가 더 한다니까. 그럼 그게 보이지 않는 가산점이 되겠죠. 그래가 집에 안가고 한 3년 반 이래 있으니까 바로 선장 발령 내더라고. 회사에서 '너무 어리다 젊다' 이랬는데 그 반론하며 추천했던 선배들이 '저놈은 그 어장에 4년이나 했다.' 뭐 이런 식의 논리로 낙점 요인이 되는 거죠.(A)

선장은 바다 위에서 일어나는 모든 것을 책임져야 했다. 무리인 것을 알면서도 어획고를 높이기 위해 쉬는 것을 줄였다. 그날 그날의 어획량은 수십명의 임금이 되고, 원양선사의 존립의 문제이기도 했다. 급여 지급은 원양선사마다 혹은 어장마다 차이가 있었다. 월급을 지급하거나 '보합제'라고 하여 어획하는 양에 따라 지급하는 규정이었다.

엄청난 부담감도 느껴야 하고 그 배가 침몰 수십억하는 배를 선원 40명의 생명과 회사의 존폐가 달린 문제를 새파랗게 젊은 선장에게 맡기는 회사도 참 배포 큰 사람들이고. 엄청난 중압감이죠. 회사도 먹여 살려야 하고 배에 고깃배에서 돈을 버는 구조는 고기 밖에 없습니다. 일 년 내내 기름이다 밥이다 쌀이다 갖다 퍼붓고 잡은 고기를 팔아서 현금화하는 유일한 길인데. 그런데 보내 놨는데, 고기는 못 잡고 박치기해서 침몰을 했다. 살인사건이 나서 들어와 버렸다. 이러면 회사는 몇 십억 그저 손해 보는 거죠. 그니까. 그 만큼 위험

부담이 있으니까. (중략)

그 지금은 그 변형된 형태가 어찌될지 모르는데 월급제 아니면 보합제지. 북양의 명태 잡는 배는 월급제로 들어가거든. 선장은 600만원 그 당시에. 선원들 70만원 80만원 뭐 이런 식으로. 그 명태라는 고기가 워낙에 떼 고기니까. (중략)

명태는 올리면 무조건 담으면 되니까. 그러고 고기도 엄청 많았으니까 월급제로 정해서 하는 수가 있고, 우리 같은 경우는 보합제. 짓가림제죠. 프로야구 선수처럼 연봉처럼 그렇습니다. 너 하는 대로 잡아서 번대로 줄께. 회사 경비 빼고, 회사 7:3 뭐 이런 식으로(중략) 굶어죽지 마라 이게 최저생계비고. 그 다음에 2년 지나서 잡았던 고기 팔았던 고기 이익하고 계산을 해서 뭐 선장 1억이면 1억 선원들 3천이나 2천… 이런 식으로 그러니까 하루 쉬면 큰일 나는 거지. 크리스마스, 설날, 태풍이 불어도 잡아야 하는(A)

선원들이 겪었을 선상의 고난은 경험자가 아니기에 가늠하기 어렵지만, 역경을 이겨내고 한국 원양어업의 전진을 받쳐준 것은 확실하다. 구술자들은 선원으로, 선장으로, 원양회사의 중역으로 원양어업계에 몸담았다. 원양어업 기술의 자부심, 개척한 어장의 가치를 강력히 소개했다. 원양어선의 경우 다른 국가에 하선하기 이전에는 한국법의 적용을 받고, 다른 국가에 입항해서는 외교관의 역할도 하게 되므로 한국의 영토 확대라는 인식이 있었다.

한국이 원양기술이 세계 최고지. 다른 나라는 죽어도 못하는 거 우린 다 해요. 감았다가 내렸다가 배 돌렸… 아유 다시 가고 싶어. 그 어장에서 어군을 탐지하는 방법은 이 좀 뜬

구름 잡는 이야긴데 첫 번째가 선장의 감이고요. 괜히 이래 있으면 아 어디에 있을 거 같은 그 촉이 있어요. 센스. 식스 센스. 그 선장의 감으로 고기를 잡는다 라는게. 첫 번째 원시 적인 원칙이고, 두 번째는 이제 계기에 의존할 때 피시 파인 드(fish find) 어군 탐지기 파인드(find). (중략) 이 세상에 지금 고 기 이거 어획할 수 있는 방법은 극한까지 다 나왔거든요. 더 이상 새로운 방법은 없습니다. (A)

어장 개척은… 저 개인적으로는 어장 개척이라는 개념 은 인자 뭐… 새로운 데 사업 영역을 갔다가 확장한다. 그니 까 어떤 새로운 사업 영역을 확장했던 그런 개념으로 봐야 되 고. 특히 원양어업이 해외나 어장 개척을 하는 거는 한국 해 양 영토가 그만큼 확장됐다. 한국은 크게 보면 영토라는 게 국내 육지 영토도 있지만, 해양 영토도 지금은 상당히 중요하 게 생각하는데 우리가 가서 새로운 해양 한국 한국인이 자원 을 갔다가 채취해오고 국익을 국가의 부를 갔다가 창출하는 그런 장소를 만들어냈다니까. 우리의 해양 영토가 넓어졌다 뭐 그런 개념으로 봐야 안 되겠나 싶어요. (B)

구술자들은 원양어업에 대한 자부심이 있었다. 구술자들은 해역 세계를 돌며 인생을 보냈지만, 지금은 일터와 삶터였던 바다를 떠나 땅에 발을 딛고 있다. 구술자 중 가장 오래 승선했던 구술자C는 2018 년 하선했다. 30년 넘는 세월을 배에서 보낸 이야기를 하며 고기 잡 는 게 좋았다는 말을 계속했다. 큰 사고가 없어서 하선할 일이 없었 다며 지나온 시간에 대한 감상을 털어놓았다. 그리고 선장은 수덕(水 德)이 있어야 한다고 했다. 평생을 선장으로 바다를 누볐다면 큰 사고가 없었고, 선원들을 통솔하는 리더십이 있다는 것이며, 고기도 잘 잡았다는 것이다.

배를 세울 곳, 즉 어장을 선택하는 것은 선장의 권한이다. 어느 지점에서 어떤 고기를 잡아야하는지는 선장의 판단과 지식으로 결정되었다. 출항을 할 때 회사에서 데이터를 건네기는 했다. 대부분 일본에서 어렵게 구한 것이었다. 언제 어디에 가면 고기가 많이 있을지를 알려주는 자료지만 실제 현장에서는 들어맞는 게 하나도 없다. 당황스럽지만 현실이었다. 선장들은 경험과 감으로 어장을 개척해야 하는 경우가 태반이었다. 빈 배로 돌아가는 경우도 허다했다.

선장들은 수년간 자신들의 데이터를 축적하기 시작한다. 보물로 취급되는 어장도를 각자가 만들어나가게 되는 것이다. 어장은 변했다. 한 어장에서 계속 조업을 하다보면 어종이 달라진다. 시기별 출어하는 어종을 따라 계속 이동하기도 했다. 수년간 어업을 하면서 축적한 데이터로 조업의 위치를 선정하고 배를 이동했다.

어장도 같은 것도 없어요. 어디에 그물을 던져야 할지 그냥 망망대해에 배만 가가지고 이 어떻게 해야 하노. 다른 나라 배들은 어장도를 빌려다가 좀 보자 이런 식으로 하는데. 한국 배들은 합니다. 그냥 어탐기 켜놓고 백지 깔아놓고 '그물 던져봐라, 그 터지면 들어 올려라' 이래가지고 포인트에 꼽혀요. (A)

근데 처음에 회사에서 준 데이터 이런게 안 맞더라고. 그래가지고 아무리 돌아다녀도 고기도 없고. 그래가 처음에는 나와가지고 기름도 다 되고 고기도 없고 이래가 빈 배로 돌아

가 다시 기름 받고 이랬는데. 그래가 나와가지고 인자 하다
보니까(B)

출항해서 바다에 떠 있는 원양선은 그 자체로 하나의 사회였다.
수십 명이 모여 있는 공동체는 많은 문제와 갈등을 해결하며 생활해
야했다. 최소한의 의식주만 제공되는 작은 공간에서 선원들은 삶의
편의를 대부분 포기해야 했다. 돈을 벌기 위해 승선하는 사람들이 많
았지만, 이런 환경은 버티기 힘들었다.

힘든 이유를 말하라면 가장 먼저 배는 언제나 위험하다는 것이다.
쇠덩어리 기계들이 돌아가고 그물이 빠르게 움직이기 때문에 한순간
방심하면 사고로 이어졌다. 바다에 빠지기도 하고, 기계에 신체를 다
치기도 했다. 선원들끼리 몸싸움도 종종 일어났다. 좋은 어장에는 많
은 배들이 한 번에 몰려들어 선박충돌이나 침몰사고가 자주 발생했
다. 그물이나 바다 속에 떠돌던 무언가가 스크류에 걸려서 배가 묶이
기도 했다. 선원들이 잠수해서 물건을 걷어내는 며칠 동안 조업이 중
단되었다. 혹은 배가 파도에 밀려 공해가 아닌 영해로 떠밀려가서 문
제가 되기도 했다.

선원들은 사고로 신체를 다치는 경우가 많았다. 그런데 사고를 당
하는 것도 걱정이지만, 이후 치료가 쉽지 않다는 것은 더 큰 두려움이
었다. 망망대해 바다에서 다치거나 아프더라도 생사를 오가는 것이
아니면 배에서 해결책을 찾아야 했다. 보통 선장이 의무교육을 받고
의무사자격증을 취득했다. 약품도 구비하고 간단한 시술도구는 배에
준비되어 있었다.

어느 미친 의사가 고깃배를 타겠어요. 그러니까 우리 항해사나 선장이 2주 동안 의무교육을 받고, 의무사 자격증 이래가지고 그 시절이 그랬어. 선원들 뭐 찢어지거나 하면 우리가 꿰매야 하고. 장비라기보다, 약품 이래가지고 간단한 수술 도구 하고 그런 게 있죠. 그래가 뭐 다툼이 일어나서 누가 다쳤다거나. 꼬매야 돼고, 저도 실수로 선원들 하나 손바닥이 쫙악 나간거야 꼬맨다고 꼬맸는데 약간 기술이 모자랐던거야. 이 나중에 약간 오므라져버렸어. 굉장히 미안하더라고. 뭐 할 수 없지 뭐. 진짜 배라는 공간이 뉴질랜드 정도만 2개월인 거고 오래 타게 되면 거기서 모든 걸 다 해결돼야 하잖아요. (A)

병원을 가려면 가까운 항구로 들어가야 하고, 입항 절차도 까다로웠다. 우여곡절 끝에 병원에서 진료를 받더라도 병원비가 너무 비쌌다. 언어소통도 원활하지 않아서 증상을 제대로 설명하기가 쉽지 않았다. 무엇보다 그 사이 조업을 하지 못해서 생기는 손실이 너무 컸다.

포클랜드 같은 경우는 공해상이니까 한 번 드갔다 나갔다 해삐면 마. 아르헨티나 드가면 이래 드가면 가깝지만 제재를 너무 많이 받아. 그래 드가믄 거 식겁합니다. 그래서 그게 귀찮으면 우루과이 쪽으로 가야한다고 우루과이 쪽. 우루과이 쪽이면 왔다 갔다 보름이라. 그 작업선들이 보름 너무 크거든요. 손실이. 다치면 안 돼. 다치면 또 우짤끼고 그죠. 그래 또 맹한게 긴박한 뭐 사고가 났다 포클랜드에 드가면 영국인들 영국이 그 놈애들이 신사라. (중략) 만약 또 무슨 일이 있으면 뭐입니까, 수산 당국에 연락해가지고 그래 서비스라

인도주의 저거 해서 헬리콥터까지 띄어가지고 사람을 병원
에 실어다 주는 기라. 그 병원비야 저거 받겠지마는 일단 관
제탑에는 저거 할 임무는 만약에 주위에 있는 선박들이 그런
이 신고가 들어왔다 그러면 해주야 되는 모양이라. (중략) 대
신 병원 갔다 나오면 병원비는 하루에 뭐 엄청 나. 하루 벌어
하루 다 써뿐 데이.(C)

1980년대 민주화운동으로 선원들의 인권 의식이 성장하면서 선
원들의 복지와 처우에 대한 논의가 시작되었다. 1990년부터 한국인
선원이 눈에 띄게 줄고 외국인들이 승선했다. 한국 정부는 1993년 7
월 참치 어선과 오징어채낚기 어선에 한해 척당 3명씩 중국 '조선족'
승선을 허가하고, 이후 확대했다. 1994년 3월 31일 항만청의 외국인
선원 고용지침 승인에 따라 한국과 국교가 있는 외국인 선원을 선박
척당 부원 총원의 1/3이내 또는 현지인 고용의 경우 1/2이내까지 승
선할 수 있게 했다. 1999년 10월 8일에는 외국인 선원 혼승비율에 대
한 노사협정으로 선박 어선검사 증서상 총 인원의 55%까지 승선 할
수 있도록 했다.[23] 그런데 외국인 선원 비율이 높아지면서 문화와 언
어의 차이, 처우의 문제 등으로 갈등이 심각했다.

1980년대 선원의 관리와 복지에 대한 논의가 시작되면서 노동자
의 권리 존중이 필요하다는 요구가 터져나왔다. 어선 내에서도 마찬
가지였다. 사회의 변화를 수용해야하는 선장은 운영 이익과 선원 권
리 사이에서 많은 고민이 있었다. 수개월간 배에서 조업을 하는 건

---

23   성락곤, 『한국원양어업 경영사: TRAWL 어업편』(해암그라픽스, 2003), 73~75쪽 참
고.

어려운 일이었다. 한국인 선원을 찾기 어렵게 되자 중국교포, 인도네 시아, 베트남, 남미 출신자들을 고용했다.

　　선원들 관리하는 거. 그 당시는 민주화선언도 한 90년도 초쯤 되면 민주화 선언들 많았을 기라. 한국 선원도 많았거 든요. 한국선원들이 민주화 되가지고. 한국 똑같에요. (중략) 중국 교포 델꼬 오기 시작하고. 또 교포들도 나중에 안되더 라고 교포는 오래 갔지만 여 모릅니다. 인도네시아, 월남 또 나중에 남미 애들 비노조 애들도 내 함 시키 봤쓰요. 급해서 남미 애들 시켜보니까. 되긴 돼요. 거 함 해볼라 그랬는데 비 노조 애들이 또 문제가 생기면 엄청 어려운 문제가. 거 노조 가 세거든. 동네가 우루과이. 하여튼 만약에 그 애들이 문제 가 생기면 엄청나게 갈등이 생기는 기라. 국가 간에 뭐 있고. 나는 다행히, 그 애들 몇을 썼어요. 에콰도르 애까지 썼으니 까. 남미 애들 막 부랑아들 마이 돌아다니거든. 급하니까, 출 항은 해야 되고 밖에 가면 고기 많이 있을 건데. 한국 선원들 보충이 안 되고. (C)

　　사람들이 이 배 뭐 꺼려하니까. 그때부터 조금씩 외국인 들 싣기 시작했죠. 저는 다섯 명 중국 조선족들 싣고, 페루 애 들 몇몇 실어보고 그 뒤에는 요새 또 내렸으니까 지금은 80% 하급 선원들은 전부다 동남아 선원들이죠. (중략) 중국 선원 들이 스무 명 싣고 베트남 다섯 명 실으면 베트남 아들 맞아 죽어요. 10명 10명 비슷하게 맞춰야지. (중략) 그게 이제 나 라별로 조절 알력을 방지하기 위해서 조절했던 거죠. 요즘은 이제 그족에 파견하는 업체에서 상당히 교육이나 이런 거 신경 많이 쓰고 한국 선장들도 구타하고 이런 거 없이 인간적으로, 세상에 그런 세상이 왔죠. 그렇게 가야하고. (A)

배라는 막힌 공간에 수개월을 함께 지내야하는 선원들은 공동체 생활의 어려움도 많이 토로했다. 몸은 고되고, 점점 예민해질 수 밖에 없는 곳에서 계약기간을 마치고 무사히 귀국하는 것은 가장 큰 행운이라 여겼다. 30년이 넘는 세월을 거의 배 위에서 지낸 구술자C도 가장 어려웠던 것은 선원관리였다고 했다.

V. 맺음말

원양어업 선원들이 경험한 바다는 또 하나의 세계를 이루고 있다. 이 글에서는 해역세계라고 명명하고 인류사회가 형성한 또 하나의 삶의 영역으로 구분하려고 한다. 선원들은 일반적인 현대사의 흐름을 동일하게 겪어나가면서도 한국뿐 아니라 어업과 관련한 국가들의 영향을 받았다. 물론 국제법의 적용도 최일선에서 수용했다.

선원들은 한국 내 정책, 국제법, 어업과 관련한 상대 국가의 정치사회적 변동을 동시에 적용받았다. 한국 내에서는 식량정책과 수출정책에 힘입어 개별 회사들이 원양어업에 나섰다. 원양어업에 토대가 없던 원양선사들은 실패를 거듭하며 해외의 어장을 찾고자 했다. 1957년 지남호가 시험조업에 성공하면서 한국 원양어업은 시작되었다. 정부는 1962년부터 시행된 '경제개발 5개년 계획'과 맥을 같이하여 각 국에 어업차관을 빌려와 원양어업을 지원했다.

선원들은 국제사회의 변화를 최전선에서 대면했다. 국제법과 어업 상대국의 법을 수용하며 복잡한 네트워크를 풀어나갔다. 1960년대부터 1980년대까지 공해에서 자유어업이 허용되던 시절, 연안국의 관할권이 몇 마일에 불과할 때 원양어업은 크게 성장했다. 그러나 활발했던 해외진출은 1973년과 1977년 두 차례의 석유가 파동, 1977년 주요 연안국들의 200해리 EEZ 선포로 위기를 맞았다. 1980년대 원양어업 재편으로 재도약을 시도했지만, 1995년 유엔해양법협약 발효 다음해부터 감소추세로 돌아섰다. 전통 국제법상 확립되었던 공해어업 자유원칙은 바뀌었고, 해양생물자원의 보존·관리 정책을 적극 수용하는 단계에 접어들었다.

선원들은 해역세계를 이동하면서 거점을 마련했다. 원양어선이 진출한 북태평양, 남태평양, 인도양, 대서양, 남빙양 어장에 어업기지 건설을 추진했다. 1967년 사모아에 어업기지를 처음 설립하고, 어장이 형성되는 곳에 점차적으로 어업기지를 확대해나갔다. 대표적인 어업기지는 미국령 사모아와 스페인령 라스팔마스였다. 어업지기를 두지 않는 곳도 있었는데, 북태평양 어장이었다. 어장개척과 어업기지정책에서 가장 적극적인 방법은 국가에 의한 어업이민이다. 1978년 아르헨티나에 추진한 사업이었지만 중단되었다.

선원은 바다에 대한 지식을 여러 가지 방법을 통해 습득할 수 있었다. 국가에서는 수산어업 육성을 위해 다양한 교육기관을 설립해서 운영했다. 이 중 부산수산대학교는 4년제 대학으로 원양어업의 선원, 특히 선장을 양성하기 위해 어업학과를 두고 있었다. 학생들은 선원이 되기 전 바다를 체험하는 실습선 승선을 통해 바다 위의 삶을 살아갈 수 있을지 없을지를 확인해보기도 했다. 졸업생들은 3등 항해사 자격증을 취득하고 대부분 승선근무예비역 제도를 선택했다. 어선에서 3년간 군생활을 하는 것과 같았다.

원양어선에 승선한 선원들의 세계관과 인식은 바다의 삶을 배경으로 형성되었다. 선장은 바다 위에서 일어나는 모든 것을 책임져야 했다. 무리인 것을 알면서도 어획고를 높이기 위해 쉬는 것을 줄였다. 그날 그날의 어획량은 수십명의 임금이 되고, 원양선사의 존립을 판가름하는 행위였다. 무거운 책임감만큼 권한도 컸다. 원양어선의 경우 다른 국가에 하선하기 이전에는 한국법의 적용을 받고, 다른 국가에 입항해서는 외교관의 역할도 하게 되므로 한국의 영토 확대라고 인식했다.

출항해서 바다에 떠 있는 원양선은 그 자체로 하나의 사회였다. 수십명이 모여 있는 공동체는 많은 문제와 갈등을 해결하며 생활해야했다. 최소한의 의식주만 제공되는 작은 공간에서 선원들은 삶의 편의를 대부분 포기해야 했다. 돈을 벌기 위해 승선하는 사람들이 많았지만, 이런 환경은 버티기 힘들었다. 가장 힘든 것 중 하나는 배는 언제나 위험에 노출되어 있다는 것이다. 한국 선원이 급격히 줄면서 1993년부터 외국인들이 승선했다. 문화와 언어 차이, 처우 문제 등으로 갈등이 심각했고, 현재까지 원양업계는 이것을 해결하기 위해 고민하고 있다.

이 글은 원양어업과 선원에 대한 기초연구이다. 원양어업의 최전선에 있었던 경험자들을 만나면서 원양어업에 대한 연구를 시작할 수 있었다. 향후 적극적인 자료 수집과 선원들의 구술면담을 통해 한국해양수산어업사의 의미를 찾아가는 깊이 있는 연구를 지속하고자 한다.

참고문헌

『국제신문』, 2017.1.~3., 「이야기 공작소-우리나라 원양어업 스토리 여행」

『부산일보』, 2017.1.~8., 「기억해야 할 역사, 원양어업 60년」

『현대해양』, 2018.3.7.~2019.7.9., 「기사로 보는 해양수산 40년」

『현대해양』, 2019.8.8.~2021.9.19., 「기사로 보는 해양수산 50년」

고려원양어업주식회사, 『(원양어업) 선원길잡이』(1969).

구모룡, 『해양풍경』(산지니, 2013).

국립해양박물관, 『바다 사람들의 생애사 4』(2021).

김삼곤, 『한국 수산·해양 기술교육사』(논문의 집, 1999).

김승, 「식민지시기 부산지역의 수산물 어획고와 수산업인구 동향」『역사와 경계』 99(2016).

농림수산식품부 원양산업과, 『원양어업 50년 발전사』(2008).

박규석, 「한국(韓國)의 해외어업정책(海外漁業政策)」『수산해양교육연구』 7-2(1995).

부경대학교 어업학과 총동창회, 『부산수산대학교·부경대학교 어업학과 70년사』(한길, 2012).

부산광역시 수산자원과, 『'원양어업 스토리텔링 콘텐츠 개발 방안' 연구 용역 보고서』(2016).

부산광역시 수산행정과, 『釜山水産史』上下(2007).

성락곤, 『한국원양어업 경영사: TRAWL 어업편』(해암그라픽스, 2003).

안미정, 「한국 선원의 역사와 특징」『인문사회과학연구소』 19(2018).

안미정, 「한국 선원의 원양 항해와 글로벌 네트워크 형성」, 『해항도시문화교섭학』 21(2019).

안미정, 「한국 선원과 해외 한인 사회 형성: 스페인 라스팔마스 한인들의 구술사적 접근」『역사와경계』 119(2021).

이상고, 「미국 어업 규제에 대한 한국 북태평양 어업의 당면 과제에 대한 연구」(1986).

이수열·안미정, 「근대 일본의 상선 선원: '고급'선원과 '보통'선원」 『역사와경계』 119(2021).

장수호, 「초기의 원양어업」 『수산연구』 12(1998).

최은순, 「한국의 초기 해기교육 모델의 수용과 변용의 역사」 『역사와경계』 119(2021).

최은순·안미정, 「한국 상선 해기사의 항해 경험과 탈경계적 세계관: 1960~1990년대 해운산업 시기를 중심으로」 『해항도시문화교섭학』 19(2018).

한국원양어업협회, 『통계로 본 韓國遠洋漁業 50年史』(2007).

해양수산부 국립수산과학원, 『원양어장개발 50년: 어구개발 및 자원조사를 중심으로』 (2007).

해양수산부, 『원양어업 60년 발전사』(2018).

홍현표·마창모·안재현, 「원양어업의 산업조직적 특성과 산업정책에 관한 연구」 한국해양수산개발원(2013).

황경숙·채영희, 「원양어업 종사자의 구술 자료에 나타난 해양 인식」 『동북아문화연구』 49(2016).

한국 선원의 재해보상체계

최진이·최성두

I. 서론

대외의존도가 높은 경제구조를 가진 우리나라가 세계 10위권에 달하는 규모의 경제 강국이 되기까지 해운산업의 주축인 선원의 역할을 빼놓을 수 없다. 국가 중요산업의 한 축을 담당하고 있는 선원은 해상이라는 노동환경의 공간적 특수성과 선박이라는 폐쇄된 노동환경 등으로 말미암아 예측할 수 없는 다양한 해상위험에 노출되어 있다. 이러한 해상위험들은 선원의 특별한 주의나 예방매뉴얼 등으로 관리 또는 통제될 수 있는 수준을 넘어서는 것들이 대부분이기 때문에 그 위험들을 적절하게 통제하거나 극복하는데 뚜렷한 한계가 있다. 이러한 해상특유의 위험과 고립된 노동환경 등을 감수해야 하는 해상노동의 특수성은 선원이 육상노동자에 비해 상대적으로 두터운 보호가 요구되는 이유이기도 하다. 그럼에도 불구하고 선원의 재해는 국가에 의한 노동자의 핵심 산업재해보상체계인 「산업재해보상보험법(이하 "산재보험법")」의 적용에서 제외되어 있다. 즉 선원의 (직무상 또는 직무 외)재해보상에 관하여는 「선원법」에서 선주의 직접 보상을 규정하면서 그 보상을 담보하기 위하여 보험가입을 강제하고(제106조), 이에 따라 선박소유자(선주로부터 선박의 운항에 대한 책임을 위탁받고 이 법에 따른 선박소유자의 권리 및 책임과 의무를 인수하기로 동의한 선박관리업자, 대리인, 선체용선자(船体傭船者) 등을 포함한다. 이하 같음)는 민영보험(선원근재보험), 해운조합의 선원공제, 선주책임상호보험(KP&I) 등에 가입하고 있다. 따라서 육상노동자가 업무상 재해를 입은 경우에는 「산재보험법」에 근거하여 설립된 근로복지공단이 운영하는 공보험(사회보험)으로 재해보상이 이루어지지만, 선원재해는 이 법의 적용을 제외(동법 시행령 제2조 제2호)하고 있기 때문에 선원의 직무상 재해는 민간보험에 의존하고 있다.

선원재해보상제도의 근간은 사회보험이 아닌, 선주의 선원에 대한 재해보상책임을 담보하는 사영보험(또는 공제) 중심으로 운영되고 있기 때문에 선원복지공단의 설립을 통해 선원재해보상체계도 사회보험의 차원에서 선원재해보상 문제가 통일성·일관성 있게 주관되도록 하여야 할 것이다.

이하에서는 선원에 관한 일반현황, 선원복지 개념과 선원재해보상제도 현황, 그리고 선원재해현황과 그에 따른 재해보상실태를 살펴보고 선원복지정책 실태 및 문제점을 분석한다. 마지막으로 일본의 선원재해보상제도를 살펴본 다음, 선원복지공단의 설립을 구상하고 법률안을 제안한다.

Ⅱ. 선원의 재해보상체계 현황

1. 의의 및 경과

산업재해보상제도는 노동자가 산업현장에서 그 업무수행과 관련하여 입은 부상이나 질병, 사망 등으로 노동능력이 저하되거나 노동력을 상실함으로써 겪게 되는 사회·경제적 위기상황을 극복할 수 있도록 지원하기 위해 마련된 사회보장제도이다. 즉 산업재해를 입은 노동자에게는 일정한 경제적 보상을 함으로써 노동력 회복과 직업원조를 지원하고, 그와 생계를 같이하는 사람들에 대하여도 경제적인 자립기반을 지원하는 제도이다. 당초 개별 사용자의 과실책임인 피용자에 대한 손해배상책임 내지 불법행위책임에서 시작하였지만, 오늘날에는 사용자의 귀책사유를 불문하고 재해를 입은 피용자에 대한 보상책임을 지는 것으로 변화하였다.

우리나라의 산업재해보상제도는 육상노동자와 해상노동자를 분리하여 이원적으로 운영되고 있다. 즉 육상노동자의 산업재해보상제도는 사용자의 직접 보상을 규정한 「근로기준법」과 사회보험으로 하여 국가가 산업재해보험급여를 지급하도록 하는 「산재보험법」에 법적 근거를 두고 있다. 이에 대하여 선원재해보상제도는 「선원법」과 「어선원 및 어선 재해보상보험법(이하 "어선원재해보험법")」에 법적 근거를 두고 있다.

「선원법」에서는 선박소유자의 법정의무로 자신이 고용한 선원에게 직무상 또는 승무 중 직무 외의 원인으로 재해가 발생한 경우 자신의 고의·과실 여부와 상관없이 재해유형에 따른 보상을 하도록 하고 있다. 이는 육상노동자의 산업재해에 대한 보상제도와 동일한 취지에서 「민법」에 규정되어 있는 손해배상제도를 보완하여 선원의 사회보장권을 확대하기 위해 마련된 사회보장제도이다. 즉 선원이 그 직무상 또는 승무 중 직무와 무관하게 부상을 당하거나 질병에 걸리는 경우 또는 사망을 하는 경우 해당 선원 또는 그의 유족을 보호하기 위해 정책적인 고려에 의해 만들어진 제도이다.

〈표 1〉 민법상의 손해배상책임 범위와 선원법상의 재해보상책임 범위

민법상 손해배상책임 범위	선원법상 재해보상책임 범위	
적극손해 (치료비, 개호비 등)	요양보상, 장제비, 소지품 유실보상	일시보상[01]
소극손해 (일실수입, 일실퇴직금 등)	상병보상, 장해보상, 유족보상	
위자료 (정신적 손해)	해당없음	

선원재해보상제도는 1963년 11월 5일 제정된 「산재보험법」 보다 먼저 1962년 1월 10일 일본의 선원보험법을 모델로 하여 「선원보험법」을 제정하였으나, 경제적·사회적 여건이 미흡하다는 핑계로 시행령 등 관련 하위법령이 마련되지 못하고 그 시행을 미루어오다가 1973년 2월 5일 「선원법」을 개정하여 선박소유자의 선원재해에 대한 보상책임을 법정하였다. 선원법에서 민영보험에 기반을 둔 선원재해

---

01 대법원은 "일시보상은 요양보상, 상병보상, 장해보상을 포함한 장래의 손해에 해당하기 때문에 적극적 손해와 소극적 손해를 모두 포함하기 때문에 동일한 성질을 띠는 민사상 손해에 대하여 경합할 수 있다."고 판결하였다(대법원 1991.7.23선고 90다11776판결).

보상제도를 마련함으로써 사실상 선원재해보상제도의 사회보험화 논의는 사실상 종료되었다. 결국 「선원보험법」은 제정된 지 47년이 지나도록 시행되지 못하다가 2009년에 폐지되었다.

2. 선원재해보상보험(공제) 가입 및 보상현황

1.1. 선원재해보상보험(공제)의 유형

1.1.1. 선주상호보험

선주상호보험(P&I, Protection & Indemnity Club)은 선박을 운항하면서 발생한 해양사고로 인하여 제3자에게 손해를 발생시킨 경우 선박소유자의 배상책임을 선박소유자 상호간에 담보하는 공제조합으로 상호보험제도이다.[02]

선주상호보험에서 담보하는 선원재해보상으로는 선원의 사상, 질병, 행방불명, 장제비, 수색비 등에 대한 선주의 배상책임과 실업수당, 소지품 유실보상, 교체자 파견비용, 송환비용 등을 담보하고 있다. 종래 선주상호보험조합이 설립되기 이전 우리나라 선박소유자들은 주로 영국의 선주상호보험(Britannica P&I Club 또는 UK P&I Club)에 가입해 왔으나, 2000년 1월 한국선주상호보험조합(Korea P&I Club, KP&I)이 설립됨에 따라 이에 가입하는 선박소유자가 크게 증가하여 2018년 현재 220개 회원사에 가입선박이 1,090여척이고, 연간보험료

---

02 상호보험은 보험을 필요로 하는 다수가 단체(상호회사)를 구성하여 그 단체 구성원 상호간에 구조하는 보험이다. 일반적인 보험과 달리 보험자라는 개념도 없고 보험계약도 없으며 단체구성원인 사원들이 서로 보험자, 피보험자를 겸한다고 볼 수 있다.

는 3천만 달러 규모로 성장하였다.[03]

<표 2> 선주상호보험과 해상보험의 비교

구 분	선주상호보험	해운조합공제	선박보험	적하보험
보험자	선주(조합)	선주(조합)	손해보험자	손해보험자
피보험자	선주	선주	선주	화주
보험내용	배상책임	선박/배상책임	선박손해	화물손해
보험료	정산보험료	고정보험료	고정보험료	고정보험료
보상한도	무제한	가입금액 (법정금액)	가입금액	가입금액
영리성	비영리	비영리	영리	영리

1.1.2. 선원근로자재해보장책임보험

근로자재해보장책임보험(이하 "근재보험")은 사용자의 사업장에 고용된 노동자가 업무상 부상, 질병 또는 사망한 경우 재해보상액이 「산재보험법」 또는 「근로기준법」에서 보상받을 수 있는 노동자의 재해보상금액을 초과하게 되는 경우 사용자의 법률상 손해배상책임을 담보하기 위해 가입하는 보험이다. 즉 사용자가 산업재해보상보험(이하 "산재보험")의 담보범위를 초과하는 손해배상액의 합의를 하거나, 노동자와 재해보상에 관한 소송을 통해 사용자가 직접 지급하게 되는 경우 등과 같은 위험을 담보하고자 사용자가 가입하는 민영보

---

03 http://www.kpiclub.or.kr/board/bbs/board.php?bo_table=News_06&wr_id=249 참조.

험이다.

선원근로자재해보장책임보험(이하 "선원근재보험")은 선원의 직무상 재해로 인한 재해보상금액이 「선원법」, 「어선원재해보험법」 등에서 보장하는 금액을 초과하는 경우 이때 선박소유자의 법률상 손해배상책임을 담보하는 보험으로 그 기원은 근재보험에 있다.[04] 그렇기 때문에 선원근재보험은 근재보험 약관에 선원재해보상을 담보하는 특별약관을 부가하는 형태로 운영되고 있다.

무엇보다 「선원법」이나 「산재보험법」, 「근로기준법」상 재해보상책임을 사용자의 무과실책임으로 하고 있는 것과 달리, 선원근재보험은 사용자의 과실책임에 기초하고 있다. 그렇기 때문에 선원이 보험자로부터 재해보상금을 지급받기 위해서는 사용자의 과실을 입증해야 하는데, 이 과정에서 보험자의 면책이 폭넓게 인정될 여지가 높다.

〈표 3〉 산재보험과 선원근재보험 비교

구 분	산재보험	선원근재보험
운영	근로복지공단	손해보험자
보험성격	강제보험	임의보험

---

04 근재보험은 육상근로자의 해외 진출에 따른 재해보상문제에 대처하기 위해 1965년에 도입된 보험이었으나, 당시 P&I는 외국보험이고 수산업협동조합 및 한국해운조합의 공제는 주로 연근해어선과 내항선에 승선하는 선원 및 어선원을 위주로 한 소규모의 것이었기 때문에 이러한 공제만으로는 해운업과 수산업의 발달에 따라 주류를 이루게 된 원양어선과 외항선에 승선하는 선원의 재해를 보상하는데 어려움이 있었다. 따라서 선원 재해보상에 관한 특별약관을 부가하여 선원 재해보상보험으로 이용하게 되었다(자료: 목진용, 「선원재해보상과 선박소유자의 재해보상보장제도」 『월간 해양수산』 No.104(1993), 한국해양수산개발원, 55쪽).

담보범위	업무상 재해	선원법상 보상범위를 초과하는 손해
책임성질	무과실 책임	과실책임
보상범위	요양보상, 휴업보상, 장해보상, 간병보상, 유족보상, 장의비 등	선원법상 담보초과손해, 위자료
상계여부	불가(무과실책임)	당사자 과실상계
법적근거	산재보험법, 근로기준법	민법, 상법

자료: 송윤아·한성원, 「근로자재해보험의 활성화 필요성과 선결과제」『KIRI리포트』(2017), 보험연구원, 13쪽, 일부수정.

1.1.3. 선원공제

공제(共濟)에 관한 법률적 개념정의는 없지만, 일반적으로 동일 또는 유사한 영역에서 공통의 이해관계를 갖는 경제주체들이 장래에 발생할 수 있는 사고와 그로 인한 경제적 불안에 공동으로 대비하여 상호 구제할 목적으로 일정 금액(분담금)을 갹출하고, 공제계약에서 정한 사고가 발생하면 보상금(공제금)을 지급하는 상호부조제도를 말한다. 공제는 태생적으로 경제주체간 상호부조를 목적으로 하는 경제제도라는 점에서 보험과 유사하며, 그 운영방식 또한 보험과 유사하기 때문에 성질에 반하지 않는 범위 내에서 상법(보험편)을 준용하고 있다(상법 제664조).

선원의 재해를 보상하기 위한 선원공제사업에는 대표적으로 「한국해운조합법」에 의한 선원공제가 있는데, 한국해운조합이 그 회원[05]

---

05 해운조합의 조합원이 될 수 있는 자는 국내에 주된 사무소를 둔 자로서 「해운법」 제4조에 따라 해상여객운송사업의 면허를 받거나 같은 법 제24조에 따라 해상화물운송사업의 등록을 한 자라야 한다(한국해운조합법 제8조 제2항).

및 공제계약자로부터 부담금(공제료)을 받고 공제계약에서 정한 사고가 발생하여 선박소유자가 부담하게 되는 재해보상책임을 담보한다.

〈표 3〉 보험과 공제의 비교

구분	보험		공제
	일반보험	상호보험	
소유	주주	사원	회원(조합원)
영리성	영리	비영리	비영리
기초재산	자본금	기금	출자금
의사결정	주주총회	사원총회	조합원총회
사업	보험 및 부수사업	보험 및 부수사업	보험/신용/경제사업
법적근거	상법, 보험업법	보험업법	민법, 특별법
규제/감독	금융감독기관	금융감독기관	소관부처
가입대상	불특정	특정	특정
납입	보험료	분담금	공제료

1.1.4. 어선원재해보상보험

어선원재해보상보험은 「어선원재해보험법」에 근거하여 어선원(漁船員)이 어업활동과 관련하여 직무상 재해로 부상, 질병, 장해 또는 사망 등의 경우 선박소유자가 부담하게 되는 재해보상책임을 담보한다.

「어선원재해보험법」은 모든 어선 소유자는 당연가입자가 되도록 하고 있기 때문에 이 법의 적용을 받는 모든 어선의 소유자는 "어선원 등의 재해보상보험(이하 '어선원보험')"에 반드시 가입하여야 한다(제

16조 제1항 본문). 다만, 원양어선, 수산물운반선, 대통령령으로 정하는 어선(3톤 미만의 어선, 가족어선원만 승선하는 어선, 내수면어업선, 관리선, 지도·단속·교섭선 등)의 소유자는 임의가입자로 수산업협동조합중앙회(이하 "수협중앙회")의 승인을 받아 어선원보험에 가입할 수 있다(동조 동항 단서 및 시행령 제3조 각호).[06] 이 법을 적용받는 어선에 대하여는 「산재보험법」의 적용에서 제외하고 있다(동조 제2항).

1.2. 선원재해보상보험(공제) 가입현황

한국선원복지고용센터 통계자료에 의하면, 2020년 12월 기준으로 선원재해보상보험의 가입이 강제되는 선원은 총32,298명이다. 이를 업종별 가입현황을 살펴보면, 연근해어선에 종사하는 선원이 13,743명(약42.6%)으로 가장 높은 비중을 차지하고, 내항선(약24.1%), 외항선(약21.7%), 원양어선(약3.8%) 등 순으로 나타나고 있다.

한편, 선원이 가입한 보험(공제)의 종류별 가입현황을 보면, 수협중앙회에서 운용하는 어선원보험에 13,743명(약42.6%)이 가입하여 가장 많은 비율을 차지하고 있고, 이어 선주상호보험조합(P&I club)의 선주상호보험(P&I)에 10,413명(약32.2%), 한국해운조합의 선원공제에 7,765명(약24%), 민간보험회사의 관련 보험에 377명(약1.2%) 등의 순으로 조사되었다.

---

06 종래 「수산업협동조합법」에 의해 운영되던 선원공제가 2004년 1월부터 「어선원재해보험법」에 근거하여 수협중앙회에서 강제보험으로 시행되고 있다.

〈표 4〉 선원의 재해보상보험(공제) 가입현황

(단위: 명)

보험＼업종	계	외항선	내항선	원양어선	연근해어선	해외취업상선	해외취업어선
대상선원	32,298	7,024	7,769	1,232	13,743	2,179	351
가입 계	32,298	7,024	7,972	1,232	13,743	2,179	351
선주상호보험	10,413	7,024	4	1,206	-	2,179	-
민영보험(무제한책임)	377	-	-	26	-	-	351
어선원보험	13,743	-	-	-	13,743	-	-
선원공제	7,765	-	7,765	-	-	-	-
기타	-	-	-	-	-	-	-
미가입	-	-	-	-	-	-	-

자료: 한국선원복지고용센터, 『한국선원통계연보』(2021, 일부수정).

1.3. 선원재해보상보험(공제)의 보상현황

2020년 12월말 기준 선원재해보상을 받은 인원은 4,499명으로 2019년 4,661명보다 줄었지만, 선원재해보상액은 72,879백만원으로 2019년도 57,067백만원 보다 15,830백만원(약27.7%)이나 증가한 것으로 나타났다.

〈표 5〉 연도별 유형별 재해보상현황

(단위: 명, 백만원)

구분	계		요양보상		상병보상		장해보상		유족보상		장제비	
	인원	금액	인원	금액	인원	금액	인원	금액	인원	금액	인원	금액
2019	4,661	57,067	2,434	9,634	1,703	15,429	366	13,140	93	11,223	65	7,641
2020	4,499	72,879	2,189	13,840	1,721	27,256	389	14,456	113	15,894	87	1,433

자료: 한국선원복지고용센터, 『한국선원통계연보』(2020, 2021).

　　한국선원복지고용센터 통계자료에 의하면, 선원재해보상보험(공제)을 통해 2020년도에 지급된 선원재해보상금은 총 72,879백만원이며, 그 중에서 상병보상이 27,256백만원(약37.4%), 유족보상이 15,894백만원(약21.8%)으로 높은 비중을 차지하는 것으로 나타났다.

　　업종별로 살펴보면, 위의 업종별 선원사고 발생현황에서 연근해어선(2,713명)과 내항선(1,164명)이 가장 큰 비중을 차지하는 것만으로도 알 수 있듯이 업종별 재해보상액에서도 연근해어선 39,664백만원, 외항선 18,779백만원, 내항선 11,872백만원으로 높은 비중을 차지하는 것으로 나타났다.

〈표 6〉 업종별 유형별 재해보상현황

(단위: 명, 백만 원)

구 분 인원	계		요양보상		상병보상		장해보상		유족보상		장제비	
	인원	금액	인원	금액	인원	금액	인원	금액	인원	금액	인원	금액
계	4,499	72,879	2,189	13,840	1,721	27,256	389	14,456	113	15,894	87	1,433
외항선	306	18,779	157	5,087	137	12,571	3	54	5	1,013	4	54

내항선	1,164	11,872	594	2,806	420	2,780	96	2,986	27	2,983	27	317
원양어선	285	1,757	138	559	141	973	4	167	1	56	1	2
연근해어선	2,713	39,664	1,289	5,352	1,005	10,737	286	11,249	79	11,311	54	1,015
해외취업 상선	18	692	8	14	8	102	-	-	1	531	1	45
해외취업 어선	13	115	3	22	10	93	-	-	-	-	-	-

주) ① 외항선·원양어선·해외취업선의 자료는 실태조사 시 해당업체에서 작성·제출한 자료만을 수록한 것으로 우리나라 전체 선원사고 현황을 반영한 것은 아님.

　② 내항선과 연근해어선의 자료는 각각 한국해운조합과 수협자료 반영.

자료: 한국선원복지고용센터, 『한국선원통계연보』(2020, 2021).

III. 선원재해보상체계의 개선 필요성

1. 일본의 사례

우리나라 선원재해보상제도의 모델이 된 일본의 경우도 선원재해보상제도의 법적 근거를 「선원법」에 두고 있으며, 동법에서는 우리나라와 마찬가지로 선원재해보상에 관한 선박소유자의 선원의 재해보상에 대한 직접 책임을 규정하고 있다. 그러나 일본의 선원재해보상체계가 본질적으로 다른 점은, 선원법에서 선원재해보상을 선박소유자의 직접 보상책임으로 규정하는데 그치는 것이 아니라, 이미 1939년 「선원보험법」을 제정하여 선원재해보상제도를 국가의 사회보장제도에 편입하고 있다는 점이다. 즉 선원재해보상보험을 사회보험으로

운영함으로서 선원재해를 보다 두텁게 보호하고 있다.[07]

선원재해보상보험은 건강보험, 실업보험, 노동자재해보상보험과 달리, 피보험자를 선원에 한정한다는 점에서 일반 국민을 피보험자로 하는 다른 사회보험과 구별된다. 이와 같이 선원재해보상보험을 육상노동자에 대한 재해보상보험과 분리시켜 운용하고 있다는 것은 선원의 해상노동이 갖는 특수성으로 인해 이들을 특별하게 보호할 필요가 있기 때문이다. 선원보험법상 후생대신이 사회보험청장관의 보험자로서의 권한과 사회보험 감독자로서의 권한의 두 가지 핵심 권한을 부여하고 있다. 먼저, 표준보수에 관한 사항의 결정, 보험료징수, 재해급부 결정, 재해보상금 지급 등과 같은 사무로 이는 보험자로서의 기능에 따른 것이다. 그리고 행정청의 보고문서 제출 등과 같은 권한과 선박소유자 또는 재해보험 관련 의료기관에 대한 검사 등에 관한 사무는 보험감독자로서의 권한을 갖는다.[08]

이와 같이 일본은 일찍부터[09] 해상노동이 갖는 특수성을 고려하여 국제노동기구(ILO)의 해사노동기준을 전향적으로 폭넓게 수용하였고, 무엇보다 재해를 입은 선원을 두텁게 보호하고 있다. 상술한 「선

---

07 일본 선원보험은 건강보험, 고용보험, 노동자재해보상보험의 세 가지 제도를 하나로 통합한 형태로 운영되는데, 이는 일반적인 국민을 대상으로 하는 사회보험과는 달리 해상노동자만을 대상으로 하려는 종합사회보험제도라 할 수 있다(박용섭, 「주요 해운국의 선원 사회보장제도」 『해사법연구』 제8권 제1호(1996), 한국해사법학회, 7쪽).

08 박용섭, 위의 논문, 329쪽.

09 일본의 선원보호정책은 명치유신 이후 해운육성정책과 함께 정부주도로 추진되어 왔다. 구체적인 입법으로는 1879년 2월에 선원의 승하선 공인에 관한 사항을 정한 「서양형상선해원고입고지규칙」이 그 최초이다. 1880년 8월 해상노동자 보호를 전담하는 기관으로 해원액제회(海員掖済會)가 창립되었는데, 이를 계기로 선원의 복리후생과 기술의 향상을 도모하기 위한 각종 시설을 설치하게 되었다(지상원, 「일본 선원 재해보상제도」 『해사법연구』 제20권 제1호(2008), 한국해사법학회, 304쪽).

원보험법」제정을 통하여 선원재해보상을 민영보험에서 분리하고 사회보험방식으로 운영하고 있는 것을 대표적으로 꼽을 수 있다. 즉 선박소유자의 직접보상 방식을 취하면서 민영보험에 의존하고 있는 우리나라와는 달리, 선원재해보상제도의 근간인 재해보상보험의 주체(보험자)를 정부가 됨으로써 국가가 선원의 재해보상급부를 담보하는 방식으로 운영하고 있다. 또한, 선원재해보상금 지급기준도 다른 사회보험들과 본질적으로 크게 다르지는 않지만, 해상노동의 특수성과 그로 인한 특별한 배려의 필요성으로 인해 여타 사회보험과 비교할 때 비교적 많은 급부를 받을 수 있도록 설계가 되어 있다.[10]

2. 현행 선원재해보상체계의 문제점

그동안 우리 사회는 산업화 과정을 거치면서 노동자가 업무상 부상·질병·사망 등의 산업재해를 입은 경우 노동자 또는 그 유족의 생계 등을 보장할 수 있는 제도가 필요하였다. 민법상 고의 또는 과실을 요구하는 일반적인 손해배상책임법리를 적용하는 것은 분명한 문제가 있었기 때문이다. 따라서 「근로기준법」은 산업재해에 대하여는 과실책임원칙을 적용하지 않고 사용자의 무과실책임에 입각한 재해보상제도를 마련하였다. 그러나 재해보상을 사용자의 무과실책임으로 하더라도 사용자의 재해보상금 지급능력 문제로 재해보상이 이루어지지 않게 된다면 재해보상제도의 도입취지는 상실되고 만다. 그렇기 때문에 재해보상금 지급의 공정성과 확실성이 담보될 수 있도

---

10 류시전, 「선원재해보상제도의 개선방안에 관한 연구」(고려대학교 노동대학원 석사학위논문, 2013), 83쪽.

록 사회보험으로 운영되고 있다.

사회보험[11]은 사회정책을 위한 보험으로서 국가가 사회정책을 수행하기 위하여 보험의 원리와 방식을 도입하여 만든 공적부조(公的扶助)로 사회의 연대성과 강제성이 수반된다. 산업현장에서 발생한 업무상 재해를 담보하는 산업재해보상보험, 일상생활에서의 질병과 부상을 담보하는 건강보험, 폐질·사망·노령 등을 담보하기 위한 연금보험, 실업의 경우 경제적 지원을 하기 위한 고용보험 등이 이에 해당한다. 이들 중에서 산업재해보상보험이 가장 먼저 도입되었다.

현행법 체계상 노동자의 재해보상을 담보하는 재해보상보험은 크게 육상노동자에 대한 것과 해상노동자인 선원에 대한 것으로 이분되어 있다.

먼저, 산업재해보상보험은 업종을 불문하고 육상노동자의 재해를 보상한다. 「산재보험법」에 근거하여 1964년부터 시행되고 있으며, 고용노동부장관이 이를 관장하지만, 보험사업의 운영 등에 관하여는 근로복지공단에 위탁하고 있다(동법 제2조 및 제10조). 물론, 「근로기준법」은 근로자의 업무상 재해에 대하여 사용자에게 무과실책임을 지도록 하고 있다. 그러나 이는 사용자가 자기 재산으로 노동자에게 직접 지급하는 것을 전제로 하고 있기 때문에 재해보상여부는 사용자의 재정능력에 전적으로 의존될 수밖에 없었다. 따라서 사용자의 재정능력과 상관없이 재해보상책임이 담보될 수 있도록 하기 위하여

---

11 "사회보험"은 국민에게 발생하는 사회적 위험을 보험의 방식으로 대처함으로써 국민의 건강과 소득을 보장하는 제도이다(사회보장기본법 제3조 제2호). 즉 국민을 대상으로 질병·사망·노령·실업·기타 신체장애 등으로 인하여 경제활동능력의 상실이나 제약 등으로 소득감소가 발생하였을 때 보험방식에 의하여 그것을 보장해 주는 제도이다.

사회보험 방식을 취하고 있다.

다음으로, 선원재해보상보험은 상술한 바와 같이 1962년 「선원보험법」을 제정하여 육상노동자보다 먼저 시행될 것이 예정되었으나, 여건상 연기되어 오다가 2009년에 「선원보험법」은 결국 폐지되었고, 지금의 선원재해보상보험은 1973년 「선원법」을 개정하여 선박소유자의 재해보상책임을 법정하면서 그 이행수단으로 선박소유자로 하여금 공제 또는 민영보험에 가입하도록 하는 방식을 취하였다. 이러한 선원재해보상보험은 상선원에 관한 것과 어선원에 관한 것으로 구분되는데, 「선원법」에서 가입을 강제하는 재해보상보험 등과 「어선원재해보험법」에 의한 어선원보험이 있다. 어선원보험은 「어선원 및 어선 재해보상보험법(어선원재해보험법)」에 근거하여 2004년부터 시행되고 있으며, 해양수산부장관이 관장하고 보험사업의 운영에 관하여는 수협중앙회에 이를 위탁함으로써 사회보험 방식으로 운영하고 있다(동법 제3조 및 제9조). 「어선원재해보험법」이 적용되는 어선에 승선하는 어선원들은 「선원법」 또는 「근로기준법」의 적용여부와 상관없이 어선원보험을 통해 재해보상이 담보될 수 있다. 그러나 「어선원재해보험법」의 적용을 받는 어선은 제6조 제1항 단서에 따라 특별한 규정이 없는 한, 연근해어선으로 제한된다. 따라서 수산물운반선과 원양어선, 상선에 승무하는 선원들의 재해보상은 「선원법」에 따라 선박소유자가 직접 보상책임을 지게 된다(제94조 내지 제102조). 즉 「선원법」이 선박소유자에게 가입을 강제하는 재해보상보험(민영보험, 상호보험, 공제 등)을 통해 재해보상이 이루어진다(동법 제106조). 선박소유자의 보험가입 금액은 승선평균임금 이상이면 되기 때문에 이를 초과하는 부분에 대하여는 전적으로 선박소유자의 재정적 여건에 의존할 수밖

에 없다.[12]

또 한편으로, 선주상호보험은 일반적인 책임보험과 달리, 선박소유자가 먼저 선원에게 재해보상 등을 선지급 하고, 선주상호보험은 선박소유자가 선지급으로 인해 입은 경제적 손실을 전보하는 방식이다. 다만, 선원재해보상에 관하여는 2010년 이후 제3자의 직접청구권을 인정하고 있고, 선원법에서도 선원이 직접청구권을 행사할 수 있도록 재해보상보험 등의 가입시 선원을 피보험자로 하도록 하고 있다(제106조). 따라서 선원의 재해보상에 관하여는 약관상 선지급 조항은 더 이상 의미가 없다. 그러나 선박소유자가 면책금액(자기부담금)을 설정하는 경우에는 면책금액 이하의 재해보상은 선박소유자가 이를 부담하기 때문에 선박소유자가 파산 또는 지급불능 등 재정여건에 따라 재해보상의 공백이 발생할 우려가 있다.

〈표 7〉 산업재해보상보험과 선원재해보상보험

구 분	산업재해 보상보험	선원재해보상보험	
		어선원	어원원이 아닌 선원
법적근거	산재보험법	어선원재해보험법	선원법
적용대상	근로자	어선원[13]	어선 외 선박의 선원

---

12 선원법은 선박소유자가 재해보상을 완전히 이행할 수 있는 재해보상보험 등에 가입하지 않았을 때에는 1년 이하의 징역 또는 1천만원 이하의 벌금에 처하도록 하고는 있다(선원법 제173조 제1항 제17호).

13 원양어선, 수산물운송어선, 3톤 미만의 어선, 가족어선원만 승선하는 어선, 내수면어선, 어장관리선, 시험어업 또는 연구어업·교습어업에 사용하는 어선, 시험·조사·지도·단속 또는 교습에 종사하는 어선에 대하여는 특별한 규정이 있는 경우에만 적용된다(어선원재해보험법 제6조 및 동법 시행령 제3조).

가입의무자	사업주	어선의 소유자	어선 외 선박소유자
보상범위	업무상 재해	·직무상 재해 ·승무 중 직무 외 재해	·직무상 재해 ·승무 중 직무 외 재해
보험급여 및 재해보상 내용	1. 요양급여 2. 휴업급여 3. 장해급여 4. 간병급여 5. 유족급여 6. 상병보상연금 7. 장의비 8. 직업재활급여	1. 요양급여 2. 상병급여 3. 장해급여 4. 일시보상급여 5. 유족급여 6. 장례비 7. 행방불명급여 8. 소지품 유실급여	1. 요양보상 2. 상병보상 3. 장해보상 4. 일시보상 5. 유족보상 6. 장제비 7. 행방불명보상 8. 소지품 유실보상
운영주체	근로복지공단	수협중앙회	P&I, 민영보험자, 공제조합
소관부처	고용노동부	해양수산부	-
보험성격	사회보험	사회보험	-
사회보장성	강함	강함	약함
재해인정기준	산재보험법 기준	산재보험법 준용	-

3. 선원재해보상체계 일원화 및 사회보험 필요성

성술한 바와 같이 선원재해보상체계가 육상노동자와 달리 크게 「선원법」의 적용을 받는 상선원(원양어선 및 수산물운반선 포함)과 「어선원재해보험법」의 적용을 받는 어선원으로 분리된 이원적 구조를 띠고 있다. 보다 일관성 있는 선원재해보상체계를 구축하기 위해서는 현행 선원재해보상체계를 개선하기 위한 전단계로 상선원과 어선원으로 분리된 현재의 선원재해보상체계를 일원화할 필요가 있다.

또한, 선원법상 선박소유자의 직접 책임을 규정하고 그 이행을 담보하기 위한 수단으로 각종 선원재해보상보험 등의 가입을 강제하는 현재의 방식은 상술한 바와 같이 경우에 따라서는 선원재해보상이 선박소유자의 재정적 여건에 의존되는 상황에 놓이게 되기 때문에 선박소유자의 파산 또는 지급불능 등의 상황이 발생하게 되면 선원재해보상에 공백이 발생할 우려가 생긴다.

대외무역 의존도가 높은 우리나라가 산업화 거쳐 오늘의 경제성장이 있기까지 해운산업의 기여를 빼놓을 수 없다. 선박이라는 제한된 공간과 해양이라는 특수한 환경으로 인한 예측불허의 위험이 상존하는 노동현장에서 선원의 재해보상의 보장성을 강화할 필요가 있다. 무엇보다 우리나라 대외교역의 약98%가 선박이라는 운송수단을 통해 해상운송으로 이루어지는 현실을 고려할 때 선원복지제도의 핵심 쟁점이라 할 수 있는 재해보상제도의 사회보험화는 반드시 필요하다.

IV. 선원복지공단의 설립

1. 선원복지공단의 공단의 설립 필요성

먼저. 산업재해보상체계에서 제외되는데 따른 제도적 보완적 측면에서 공단 설립 필요성이 있다.

해양이라는 공간적 특수성과 선원의 노동제공 장소인 선박은 그 특성상 다양한 위험이 곳곳에 산재되어 있기 때문에 특별한 주의와 예방매뉴얼만으로는 그 위험들이 적절하게 통제되거나 극복될 수 있는 수준을 넘어서고 있다. 그러나 선원의 직무상 재해는 「산업재해보상보험법」의 적용에서 제외되어 있다(동법 시행령 제2조 제2호).

이미 살펴 본 바와 같이 「선원법」은 선원의 (직무상 또는 직무외)재해보상에 관하여 선주의 직접 보상을 규정하면서 그 보상을 담보하기 위하여 보험가입을 강제하고 있으며(제106조), 이에 따라 선주는 민영보험(선원근재보험), 해운조합의 선원공제, 선주책임상호보험(KP&I) 등에 가입하고 있다. 즉 선원재해보상제도의 근간은 사회보험이 아닌, 선주의 선원에 대한 재해보상책임을 담보하는 사영보험(또는 공제) 중심으로 운영되는데 따른 한계가 있다. 공단 설립을 통해 선원재해보상체계도 산업재해보상보험법상의 근로복지공단과 같이 사회보험의 차원에서 선원재해보상 문제가 통일성·일관성 있게 주관되도록 할 필요가 있다.

둘째, 해상위험의 특수성을 고려할 때 재해보상체계를 강화시켜 줄 필요가 있다.

육상에서의 노동과 달리, 선원은 선박이라는 고립된 공간과 해상이라는 공간과 그로 인한 위험의 특수성, 즉 육상보다 훨씬 다양한 위험요인, 인위적인 위험관리 및 통제가 어려운 공간적 특수성 등 재해발생 원인인 위험의 이질성으로 인해 재해보상도 달리 보장할 필요가 있다. 선박 등의 설비가 다양해지고, 대형화·고도화·자동화 되어감에 따라 더욱 다양하고 복잡한 새로운 재해가 빈번하게 발생하고 있으며, 재해의 규모도 점점 대형화·고도화되어 가는 경향이 있다. 특히 육상근로자에 비하여 높은 노동강도, 열악한 노동조건 등에도 불구하고, 오늘날 육상근로와의 임금격차가 크지 않고, 복지혜택의 역전현상 및 재해보상의 미흡 등은 내국인의 선원 기피현상으로 작용하고 있다. 그러나 선원복지 수준은 과거와 달리, 육상노동자의 평균적 복지수준이나 기준에 미달하는 현상들이 나타나고 있다. 현재의 선원복지공용센터가 이를 수행하기에는 한계가 있다. 따라서 선원복지 전담기구 설치를 통해 해상노동의 특수성 및 해상위험의 특수성에 대응한 재해보상체계를 강화할 필요가 있다.

셋째, 해상노동의 특수성을 고려할 때 현재의 선원복지고용센터의 기능과 역할을 넘어서는 선원복지전담기구가 필요하다. 선원법 등 관련 법률에서는 해상노동의 특수성을 고려하여 육상의 관련 제도에 상응하는 여러 특수한 제도를 시행하고 있다. 대표적으로 선원노동위원회와 선원근로감독관제도를 들 수 있다. 선원노동위원회는 노동관계에서 발생하는 노사간의 이익 및 권리분쟁을 신속·공정하게 조정하기 위해 설치된 준사법적 협의체 행정기관인데, 이는 육상노동관계를 조정하는 노동위원회와 별도로 특별노동위원회로 설치된다. 여기서는 선원과 연관된 노동관계에 개입하여 노사행정의 민주화와 노사관계의 적절한 조정을 목적으로 하는 선원노동위원회를 두어 특별하게 다루고 있다.

선원근로감독관제도는 노동관계법상의 근로조건을 확보하기 위하여 고용노동부 및 그 소속기관에 배치된 근로조건 준수 등에 대한 감독업무를 담당하는 권한을 가진 근로감독관제도이다. 해상근로의 특수성을 고려하여 선원법 및 선원의 근로관계에 적용되는 근로조건 준수여부 등에 관한 사항을 관장하기 위하여 근로기준법의 근로감독관에 상응하는 선원근로감독관제도를 따로 두고 있는 것이다.

이러한 연장선에서 선원 등 해상근로자의 재해보상은 물론, 관련 교육 및 재활 등에 이르기까지 선원, 나아가 해상노동자 전체의 복지 관련 업무를 주도적으로 추진해 나갈 전담기구의 설치가 반드시 필요하다.

2. 선원복지공단의 설립을 위한 법률(안)

1.1. 입법방안

선원복지공단의 설립에 관한 법률(안)을 마련하는 방법은 두 가지 방안을 고려할 수 있다. 각각의 방안이 갖는 장·단점은 다음과 같다.

첫째, 단행법으로 가칭 「한국해상근로복지공단법」을 제정하는 방안이다. 이 방식은 공단의 설립과 공단의 사업, 구성 및 운영 등에 관하여 독립적으로 규정할 수 있게 된다. 또한, 법 규범 전체를 관통하는 일관된 법 원리를 반영할 수 있어 법 규범의 구조 및 내용을 보다 명확하고 일관성 있게 구성할 수 있다는 장점이 있다. 또한, 특별법으로 운영됨으로써 다른 법률의 제·개정 등에 영향을 주거나 영향을 받는 것이 제한적이라는 점도 있다. 특히 이질적인 법 규범을 하나의 법률에 통합적으로 규정하는데서 오는 법 규범의 비효율을 크게 완화 내지 제거할 수 있다는 정점이 있다.

둘째, 현행 「선원법」을 개정하는 방안이 있을 수 있다. 이 방식은 선원법상 선원고용복지센터의 확대·개편함으로써 기본규정을 두고 필요한 개정(안)을 마련하기 때문에 개정법률(안) 마련이 용이하다는 점이 있다. 즉 현행 선원법 체계에서 벗어나지 않고도 관련 법규범을 마련할 수 있다. 다만, 선원법 내용이 지금보다 더 방대해지게 된다는 것과 선원법 전체를 관통하는 일관된 법원리가 지배하지 않고, 성질이 다른 규범이 혼재함으로써 비효율성을 초래할 염려가 있다.

새로운 법률을 제정할 것인가, 아니면 현행 법률을 개정할 것인가는 설립되는 공단의 사업범위 및 조직규모 등에 따라 결정되어야 할 것이다. 산재된 선원 관련 업무를 공단으로 한꺼번에 일원화 하는 것은 현실적인 한계가 있으며, 선원 관련 업무수행체계의 제반여건과 설립 구상되는 공단의 규모 등을 고려할 때 단행법을 제정하는 것은 현실적으로 한계가 있어 보인다. 또한, 선행사례, 예를 들면, "한국어촌어항공단" 등 유사사례를 고려할 때 종래 조직을 확대·개편하는 것이 현재의 업무의 연속성 등의 면에서 효율적이라고 판단된다.

1.2. 선원법 개정 법률(안)의 주요 내용

선원법 개정 법률(안)의 주요 내용은 다음과 같다.

첫째, 한국선원복지고용센터의 기능과 역할을 확대·개편하여 선원복지공단을 설립하는 것으로 한다(선원법 제142조).

제142조(설립)
① 해양수산부장관은 선원의 복지 증진과 고용 촉진 및 직업안정, 선원의 재해보상사업을 수행하기 위하여 한국해상근로복지공단(이하 "공단"이라 한다)을 설립한다.
② 공단은 법인으로 한다.
③ 공단은 그 주된 사무소의 소재지에서 설립등기를 함으로써 성립한다.
④ 공단은 정관을 변경하려면 해양수산부장관의 인가를 받아야 한다.
⑤ 공단의 해산에 관하여는 따로 법률로 정한다.

둘째, 공단의 주요업무로는 선원재해보상 관련 공제사업 등을 수행토록 하였다(제143조 제1항 각호).

제143조(사업)
① 공단은 다음 각 호의 사업을 한다.
  1. 선원복지 및 선원재해보상 관련 시설의 설치·운영사업
  2. 선원의 구직 및 구인 등록, 국내외 취업 동향과 고용 정보의 수집·
    분석 및 제공
  3. 제94조 내지 제102조의 재해보상 관련 공제사업
  4. 직무상 재해를 입은 선원의 진료·요양 및 재활사업
  5. 국가, 지방자치단체, 그 밖의 공공단체 또는 민간단체로부터 위탁
    받은 선원직업안정사업 및 선원 관련 사업
  6. 해상근로자 및 선박소유자 등 관계자에 대한 교육·훈련 및 관련
    도서 발간·보급·홍보사업
  7. 그밖에 공단의 목적달성을 위하여 필요한 사업으로 정관에서 정
    하는 사업
② 공단은 해양수산부장관의 승인을 받아 제1항에 따른 사업과 관련된
  사업으로서 그 목적을 달성하기 위하여 필요한 수익사업을 할 수 있
  다.

셋째, 공단의 정관은 주무관청인 해양수산부장관의 인가를 받도록 하였다(제143조의2).

제143조의2(정관)
① 공단의 정관은 해양수산부장관의 인가를 받아야 한다. 공단의 정관
  을 변경하는 경우에도 또한 같다.
② 공단의 정관에는 다음과 같은 사항을 기재하여야 한다.
  1. 목적
  2. 명칭
  3. 주된 사무소·지역사무소 및 부설기관 등에 관한 사항
  4. 임원 및 직원에 관한 사항
  5. 이사회에 관한 사항
  6. 업무 및 그 집행에 관한 사항
  7. 재산 및 회계에 관한 사항
  8. 정관의 변경 및 공고의 방법에 관한 사항
  9. 내부규약·규정의 제정 및 개정에 관한 사항

넷째, 공단의 운영과 사업에 필요한 자금 조달방법을 규정하였다(제147조의2).

제147조의2(자금의 조달 등)
① 공단의 운영과 사업에 필요한 자금은 다음 각 호의 방법으로 조달한다.
  1. 정부 또는 정부 외의 자로부터 받은 출연금 또는 보조금·기부금
  2. 공단의 사업수행으로 발생한 수입 및 부대수입
  3. 차입금 및 이입충당금
  4. 잉여금
  5. 그 밖에 수입금
② 제1항 제1호에 따른 정부의 출연금 지급·관리 및 사용에 필요한 사항은 대통령령으로 정한다.

다섯째, 공단과의 유사명칭의 사용금지 및 비밀유지의 의무를 규정하였다(제150조의2 및 제150조의3).

제150조의2(유사명칭의 사용금지) 공단이 아닌 자는 한국해상근로복지공단 또는 이와 유사한 명칭을 사용하지 못한다.

제150조의3(비밀유지의 의무) 공단의 임직원 또는 임직원이었던 사람은 그 직무상 알게 된 비밀을 누설하거나 도용하여서는 아니 된다.

V. 결론

살펴본 바와 같이, 우리나라 선원법의 모범이라 할 수 있는 일본 선원법상 선원재해보상제도는 선원 또는 선원이었던 자의 질병, 부

상, 분만, 실업, 직무상의 사유 또는 통근에 의한 장해나 사망 또는 직무상 사유로 인한 행방불명 등의 사고 및 선원 가족의 질병, 부상, 분만이나 사망 등에 의한 사고에 대하여 급부를 행하는 사회보장제도로써의 기능을 수행한다. 이와 같이 일본에서 선원재해보상보험을 정부가 운영주체가 되어 사회보험으로 운영하고, 특히 육상노동자에 대한 산업재해보상보험 등 각종 사회보험과 분리하여 선원만을 대상으로 하는 제도로 운영하는 이유는 선원에 대한 특별한 배려와 보호가 요청되기 때문이다.

사용자인 선박소유자는 피용자인 선원을 선박이라는 제한된 특수공간에 기반을 둔 해상노동에 종사하게 하고 그에 따른 경제적 이익을 얻게 된다. 따라서 선박소유자는 자신이 얻게 되는 경제적 이익에 대응하여 노동의 대가와 함께 그에 수반하는 위험을 부담하여야 하고, 국가는 이들이 재해로 인해 겪게 되는 경제적·사회적 어려움을 극복하는데 필요한 보상이 원활하게 이루어질 수 있도록 법제도적인 뒷받침을 하는 것이 법의 기초이념인 공평의 관념에 부합하는 것이다. 따라서 선원의 직무상 또는 승무 중 직무 외 재해에 대하여 선박소유자의 무과실책임을 법정하고, 이를 담보될 수 있도록 보험가입이 강제되고 있다. 그러나 살펴본 바와 같이 선원법에서는 재해유형을 법정하고 그 재해유형에 따라 보상기준을 정하고 있을 뿐, 이러한 재해보상을 담보하는 방식은 사회보험(공보험)이 아니라, 민영보험 또는 이와 유사한 공제에 의하도록 하고 있다.

선원법이 추구하는 선원재해보상이 온전하게 이행되기 위해서는 상선원과 어선원을 구분하는 이원적 구조인 선원재해보상체계의 일원화가 선행되어야 하고, 이와 동시에 선원재해보상보험의 운영기관을 일원화하는 작업이 병행되어야 한다. 선원재해보상보험(공제)를 운영하는 조직에 따라 각각 상이한 보상약관이 적용되고 있고, 그에 따라 동일한 재해에 대하여도 적용을 받는 재해보상보험(공제) 유형에 따라 보상내용이 달라지게 된다. 따라서 선원복지공단 설치를 통해 선원재해보상체계를 일원화함으로써 일관성 있는 선원재해보상 체계의 구축과 함께 선원재해보상체계의 전문성을 강화하는 것이 필요하다.

참고문헌

국토해양부 외, 「외국인선원고용실태조사 연구보고서」, 2011.12.

국회입법조사처, 「2015 국정감사 정책자료」, 2015.8.

수협중앙회, 2016년도 선원지원실 업무현황요약, 2016.

일본선원고용촉진센터, 「평성 29년 사업보고」, 2018.

일본선원고용촉진센터, 「SECOJ 사업안내(2017)」, 2017.

한국선원복지고용센터, 「한국선원통계연보」, 2015, 2016, 2017, 2018, 2019, 2020, 2021.

한국선원복지고용센터, 「2018년 한국선원복지고용센터 업무계획」, 2018.1.

한국선원복지고용센터, 「한국선원복지고용센터 중장기 발전계획수립 연구」, 2017. 12.

한국선원복지고용센터, 「한국선원복지고용센터 주요사업 실적」, 2017.

류시전, 「선원재해보상제도의 개선방안에 관한 연구」(고려대학교 노동대학원 석사학위논문, 2013).

목진용, 「선원재해보상과 선박소유자의 재해보상보장제도」『월간 해양수산』 No.104(1993), 한국해양수산개발원.

박용섭, 「주요 해운국의 선원 사회보장제도」『해사법연구』 제8권 제1호(1996), 한국해사법학회.

박은하, 「선원보험 환자의 상병특성과 보험사별 진료비 관리방안」(부산가톨릭대학교 대학원 박사학위논문, 2015).

송윤아·한성원, 「근로자재해보험의 활성화 필요성과 선결과제」『KIRI리포트』(2017), 보험연구원.

이안의, 「선원의 재해보상에 관한 연구 - 편의치적 선박을 중심으로」(연세대학교 대학원 법학박사학위논문, 2015).

최성두, 「선원의 삶의 질 제고를 위한 사회복지행정 개선방안」『한국행정논집』 제18권 제4호(2006), 한국정부학회.

최진이 외, 「항만관리 관련 법률의 문제점 및 개선방안에 관한 연구」『해사법연구』 제23권 제1호(2011), 한국해사법학회.

최진이·김상구, 「화물운송사업자의 직접운송의무 및 직접운송의무 비율제의 문제점과 개선방안 연구」『동아법학』제61권(2013), 동아대학교 법학연구소, 223-247쪽.

최진이. 「항만하역시장의 과당경쟁해소를 위한 항만운송사업법 개선방안에 관한 연구」 『기업법연구』제27권 제1호(2013), 한국기업법학회, 253-274쪽.

최진이. 「컨테이너 터미널 하역요금 인가제가 항만운송시장에 미치는 영향 연구」『지방 정부연구』제19권 제4호(2016), 한국지방정부학회, 71-96쪽.

해외취업 해기사의 외화획득액 실증분석
- 미국선사 Lasco의 사례 -

김성준·한종길

I. 서론

우리나라의 현대 해운업이 불과 반세기만에 세계적인 수준으로 성장하는 데 해기사가 주도적인 역할을 했다는 것은 주지의 사실이다.[01] 이는 1960년대 중반에 시작된 해외취업으로 외화획득 뿐만 아니라 선원선박관리업, 해운대리점업, 선박소유업 등의 연관 산업의 발전을 통해 해운산업의 성장에 '내부경제효과'와 '외부경제효과'를 미쳤기 때문이다. 그 중에서도 해외취업선원의 외화획득은 경제발전 초창기에 절대적으로 필요했던 외화를 제공했다는 점에서 그 경제적 의의가 컸다고 할 수 있다. 1965년부터 1999년까지 해외취업 선원들은 82억 6,178달러를 벌어들였고,[02] 2022년 현재까지도 해외취업을

---

01 손태현, 『한국해운사』(개정판, 효성출판사, 1997), 342쪽.

02 김성준, 「한국 선원 해외취업의 경제적 기여, 1965-1999: 미국 선사 라스코쉬핑의

계속해 오고 있다. 이에 반해 파독 간호사들과 광부들은 1963년부터 1977년까지 14년간 1억 15만달러를 국내로 송금한 데 그쳤다.[03]

선원 송출 회사 차원에서 보면, 산꼬기센(三光汽船)에 한국 선원을 송출했던 천경해운의 경우 1967년부터 1982년까지 1만 8,915명의 선원이 총 1억 4,935만달러의 외화를 벌어들였고,[04] 라스코의 경우 총 1만 4,236명이 1억 6,754만달러의 외화를 벌어들인 것으로 추정되었다.[05]

파독광부나 간호사의 국가경제발전에 대해서는 분석한 것은 다양한 연구가 이루어지고 있는 데 반해, 해외취업 선원의 활동에 대한 분석은 거의 없는 실정이다. 그 이유는 국가적으로 해외취업 선원 개인의 외화 획득액에 대해서는 이렇다 할 통계나 자료가 없고, 미시적으로도 이를 뒷받침할 해외취업 선원 각각의 급여명세서가 남아 있는 것이 거의 없기 때문이다.

그러나 다행스럽게도 라스코에 승선했던 해기사의 급여명세서가 최근 발굴되었다. 이 연구에서는 1978년에서 1992년까지 미국선사인 라스코에 취업했던 한 해기사의 급여명세서와 선원기록부를 분석해 해기사의 평생 임금수입액을 계산해 보고 그 의미를 정리해 볼 것이다.

사례를 중심으로」『해운물류연구』 36권 3호(2020.9), 485쪽.

03   (사)한국파독광부간호사간호조무사연합회, 『파독50년사(1963-2017)』(2017), 175쪽,

04   천경해운, 『천경해운50년사』(2012), 93; 137쪽.

05   김성준, 「한국 선원 해외취업의 경제적 기여, 1965-1999」, 485쪽.

II. 자료의 성격과 종류

미국 포틀랜드에 본사를 둔 철강회사인 Schnitzer Steel이 1963년 고철을 운송하기 위해 설립한 Lasco Shipping은 필리핀 선원으로 선대를 운영하다 1965년부터 협성해운을 통해 한국인 선원을 고용하기 시작하였다. 협성해운 해사부에서 담당했던 선원 송출 업무가 1968년에 11척으로 늘어남에 따라 협성해운은 해사부장 김동화에게 회사를 독립해 운영하도록 하였다. 김동화는 1969년 10월 라스코해운(주)를 설립했는데, 설립자본금을 미국 본사인 Lasco Shipping에 부담케하였다. 이로써 라스코해운(주)는 여타의 선원 송출업체와 달리 본사인 Lasco Shipping의 한국지사로서 선원과 선박 관리를 전담하게 되었다.

이후 한국인 선원의 임금이 상승함에 따라 1989년부터 미얀마와 중국인 선원을 혼승하기 시작하였고, 급기야 1995년에는 Lasco Shipping이 선원과 선박 관리를 Accomarit(V-Ship에 통합)에 이양함에 따라 한국지사인 라스코해운(주)는 1995년 11월 6일 폐업되었다. 폐업 당시 라스코해운(주)의 대표를 맡고 있던 변재철은 JSM 인터내셔날(주)을 1995년 8월 3일 설립하여 라스코쉬핑의 선원 및 선박관리 업무를 Accomarit에 이양하였는데, 1995년부터 1999년까지의 이양기 동안 JSM 인터내셔날의 모든 직원의 임금과 운영비는 Lasco Shipping에서 지급했다. 이는 사명만 바뀌었을 뿐 JSM인터내셔날(주)도 Lasco Shipping의 한국지사로서의 지위를 유지했다고 할 수 있다. 1999년 말 이후 Lasco Shipping과의 사업관계가 단절된 JSM 인터내셔날은 미얀마 선원 공급 시장을 개척해 현재에 이르고 있다.

라스코해운(주)는 선원의 승하선 및 휴가, 기본임금 등을 선원기록부에 기록하여 관리했고, 매달 가족들에게 급여를 송금하면서 급여명세서를 발송하였다. 그러나 JSM인터내셔날(주)이 사무실을 여러 차례 이사하면서 보관 중이던 라스코 관련 선원기록부와 관련 문서들을 파기해 버렸다. 따라서 라스코해운(주)에 고용되었던 선원들의 기록은 파기시 재직했던 개인 몇 명이 보관한 극소수만이 남아 있을 뿐이다. 가족들에게 발송된 급여명세서는 현재까지 남아 있을 가능성이 매우 희박하다. 이런 상황에서 라스코해운(주)의 선박에 승선했던 K씨의 선원기록부와 급여명세서가 현존한다는 것은 해운사 연구에 매우 의미있는 일이다.

K씨의 선원기록부는 두 장으로 구성되어 있으며, 한 장에는 선명과 직책, 기본급, 연가봉, 승하선일, 하선 사유, 승선일수 등이 기록되어 있고, 다른 한 장에는 근속수당(CSB), 휴가수당(V/Allowance), 퇴직수당(R/Allowance) 등이 직책, 지급액과 지급일, 선명 등과 함께 정리되어 있다(<그림 1> 참조). 급여명세서는 선명과 미화 월급, 환율, 원화 환산액, 국민저축, 회비, 세금, 지분액, 송금료, 송금액으로 구성되어 있다. 기타 항목에 동창회비, 성금, 본선가불금 등을 기록하였으나, K씨의 경우 본선가불(onboard pay)은 전 기간 동안 한 차례도 사용하지 않은 것으로 나타났다(<그림 2> 참조).

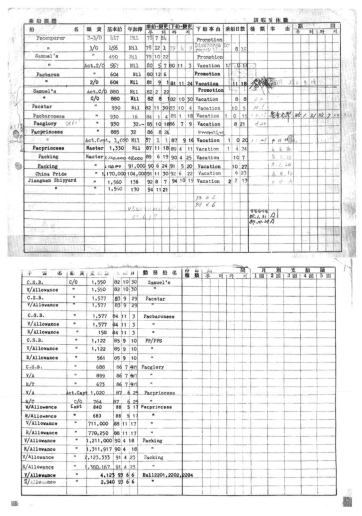

〈그림 1〉 라스코해운의 선원기록부

현재 남아 있는 K씨의 급여명세서와 선원기록의 내역을 정리해 보면 다음과 같다.

① 급여명세서는 1978년 8월부터 1992년 5월까지의 것이다.

② 급여명세서 중 승선근무 6개월분(1980. 7~8, 1987. 9~10, 1988. 7~8)과 육상근무 6개월분(1985. 3~8)은 분실되었다.

③ 임금은 달러 액과 환율, 원화 환산액으로 표기되어 있기도 하고, 일부는 달러 액 표시 없이 원화 환산액만 기록되어 있기도 하다.

④ 선원기록부에는 각 직급별 승하선 날짜와 휴가, 월기본급, 근속수당(CSB), 휴가수당(V/Allowance), 퇴직수당(R/Allowance) 등이 기록되어 있어 각 직급별 기본급과 승급 내역을 확인할 수 있다.

⑤ 승선 첫 달의 급여는 통상 30일 보다 적은 일수를 승선했기 때문에 일반 달에 비해 적고, 하선 달의 급여는 휴가비와 대명비 등이 포함되어 일반 달에 비해 많다.

⑥ 전 기간에 걸쳐 본선가불은 전혀 없다.

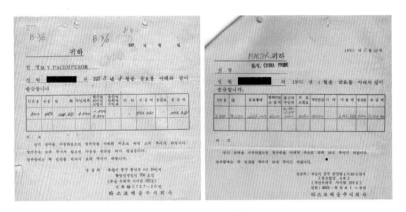

〈그림 2〉 급여명세서

이상과 같은 급여명세서를 바탕으로 K씨의 해외취업 중의 임금수입액을 계산하기 위해서 다음과 같은 기준을 적용하였다.

① 급여명세서가 분실된 달의 급여는 동일 직급의 전달 또는 다음

달의 월 급여로 계산한다.

② 승선 근무 또는 육상 근무 중의 월 급여(세전, 한화 기준)를 가족 수령급(A)으로 하였다.

③ Lasco의 <선원고용규칙>(1984. 9)의 직급별 기준 급여와 비교하였다.

④ 미국본사인 Lasco Shipping의 김영기 부사장, 라스코해운(주)의 변재철 대표, 라스코해운의 전 선장 등의 증언에 따라 가족 수령급(A)의 평균 30%를 본선급(B)으로 수령한 것으로 한다.

⑤ 이상의 기준에 따라 가족수령급(A) + 본선급(B)를 K의 실질 총급여로 한다.

선원기록부와 급여명세서를 바탕으로 K씨의 각 직급별 승선 기간과 휴가 및 육상 근무 기간을 정리해 보면 <표 1>과 같다.

〈표 1〉 K의 직급별 승선 기록

직급	근무 기간	기타
3/O	1978. 7.24-1980. 5.6	휴가: 1979. 4.3 - 10.21
2/O	1980. 5.7-1981. 11.24	견습 2/O: 1980. 5.7 -1980.11.3. 　　　　　　 1980. 12.6 - 1981. 8.31 휴가: 1980.11.4. - 1980.12.5
C/O	1982. 2.22-1986. 12.31	견습 C/O: 1982.2.22 - 1982. 7.31 휴가: 1982. 11.1 - 11.29 　　　　 1983. 10.5 - 1984. 1.3 신조감독: 1985. 1.31 - 9.10

Capt.	1987. 1.1-1992. 6.22	견습 선장: 1987. 1.1 - 9.16 휴가: 1987. 4.26 - 11.17 1989. 4.12 - 6.18 1990. 4.26 - 6.23 1991. 5.21 - 11.29 1992. 6.23 - 8.6 신조감독: 1992. 8.7 - 1994. 10.19

III. 해외취업 해기사의 임금 수입과 외화획득액 분석

위에서 정한 기준에 따라 K씨의 각 직급별 급여를 정리한 것이 <표 2>이다. <표 2>에서 직급별 총수입은 K씨의 가족이 수령한 급여 (A)와 본선에서 K씨가 수령한 본선급(B=A의 30%)을 합산한 것이고, 월평균 급여는 총수입을 승선기간 및 직급별 재직기간으로 각각 나누어 환산한 것이다. 그리고 재직기간의 임금수입은 <표 5>와 같이 한국은행이 발표한 소비자물가 상승분을 고려한 현재가치로 환산하였다.

<표 2> K의 직급별 월급여

직급	승선 기간	총 급여(원)	평균 월급여(원)
3/O	1978. 7.24 - 1979. 4.2	3,800,181 (US$ 7,509)	15개월 승선 중 = 253,345
	1979. 10.22 - 1980. 5.6		18개월 12일 재직 중 =206,531

견습 2/O	1980. 5.7 - 1980. 11.3 1980.12.6. - 1981. 8.31	8,450,007 (US$ 12,953.99)	17개월 14일 승선 중 =483,964
2/O	1981 9. 1 - 1981. 11.24		18개월 15일 재직 중 =456,757
견습 C/O	1982. 2.22 - 1982. 10.30	64,719,965 (US$ 79,462.69)	52개월 4일 승선 중 =1,241,511
C/O	1982. 11.30 - 1983. 10.4		
	1984. 1.4 - 1985. 1.18		58개월 9일 재직 중 =1,110,119
신조감독	1985. 1.31 - 1985. 9.10		
C/O	1985. 10.18 - 1986. 7.9	64,719,965 (US$ 79,462.69)	52개월 4일 승선 중 =1,241,511
	1986. 8.26 - 1986. 12.31		58개월 9일 재직 중 =1,110,119
견습 선장	1987. 1.1 - 1987. 9.16	101,367,874 (US$ 143,575)	53개월 6일 승선 중 =1,905,411
선장	1987. 11.18 - 1989. 4.11		
	1989. 6.19 - 1990. 4.25		65개월 22일재직 중 =1,542,186
	1990. 6.24 - 1991. 5.20		
	1991. 11.30 - 1992. 6.22		
합계		178,338.027 (US$ 243,500.7)	11년 5개월 24일 승선 중 = 1,294,180 13년 5개월 재직 중 = 1,107,690

이를 정리해 보면 다음과 같다.

① 삼항사 직급으로 15개월 동안 배 두 척(Pacemperor, Samuel S)에 승선해 총 380만 181원(2020년 현재가치 3,602만 2,602원)의 임금

을 받아 월평균 25만 3,345원(2020년 현재가치 240만 1,506원)을 벌었다(<표 5> 참조). 이 기간에 3개월 12일 동안 휴가를 보냈으며 휴가기간을 포함한 18개월 12일의 재직기간 동안 삼항사 직급의 월평균 임금은 20만 6,531원(2020년 현재가치 195만 7,750원)이었다.

② 이항사 직급으로 견습이항사 기간을 포함해 총 17개월 14일 동안 배 두 척(Samuel S, Pacbaron)에 승선해 총 845만 7원(2020년 현재가치 3,728만 4,709원)의 임금을 받아 월평균 48만 3,964원(2020년 현재가치 213만 4,702원)을 벌었다. 이 기간에 1월 1일 동안 휴가를 보냈으며, 휴가기간을 포함한 18개월 15일 동안 이항사 직급의 월평균 임금은 45만 6,757원(2020년 현재가치 200만 8,225원)이었다.

③ 일항사 직급으로 견습일항사 기간을 포함해 총 다섯 척(Samuel S, Pacstar, Pacbaroness, Pacglory, Pacprincess)에 승선했고, 신조감독으로 육상근무도 했다. 동 기간 중 총 52개월 4일 동안 근무하는 동안 6,471만 9,965원(2020년 현재가치 2억 7,779만 1,636원)의 임금을 받아 월평균 124만 1,511원(2020년 현재가치 532만 8,518원)을 벌었다. 이 기간에 6개월 5일간의 휴가를 보냈으며, 휴가기간을 포함한 58개월 9일 동안의 재직기간 중 일항사의 월평균임금은 111만 119원(2020년 현재가치 476만 4,865원)이었다.

④ 선장직급으로 53개월 6일 동안 총 다섯 척(Pacprincess-2회 승선, Packing-2회 승선, China Pride)에 승선해 총 1억 136만 7,874원(2020년 현재가치 2억 7,872만 7,954원)의 임금을 받아 월평균 190만 5,411원(2020년 현재가치 523만 9,247원)을 벌었다. 이 기간에

12개월 16일 동안 휴가를 보냈으며, 휴가기간을 포함한 65개월 22일 동안의 재직기간 중 선장직급의 월평균 임금은 154만 2,186원(2020년 현재가치 424만 304원) 이었다.

⑤ 이를 종합해보면, K씨는 1978년 7월부터 1992년 6월까지 총 11년 5개월 24일간 승선하고, 1년 11개월 6일간 휴가를 보냈다. 승선기간 동안 총 1억 7,833만 8,027원(US\$ 243,500.7, 현재가치 환산액 6억 3,971만 6,366)을 벌었으며, 승선기간 중 월평균임금은 129만 4,180원이었고, 휴가기간을 포함한 재직기간 중의 월평균임금은 110만 7,690원이었다.

K씨의 임금수입이 해외취업 해기사의 평생 수입액으로서 의미를 갖기 위해서는 타 사례와의 비교를 통해 타당성을 검증해 보아야 한다. 다행히도 라스코의 취업선원 수와 선원들의 임금 수입액이 발표된 바 있어 K씨의 임금 수입과의 비교를 위한 검증자료로 유용하게 이용할 수 있다. <표 3>은 K의 각 직급별 월평균 임금(K), 라스코해운의 해당 기간 동안 전 선원의 월평균 임금(Lasco), 우리나라 제조업 노동자의 월평균 임금(Worker)을 각각 정리한 것이다. 이를 구체적으로 설명히면 다음괴 같디.

① K열: K씨의 각 직급별 승선 기간, 승선 기간의 월평균 임금(B), 휴가를 포함한 기간의 월평균 임금(V)을 정리한 것이다.
② Lasco열: 라스코 전 선원의 월평균 임금으로 K씨의 경우와 같이 가족불과 가족불의 30%인 본선불을 합친 금액이다.
③ Worker열: 한국은행이 집계한 우리나라 제조업 전체 노동자의

월평균 임금이다.

K씨의 각 직급별 승선 중 월평균 임금을 타 월평균 임금과 비교해 보면 다음과 같은 결과를 얻을 수 있다.

첫째, 삼항사 직급시 월평균 임금은 라스코 전체 월평균임금의 72%이고, 산꼬기센의 전체 월평균임금의 65%지만, 우리나라 전체 노동자 월평균임금의 2.75배 많았다.

둘째, 이항사 직급시 월평균 임금은 라스코 전체 월평균임금의 94%이고, 산꼬기센의 전체 월평균임금의 92%지만, 우리나라 전체 노동자 월평균 임금의 3.9배 많았다.

셋째, 일항사 재직시 월평균 임금은 라스코 전체 월평균임금의 1.66배였고, 전체 노동자 월평균임금의 6.18배였다.

넷째, 선장 재직시월평균 임금은 라스코 전체 월평균 임금의 2.06배였고, 전체 노동자 월평균임금의 4.83배였다.

이를 휴가기간을 포함한 재직기간으로 환산할 경우 K씨의 월평균임금 수준은 승선 중의 임금에 비해 조금씩 하락하게 된다(<표 3> 참조).

<표 3> 월급여 비교

(단위: 원)

기간 (직급)		K	Lasco	Worker	K/L	K/W
1978-1980 (3/O)	B	329,348	452,141	119,702	0.72	2.75
	V	268,490			0.59	2.24

1980–1981 (2/O)	B	629,153	671,262	161,430	0.94	3.90
	V	593,784			0.88	3.68
1982–1986 (C/O)	B	1,613,964	972,455	261,166	1.66	6.18
	V	1,443,154			1.48	5.53
1986–1992 (Capt.)	B	2,477,034	1,201,460	512,498	2.06	4.83
	V	2,000,484			1.66	3.90

출처: Lasco = 김성준(2020a), p. 484 & Worker = 한국은행(1995), p. 11.
* B= Boarding, V=Vacation

〈표 4〉 해외취업선원 K와 현행 국내선사 동일직급의 임금비교

(단위 :원)

기간 (직급)	K(현재가치)	P 해운	P/K
1978–1980 (3/O)	2,401,506	4,383,616	1.825
1980–1981 (2/O)	2,134,702	4,802,225	2.250
1982–1986 (C/O)	5,328,518	7,457,891	1.400
1986–1992(Capt.)	5,239,247	8,217,583	1.568

출처: P해운 내부 자료(2021).

〈표 5〉 1979년무터 2021년까지의 소비자불가상승율(%)

연도	1979	1980	1981	1982	1983	1984
소비자물가상승율	18.3	28.7	21.4	7.2	3.4	2.3
연도	1985	1986	1987	1988	1989	1990
소비자물가상승율	2.5	2.8	3.0	7.1	5.7	8.6
연도	1991	1992	1993	1994	1995	1996

소비자물가상승율	9.3	6.2	4.8	6.3	4.5	4.9
연도	1997	1998	1999	2000	2001	2002
소비자물가상승율	4.4	7.5	0.8	2.3	4.1	2.8
연도	2003	2004	2005	2006	2007	2008
소비자물가상승율	3.5	3.6	2.8	2.2	2.5	4.7
연도	2009	2010	2011	2012	2013	2014
소비자물가상승율	2.8	2.9	4.0	2.2	1.3	1.3
연도	2015	2016	2017	2018	2019	2020
소비자물가상승율	0.7	1.0	1.9	1.5	0.4	0.5
연도	2021					
소비자물가상승율	2.5					

출처: index.go.kr.

* 현재가치 환산식=$W(1+r)(1+r)^2 \cdots (1+r)^n$ (단, W = 임금, r = 물가상승율)

IV. 요약 및 결론

이상의 분석내용을 요약하면 다음과 같다.

① K씨는 1976년 목포해양전문대학 항해과를 졸업하고 2년간 해군에 복무한 뒤, 1978년부터 1992년까지 미국선사인 라스코에 해기사로 승선하였다.

② 이 기간 동안 K씨는 총 1억 7,833만 8,027원(US$ 243,500)의 수입을 획득하였다. 이를 2020년 현재가치로 환산하면 6억 3,971

만 6,366원에 상당한다.

③ 월평균임금으로 환산하면, 승선기간 중(11년 5개월 24일)의 월평균 임금은 129만 4,180원(2020년 현재가치 457만 0,587원)이었고, 재직기간(13년 5개월)의 월평균 임금은 110만 7,690원(2020년 현재가치 391만 1,968원)이었다. 이는 가족들에게 지급된 임금액으로, 본선불 30%를 가산해야 K씨의 실질소득이 된다.

④ 해기사의 각 직급별 승선 중 임금을 비교해 보면, 초급 사관 때는 같은 회사나 타 회사의 전체 선원 평균임금에 미치지 못하지만(65~94%), 고급사관일 경우에는 선원 전체 평균임금을 크게 상회하였다(1.66~2.06배).

해외 취업한 해기사 K씨의 임금을 국내 제조업 노동자의 임금과 비교해 본 결과는 다음과 같다.

① K씨의 실제 수입액을 가족수령액에 본선불로 가족불의 30%을 가산한 것으로 추정한다.

② K씨의 월평균임금은 삼항사 재직시 국내 제조업 노동자 월평균임금의 약 2.2배, 이항사 재직시 약 3.7배, 일항사 재직시 약 5.5배, 선장 재직시 약 3.9배였다. 선장 재직시의 배율이 일항사 재직시 보다 떨어진 것은 선장으로 재직했던 1980년대 후반부터 1990년대 초반 사이에 국내 노동자의 임금 상승률이 해외취업 해기사의 직급간 임금 상승률에 비해 훨씬 컸기 때문이었다.

③ 전체적으로 보았을 때 1978년부터 1992년까지 K씨의 월평균임금은 국내 제조업 노동자의 월평균임금 보다 약 3.8배 많았다.

이와 같은 분석 결과로부터 다음과 같은 의미를 도출할 수 있다.

첫째, 통상 해외취업한 해기사의 임금이 육상 노동자에 비해 3~4배 많았다는 속설이 크게 틀리지 않았음이 구체적인 자료를 통해 실증되었다.

둘째, 같은 기간동안 해기사의 임금상승율을 육상 노동자과 비교해보면, 육상 노동자의 임금 상승률이 훨씬 컸음을 확인할 수 있었다. 2019년 말 기준 제조업 노동자의 월평균임금은 370만 8천원이었는데,[06] 1978~80년에 비해 31배, 1980~1981년에 비해 23배, 1982~1986년에 비해 14.2배, 1986~1992년에 비해 7.2배 각각 상승하였다.

셋째, 이에 반해 K씨의 각 직급별 임금을 2021년 대형선사인 P 사의 각 직급별 임금과 비교할 경우 4.1~16.3배 증가한 데 그쳤다(<표 5> 참조). 이를 소비자물가상승율을 반영한 현재가치로 환산할 경우, 각 직급별로 1.8배(3/O), 2.3배(2/O), 1.4배(C/O), 1.6배(선장) 상승한 데 지나지 않았다.

넷째, 2021년 현재 해기사의 임금(<표 5>)을 2019년 제조업 평균임금과 비교할 경우 초급사관의 경우 1.18~1.3배, 고급사관의 경우 2.0~ 2.2배에 불과하다.

이상의 사실을 통해서 볼 때 과거 선원직으로의 강력한 유인력이었던 육상직 대비 고임금이 이제는 거의 유명무실해졌으며, 이것이 해기사의 이직율이 증가하고, 승선기피 현상이 일반화된 중요한 이유였다는 사실을 실증적으로 확인할 수 있다. 이 연구는 1970년대 말에서 1990년대 초까지 해외선사에 취업한 해기사 1인의 외화수입액

---

06   KOSIS(2020), kosis.kr/https://kosis.kr/statHtml/statHtml.do?orgId=118&tblId=DT_118N_LC E205.(2022년 1월 30일 검색).

을 실증자료를 통해 분석했다는 한계가 있다. 향후 자료 발굴을 통해 1960년대 중반 이후의 각 직급별 해기사의 외화수입액을 분석해 이것이 당시대 우리나라의 경제에 어떠한 영향을 끼쳤는지를 검증하는 계기가 되기를 기대해 본다.

참고문헌

김성준, 「한국 선원 해외취업의 경제적 기여, 1965-1999: 미국 선사 라스코쉬핑의 사례를 중심으로」『해운물류연구』36권 3호(2020.9).

김성준, 『소동주해기』(한국해사문제연구소, 2020).

손태현, 『한국해운사』(개정판, 효성출판사, 1997).

천경해운, 『천경해운50년사』(2012).

한국은행, 『경제통계연보』(1995).

(사)한국파독광부간호사간호조무사연합회, 『파독50년사(1963-2017)』(2017),

index.go.kr. (2022년 1월 20일 검색).

KOSIS(2020), kosis.kr/https://kosis.kr/statHtml/statHtml.do?orgId=118&tblId=DT_118N_LC E205. (2022년 1월 30일 검색).

선원의 해외진출 60년, 성과와 예우방안

최진이

I. 서론

2023년은 선원의 해외취업이 본격적으로 이루어지기 시작한 1964년으로부터 60주년이 되는 해이다.

한일병탄조약(韓日倂呑條約)과 일제(日帝)의 침략전쟁으로 혹독한 침탈(侵奪)의 시기를 지나고, 얼마지 않아 겪은 4년간의 한국전쟁 등 굴곡의 근현대사는 국가의 모든 산업기반을 파괴하였다. 1960년 전후의 대한민국은 정치·사회·경제 등 모든 것이 불안정하고 혼란하였다. 1인당 국민총생산(GNP)이 100달러에도 미치지 못하였으며, 아시아지역에서는 물론, 전 세계적으로도 가장 가난한 나라에 속하였다.[01]

자원빈국이자 산업기반의 부재로 경제개발자금을 자체적으로

---

01 1965년 유엔의 경제통계에 의하면, 1960년대 아시아 국가들의 1인당 국민총생산 (GNP)은 대만 200달러, 태국 113달러, 필리핀 237달러 정도였는데, 우리나라는 이들 국가들에 훨씬 못 미치는 107달러에 불과하였다. 박승, 『한국경제성장론』(일신사, 1969), 15쪽.

확보하기 어려웠던 정부는 당시 전후복구 및 경제발전에 필요한 투자자금의 대부분을 미국의 무상원조에 의존하고 있었다. 그러다가 1960년대 초반부터 미국은 국제수지 악화와 더불어 달러의 국외 유출이 급등하는 등 국내 사정이 어려워지자 제3국에 제공하던 무상원조를 중단하고 이를 유상원조로 전환하게 된다. 미국의 대외원조정책 전환으로 그동안 의존해 오던 무상원조가 급격하게 줄어들게 되자 정부는 다방면으로 경제개발에 필요한 산업자본을 확보하기 위한 정책을 모색하게 된다. 그 중의 하나가 바로 선원, 파독 광부와 간호사, 건설노동자, 베트남전쟁 파병 등 당시 넘쳐나던 국내 유휴 노동력의 해외송출이었다. 정치적 혼란의 시기에 쿠데타(1961.5.16)로 집권한 박정희정권은 심각한 실업문제를 해소하고, 경제개발에 필요한 산업자본을 확보하기 위해 해외로의 인력송출 정책을 적극 추진하였고 이들은 외화획득 도구로 활용되었다. 이러한 해외 인력송출정책은 실업해소는 물론, 경제발전을 통해 정권의 정당성을 평가받으려 했던 당시의 시대 상황과 잘 맞아 떨어진 정책이었다.

해외로의 인력송출은 국가에 의해 기획되고 동원된 '개발독재'의 흔적이기도 하지만, 당시 지구상에서 가장 가난한 나라에서 자신과 가족의 생존을 걱정하면서 살아가던 사람들에게 국가가 정책적으로 지원하는 해외로의 취업기회는 절대적 빈곤과 절망에서 벗어날 수 있는 한 가닥 희망과도 같았을 것이다. 특히 육상노동자에 비해 5배 이상의 고임금을 받을 수 있는 것은 물론이고, 국외 출입이 제한 받던 시대에 자유롭게 외국을 드나들 수 있었던 선원이라는 직업은 당시 많은 사람들의 선망의 대상일 수밖에 없었다.

당시 선원들의 해외취업이 비록 국가에 대한 대단한 사명감으로 어떤 희생이나 고통을 감당하고자 해외취업에 나선 것이 아니라, 가족의 생계와 생존을 위한 개인의 선택이었다고 하더라도 이들의 희생과 기여가 있었기에 오늘날 풍요가 있을 수 있었다는 것을 간과하지 말아야 할 것이다. 경제개발 초기에 해외에 취업한 그들이 벌어들인 노동의 대가가 산업자본으로 종잣돈(seed money)이 되어 오늘날 세계 10위권 경제규모로 성장하는데 대단히 중요한 역할을 하였다는 점은 부인할 수 없다. 그런 점에서 이들의 희생과 노고를 기억하고 다음 세대에 전승(傳承)하기 위한 일련의 방안들을 모색하는 것은 우리 사회에 주어진 책무의 일부라 할 것이다.

이 논문에서는 선원의 해외취업이 국가경제에의 기여를 살펴보고, 이들의 공로와 희생을 사회적으로 공유하기 위해 기념사업 등의 추진을 위한 로드맵을 제안하였다.

II. 선원의 해외진출 연혁 및 현황

우리나라 선원의 본격적인 해외진출은 1964년 이후부터라고 할 수 있지만, 첫 해외진출 사례는 1960년의 일이다. 1960년 1월, 당시 부산항에 입항한 그리스선적 선박(Lamylefs호)의 통신장이 건강상 이유로 불가피하게 하선(下船)하게 되어 선박이 미국으로 회항(回航)하는데 문제가 발생하자, 회항하는 동안 통신장의 직무를 대행할 국적선원(김강웅 통신장)이 임시승선하게 된 것이다.[02] 그러나 이 사례는 선

---

02 해운항만청, 『해운항만청 10년사』(1986), 224쪽; 임시승선기간이 종료한 이후에
    도 그는 성실성과 업무능력을 인정받아 승선계약을 연장하면서 1963년에서야 승

원의 해외진출 효시(嚆矢)이기는 하지만, 선박의 우발적 사고로 인한 선주의 불가피한 선택이었기 때문에 이를 국적 선원의 해외진출 시점으로 일반화 할 수는 없다.

선원의 본격적인 해외진출이 이루어진 시기는 1963년 4월 이후라 할 수 있다. 당시 ㈜서울해운이 대만의 차이나 유니온라인(China Union Line)의 선박(Union Star, 총톤수 4,500톤)을 선체용선(bareboat) 하여 여기에 국적 선원을 승선시켜 동남아시아항로에 취항시킨 바 있다.[03] 그러나 이는 외국선박이기는 하지만, 국내 해운사가 선박을 용선하여 운항한 것이기 때문에 선원의 해외송출이라 할 수는 없다. 그럼에도 불구하고, 국적 선원이 외국적선에 선박단위로 승선한 첫 사례라는 점에서 그 의의가 있다.

선원의 해외송출 개척기라 할 수 있는 1964부터 1965년까지 선원 송출업무는 해기사단체인 대한해기원협회(現한국해기사협회)[04]가 외국 선사의 대리점업무를 겸하면서 선원의 출입국 등 해외취업을 알선하고 선원고용관리업무를 수행하였다. 동 협회는 1964년 2월 처음으로 파나마선적(홍콩 선주)의 룽화(Loong Hwa)호에 28명의 선원을 송출

무를 마치고 귀국하게 된다. 한국해기사협회, 『한국해기사협회 60년사 I』(2014, 91~92쪽).

03 당시에는 선주가 우리나라 선원을 신뢰하지 못해 선원을 직접 고용하였고, 중국인 선장과 기관장을 감독으로 승선시키는 조건으로 선체용선계약을 체결하였는데, 이때 동승한 감독 선장에 의해 우리나라 선원의 우수성이 대만 및 홍콩계 선주들에게 알려지게 되었다고 한다. 김성준 편저, 『희양항해록』(한국해사문제연구소, 2019), 163쪽.

04 1954년 8월 대한해원협회 설립, 1955년 1월 대한해기원협회로 명칭변경, 1966년 4월 한국해기원협회로 명칭변경, 1973년 5월 한국해기사협회로 명칭변경되어 오늘에 이르고 있다. 한국해기사협회, https://www.mariners.or.kr/introduce/intro04.php(검색일: 2022.7.25).

한 것을 시작으로 1965년까지 2년간 10차례에 걸쳐 선원의 해외취업을 실행하였다. 그러나 1965년 후반 무렵, 동 협회의 선원의 해외송출 관련 업무가 설립목적에 부합하지 않는다는 이유로 더 이상 선원송출 업무를 할 수 없도록 하였다. 동 협회를 대신하여 1966년 1월 발족한 '한국선원해외진출진흥회'에서 잠깐 동안 선원송출업무를 전담하기도 하였으나, 1967년부터는 해외이주·해외취업 등 해외인력 진출사업을 전담시키기 위해 당시 보건사회부 산하에 설립된 한국해외개발공사(1965.10.6)[05]로 하여금 부산에 지사를 설치(1967.1.1)하여 선원송출업무를 전담토록 하였다.[06]

2. 해운환경의 변화와 선원의 해외진출

1) 국제해운시장의 환경의 변화

선원의 해외진출 추세를 보면, 1987년에 가장 많은 42,471명을 기록한 이후 차츰 줄어드는 경향을 보이고 있다.[07] 국적 선원의 해외진출이 감소하게 된 요인은 매우 다양하고 복합적이겠지만, 당시의 국내외적인 배경을 몇 가지를 꼽으면 다음과 같은 것들을 들 수 있다.

첫째, 1980년대에 이르기까지 급속한 경제성장에 따른 원화가치

---

05 해외이주나 해외취업 등 해외 인력 진출 사업을 전담하기 위한 민간단체로 창립되었으나, 이후 국가정책사업인 해외인력진출사업을 보다 효율적으로 수행할 수 있도록 1975년 12월 「한국해외개발공사법」을 제정하여 자본금 전액(100억 원)을 정부가 출자하는 특수법인으로 (재)한국해외개발공사를 발족하였으며, 1991년 4월에 「한국국제협력단법」을 제정하여 외교통상부 산하 특수법인 한국국제협력단으로 개편되었다(한국민족문화대백과사전).

06 한국해기사협회, 『한국해기사협회 60년사 I』, 99~109쪽.

07 한국선원고용복지센터, 『한국선원통계연보』(1984-2022) 참조.

상승과 그에 따른 실질소득의 감소를 들 수 있다. 즉 1980년대 중반 이후(1986년 아시안게임을 전후로 하여)에는 경제개발 성과가 사회 전반에 나타나고 있던 시기였다. 육상노동시장에서 고용기회가 확대되고, 과거에 비하여 임금 등 육상에서의 노동조건이 많이 나아졌다. 게다가 경제성장에 힘입어 1980년 중반 이후 달러 대비 원화의 가치가 상승(1986년 3.34%, 1987년 8.72%, 1988년 15.81% 절상)함에 따라 당시 임금을 외화(달러)로 받던 선원들의 실질소득은 오히려 감소하는 효과가 나타났다. 그 결과 선원 이직율이 크게 증가하여 선원 수가 감소하였다.

〈표 1〉 상선 선원의 이직율 추이

(단위: %)

연도	1985	1986	1987	1988	1989	1990
이직율	6.0	10.0	16.5	21.0	26.1	33.5

자료: 한국선원고용복지센터, 『한국선원통계연보』(1985-1991)

둘째, 우리나라 선원의 상대적 고임금화를 들 수 있다. 1980년대는 중국을 비롯하여 필리핀 등 동남아시아국가들에서 많은 선원양성기관을 설립하여 국제해운시장에 저임금의 선원을 대량으로 공급하기 시작한 시기이기도 하다. 즉 우리나라는 그동안의 급속한 경제성장으로 노동시장 전반에 임금의 상승이 있었고, 그로 인해 1980년대 들어서면서부터는 국제해운시장에서 우리나라 선원은 중국과 동남아시아국가의 선원들에 비해 높은 수준의 임금을 받는 상대적 고임

금노동자가 되었다.[08]

(단위: 달러)

국가	연도별 순위			선원비
	1972	1975	1978	
미국	1	1	1	1,800,000
프랑스	-	-	2	1,275,000
스웨덴	4	2	3	1,000,000
덴마크	2	3	4	950,000
서독	5	4	5	912,000
노르웨이	3	5	6	850/990,000
⋮	⋮	⋮	⋮	⋮
일본	9	8	9	800,000
⋮		⋮	⋮	⋮
홍콩	-		14	325,000
대만	-		15	250/300,000
필리핀	11		16	250/300,000
한국	-		17	215,000

자료: Galbraith's Shipping Advisory Service(1987)

---

08 김규태, 『한국선원 해외취업 환경 변화에 따른 고용유지에 관한 연구』(동아대학교 경영대학원 석사학위논문, 1990), 42쪽. 그러나 1980년대 들어서면서 임금이 역전(逆轉)되었는데, 선장, 1항사, 통신장, 기관장, 1기사, 부원의 경우 월평균임금이 필리핀 선원, 중국 선원들에 비해 높았고, 이들을 제외한 나머지 해기사와 부원인 선원들의 임금수준은 많기도 하고 적기도 한 것으로 나타났다. 해운항만청, 『선원근로실태현황』(1987.6).

그러나 1980년대 중반 이후에는 역전되어 필리핀 선원, 중국 선원 등 아시아 국가들의 선원임금이 우리나라 선원임금의 약60-80% 수준으로 되었다.[09] 따라서 해외선사들은 선원비 절감을 위해 선원 수급처를 우리나라 선원보다 상대적으로 저임금 국가인 중국이나 필리핀, 미얀마 등 동남아시아국가의 선원으로 대체하기 시작하였다.[10] 우리나라 선원의 해외진출이 감소한 주요 원인의 하나라 할 수 있다.

<표-3> 1986년 선원의 월평균임금 비교(건화물선 기준)

(단위: 달러)

구분	직급	한국 선원	필리핀 선원	중국 선원
해기사	선장	2,272.5	1,600.0	1,601.6
	1항사	1386.4	1,040.4	1,216.8
	2항사	879.3	780.0	962.0
	3항사	678.5	585.0	704.6
	기관장	2,281.6	1,400.0	1,537.9
	1기사	1,329.7	1,040.0	704.6
	2기사	877.0	780.0	962.0

---

09   Galbraith's Shipping Advisory Service(1987); 김규태, 위의 논문 42쪽.

10   1970년대 2차례(1973-1974, 1979-1981) 오일쇼크를 겪으면서 초래된 세계경제의 불황은 1980년대에도 이어져 해운운임은 심각한 수준으로 하락함에 따라 해외선사들은 생존을 위해 계선(繫船)을 포함한 다양한 관리비 절감방안을 강구하게 되는데, 편의치적과 저임금 선원의 고용도 그 중의 하나였다. 따라서 한국 선원의 임금이 상승하게 되면서 동남아시아국가의 선원으로 대체되는 것은 자연스러운 현상이었다.

해기사	3기사	677.3	585.0	704.6.
	통신장	1,318.4	780.0	962.0
부원	갑판장	900.8	520.0	487.5
	갑판수	650.1	390.0	435.5
	갑판원	452.7	325.0	-
	조기장	874.7	390.0	435.5
	조기수	608.1	520.0	513.5

자료: 해운항만청, 『선원근로실태현황』(1987.6)

셋째, 컨테이너선의 증가와 선박의 대형화에 따른 승선 정원의 감축현상을 들 수 있다. 컨테이너선의 경우 일반화물선에 비하여 승선 인원이 적기 때문에 해상운송시장에 컨테이너선박이 증가함에 따라 국제해운시장에서 선원의 수요가 감소하게 되었다. 더불어 선박의 대형화로 선원 1인당 화물 수송능력은 증가하는데 비해 당시 물동량은 크게 증가하지 않고 제한적이기 때문에 선원의 수요는 감소할 수밖에 없었다.

〈표-4〉 컨테이너선의 선원 1인당 수송능력

구분	건조연도	선형(A)	선원 수(B)	수송능력(A/B)
Alaska Maru	1973	1,807TEU	27명	33.9%
shin-Kashu Maru	1981	1,834TEU	18명	101.9%
C-9 Class(APL)	1982	2,900TEU	21명	138.1%
Hakone Maru	1983	1,868TEU	16명	116.8%

Machinac Bridge	1986	2,875TEU	15명	191.7%
C-10 Class(APL)	1988	3,900TEU	21명	162.5%

자료: APL, 『Annual Report』(1987).

2) 선원의 해외취업 추이

1964년 당시 선원해외송출을 담당했던 대한해기원협회를 통해 192명의 선원이 해외진출을 하였고, 그 다음해인 1965년에는 300% 이상 증가한 781명의 선원이 해외진출을 하였다. 그리고 10년째 되는 1973년에는 해외진출 첫해에 비해 4,000% 이상 증가한 8,088명의 선원이 해외로 진출하였다. 1975년에는 처음으로 1만명을 넘어섰고, 1980년에는 2만명을 넘어섰으며, 그로부터 불과 3년이 지난 1983년에는 3만명을 넘어섰다. 이러한 선원의 해외진출 증가세는 1987년까지 이어졌다.[11]

2021년 말 기준으로 선원수첩 소지자 61,156명 중 32,510명의 선원(예비원 포함)이 취업 중이고, 그 중에서 2,173명(상선1,863명, 어선310명)은 외국적선에 취업하고 있다.[12] 이는 전체 취업선원의 약6.7%에

---

[11] 선원의 해외진출이 시작된 1964년 이후 5년이 지난 1969년 말에는 그 수가 14배 증가하여 국적선의 선원수급 문제가 발생하였고, 국내 선사간에 해기사 영입 경쟁이 일어나게 된다. 이에 정부는 1970년 한국해양대 본과 졸업생 해기사에 대하여 「한국해양대학교 설치령」(제26조)에서 정한 취업의무규정을 적용하여 3년간 국적선 승선의무를 부과하는 등 해외취업을 제한하였고, 1971년 9월에는 해외취업의 전면적인 동결조치를 취하기도 하였다. 해운항만청, 『해운항만청 10년사』, 212~213쪽.

[12] 1970년 이후 정부가 취했던 선원의 해외진출 제한조치가 1984년 이후 다시 완전

해당한다.

<표-5> 국적선원 취업현황 추이

	1990	1995	2000	2005	2010	2015	2020	2021
합계	105,667	63,372	52,172	40,176	38,758	36,976	33,565	32,510
국적선	69,224	51,239	45,797	35,939	34,970	33,975	31,035	30,337
상선	15,952	15,414	14,682	15,444	17,139	17,155	16,060	15,652
어선	53,272	35,825	31,115	20,495	17,831	16,820	14,975	14,685
해취선	36,443	12,133	6,375	4,237	3,788	3,001	2,530	2,173

아래 <표-6>에서 보는 바와 같이, 선원의 해외진출은 1987년을 정점으로 꾸준히 감소하여 지금은 1967년 수준을 밑돌고 있다.

<표-6> 연도별 선원의 해외취업 현황

연도	1964	1965	1966	1967	1968	1969	1970	1971	1972	1973
인원(명)	192	781	518	2,340	2,655	2,764	3,437	5,764	7,496	8,088

연도	1974	1975	1976	1977	1978	1979	1980	1981	1982	1983
인원(명)	8,140	10,128	12,176	13,462	17,321	18,786	20,392	24,937	29,719	31,015

연도	1984	1985	1986	1987	1988	1989	1990	1991	1992	1993

히 해제되었지만, 1981년 이후 세계적인 해운불황이 심화되면서 해외진출은 현저하게 둔화되었다. 2021년에는 2,173명으로 1987년의 약5% 수준이다.

인원(명)	33,933	36,910	39,441	42,471	40,636	36,807	36,443	28,596	22,591	18,739

연도	1994	1995	1996	1997	1998	1999	2000	2001	2002	2003
인원(명)	15,451	12,133	9,504	8,006	7,691	7,187	6,375	5,699	5,188	5,035

연도	2004	2005	2006	2007	2008	2009	2010	2011	2012	2013
인원(명)	4,676	4,237	4,154	4,100	4,212	4,172	3,788	3,577	3,551	3,402

연도	2014	2015	2016	2017	2018	2019	2020	2021
인원(명)	3,109	3,001	3,198	3,228	2,956	2,909	2,530	2,173

주) 예비원은 제외한 인원임.
자료: 해운항만청, 『해운항만청 10년사』(1986), 225쪽; 한국선원복지고용센터, 각 연도별 『한국선원통계연보』(1984-2022) 참고.

〈표-7〉 기간별 해외취업선원 규모

기간	'64-'69	'70-'79	'80-'89	'90-'99	'00-'09	'10-'19	'20-'21
인원(명)	9,250	104,798	336,261	166,341	47,848	32,719	4,703

자료: 해운항만청, 『해운항만청 10년사』(1986); 한국선원복지고용센터, 『한국선원통계연보』(1984-2022) 참고.

　　지금은 경제규모의 성장 및 해상노동시장의 변화, 그리고 국내 산업구조의 변화 등으로 선원의 해외진출은 크게 감소하였지만, 대외의존도가 높은 국가경제 현실에서 선원은 여전히 국가경제에 없어서는 안되는 필수인력이다. 그럼에도 불구하고, 우리 사회의 선원에 대한 직업적 선입견과 경시풍조는 점점 고착화 되어 왔으며, 이러한 선원에 대한 비우호적인 사회인식은 세대를 이어 대물림되고 있다.

III. 선원의 해외진출 성과평가

1. 선원의 해외진출에 따른 성과

선원의 해외진출은 우시나라의 경제, 사회, 문화 모든 영역에 커다란 영향을 미쳤다. 그 중에서 그들의 노동의 대가가 무엇보다 당시 절실했던 산업자본으로 활용됨으로써 국가경제에 기여한 바가 가장 크다. 선원의 해외진출의 성과를 몇 가지를 정리하면 다음과 같다.

먼저, 선원의 해외진출은 국내 노동시장의 실업해소에 커다란 기여를 하였다. 주요 해운국의 경우 자본의 축적을 기반으로 선박을 확보한 상태에서 해기교육기관을 설립하고 해기사를 양성했지만, 우리나라의 경우 이러한 과정 없이 해기교육기관을 설립하여 해기사 교육 및 훈련을 실시하였다.[13] 그러나 이들을 수용할 수 있는 선박이 없었는데, 이러한 문제를 해결할 수 있었던 것이 해외진출이었다. 당시 전체 국내 취업선원의 3-4배에 달하는 선원이 해외로 진출함으로써 1960년대 초까지 공급과잉에 있던 해기사의 취업난을 해소했을 뿐만 아니라, 국내 노동시장 전반의 실업해소는 물론, 국적 선원의 우수성을 인정받아 국적 선원의 외국적선 고용을 확대시켰다.

둘째, 선원의 해외진출은 다양한 선종(船種)의 운항기술을 습득하여 국내 해운산업 발단에 커다란 기여를 하였다. 당시 최신 장비와 새로운 기술이 접목된 외국적선에 승선하여 새로운 항해기술 및 해운기술을 습득함으로써 우리나라의 해운산업 발전에 커다란 기여를 하였다. 1970년 중반 이후 국내 해운산업이 양적으로 팽창하면서 초

---

13 박용섭, 「우리나라 선원의 해외취업효과와 문제에 관한 개념적 고찰」, 『해운산업연구』 제22호(한국해양수산개발원, 1986. 7), 13쪽.

대형 탱커, LPG선, 정유선, 고속 컨테이너선 등 첨단기술과 장비를
갖춘 다양한 선박들이 도입되었다. 해외취업선원이 다양한 선종에
승선한 경험을 바탕으로 습득한 운항기술이 있었기 때문에 이들 선
박을 운항하는데 큰 문제가 없었다. 이러한 선박운항기술은 경제개
발 초기 대외의존도 높은 경제정책을 성공적으로 추진할 수 있었던
산업기반이 되었다.

셋째, 선원의 해외진출은 국내 조선업이 성장하는데 커다란 기여
를 하였다. 1970년대 조선업은 정부의 중화학공업 정책에 힘입어 시
설능력이 크게 확장된 상태였다. 그러나 1973년, 1979년에 발생한 두
차례의 오일쇼크로 조선업 진흥정책 초기에 세계 해운경기가 급속히
위축되어 국내 조선업에 심각한 위기가 발생하였다. 이때 국적선원
을 고용한 외국의 해운회사가 국적선원을 연결고리로 국내 조선소에
선박수리를 맡겼으며, 세계적으로 국내 조선소의 선박조선능력을 인
정받는 계기가 되었다. 이후 선박수리는 물론, 선박건조발주까지 이
어져 신종 선박의 건조기술을 축적할 수 있는 등 세계경제불황에도
불구하고, 국내 조선업이 국제경쟁력을 확보하는데 해외취업선원은
중요한 역할을 하였다.

넷째, 경제개발에 필요한 산업자본으로 순수하게 100% 활용할
수 있는 외화를 벌어들여 국제수지개선에 크게 기여하였다.[14] 선원의

14　1960년대 제1차 경제개발 5개년 계획(1962-1966)을 추진하는 과정에서 정부의 외
화(달러)에 대한 절실함을 확인할 수 있다. 당시 투자자금의 부족으로 제1차 경제
개발계획의 성장목표치를 하향조정 할 수밖에 없었던 정부는 외화를 획득하는데
정책을 집중하였다. 당시 극심한 국민의 반대여론에도 불구하고, 베트남전 파병과
일본과의 국교 정상화를 강행한 것도 그 배경에는 경제개발에 필요한 재원확보의
필요성 때문이다. 경제개발자금을 확보하지 못하면 경제성장은 물론, 쿠데타로 집
권한 정권의 정당성도 심각한 위기에 놓이게 될 것이라는 인식이 반영된 것이라 할

해외진출 이후 벌어들인 외화규모를 각 연대별로 산출해보면, 1964년부터 1969년까지 6년간 선원의 해외진출로 벌어들인 외화는 약 17.6백만 달러인데, 이는 같은 기간 당시 국내총생산(GDP)의 약0.08-0.09%에 해당하는 액수이다.

〈표-8〉 연도별 해외취업선원의 외화송금액

(단위: 백만 $)

연도	1964	1965	1966	1967	1968	1969	1970	1971	1972	1973
금액	0.6	1.5	1.9	3.4	4.6	5.6	7.4	10.7	25.1	27.9

연도	1974	1975	1976	1977	1978	1979	1980	1981	1982	1983
금액	31.2	48.4	70.9	88.3	115.9	137.4	166.7	254.8	298.5	335.8

연도	1984	1985	1986	1987	1988	1989	1990	1991	1992	1993
금액	372.7	406.3	431.1	468.9	515.8	530.3	535.4	535.9	490.5	466.1

연도	1994	1995	1996	1997	1998	1999	2000	2001	2002	2003
금액	428.9	398.9	372	354.3	319.4	319.3	311.4	299.5	294	310.7

연도	2004	2005	2006	2007	2008	2009	2010	2011	2012	2013
금액	317.9	354.3	400.5	490.9	577.9	641.8	633.3	674.5	718.9	778.6

연도	2014	2015	2016	2017	2018	2019	2020	2021
금액	828.9	840.9	788	789.3	759.9	668.7	615.3	578.3

주) 소수점 둘째자리에서 반올림.
자료: 해운항만청, 『해운항만청 10년사』(1986), 225쪽; 한국선원복지고용센터, 각 연도별 『한국선원통계연보』(1984-2022) 를 참고하여 작성.

것이다. Young Jo Lee(1990), 『Legitimation, accumulation, and exclusionary authoritarianism』, Ph. D Dissertation, Harvard University, pp.242~253.

1970년부터 1979년까지 10년 동안에는 약563.2백만 달러를 송금하였는데, 이는 같은 기간 당시 국내총생산(GDP)의 약0.09-0.24%에 해당하는 액수이다. 한편, 이들의 외화송금 규모가 국내총생산(GDP)에서 차지하는 비중이 가장 높았던 시기는 1980년부터 1989년 사이로 약3,780.9백만 달러이며, 이는 같은 기간 당시 국내총생산(GDP)의 약0.26-0.41%에 해당하는 액수이다.

〈표-9〉 기간별 해외취업선원의 외화송금액

(단위: 백만 $)

기간	’64-’69	’70-’79	’80-’89	’90-’99	’00-’09	’10-’19	’20-’21
금액	17.6	563.2	3,780.9	4,220.7	3,998.9	7,481	1,193.6

자료: 해운항만청, 『해운항만청 10년사』(1986); 한국선원복지고용센터, 각 연도별 『한국선원통계연보』(1984-2022)를 참고하여 작성.

오늘날 해외취업선원의 규모와 이들이 벌어들인 외화의 GDP대비 비중은 1960-70년대에 비하면 크게 줄어들기는 하였지만, 경제적 기반이 부재했던 당시에는 해외취업을 통해 벌어들인 선원의 노동대가가 산업자본 역할을 톡톡히 할 수 있었다. 이는 우리나라가 오늘날 세계 10위권 경제규모로 성장할 수 있었던 발판이 되었다. 2021년 말 기준 해외취업선원의 수는 1987년의 5%에 불과하지만, 이들이 벌어들인 외화는 578.3백만 달러로 1987년(468.9백만 달러) 보다 오히려 많다. 그럼에도 불구하고, 국가경제에 가장 큰 기여를 한 시기는 산업화 자본이 가장 절실했던 1970년대부터 1980년대까지 유입된 외화(GDP 대비 최대 0.41%를 차지)이다.

<표-10> 1인당 국민총생산(GNP)

(단위: US $)

연도	1964	1965	1966	1967	1968	1969	1970	1971	1972	1973
금액	130	130	140	150	190	240	280	310	340	430

연도	1974	1975	1976	1977	1978	1979	1980	1981	1982	1983
금액	550	660	810	970	1,280	1,680	1,870	2,030	2,050	2,170

연도	1984	1985	1986	1987	1988	1989	1990	1991	1992	1993
금액	2,340	2,480	2,850	3,530	4,520	5,380	6,450	7,570	8,310	9,010

연도	1994	1995	1996	1997	1998	1999	2000	2001	2002	2003
금액	10,090	11,820	13,320	13,550	10,330	10,430	11,030	11,950	12,850	13,790

연도	2004	2005	2006	2007	2008	2009	2010	2011	2012	2013
금액	16,200	18,520	20,800	23,440	23,860	22,040	22,290	23,590	25,660	26,980

연도	2014	2015	2016	2017	2018	2019	2020			
금액	28,160	28,720	29,330	30,300	32,730	33,790	32,860			

자료: KOSIS국가통계포털, https://kosis.kr/statHtml/statHtml.do?orgId=101&tblId=DT_2AS017 &conn_path=I3(검색일: 2022.7.25).

2. 파독 광부 및 간호사의 사례

해외취업선원과 함께 파독 인력송출은 국가 산업화에 커다란 영향을 미친 사건의 하나이다. 광부와 간호사의 독일 송출은 1963년부터 1977년까지 15년간 1차, 2차로 나누어 보내졌다.

1차로 1963년부터 1966년까지 2,711명(광부 2,519명, 간호사 1,245명)을 송출하였고, 2차는 1970년 3,022명(광부 1,305명, 간호사 1,717명)을 송출한 이후 1977년까지 12,835명(광부 5,397명, 간호사 7,438명)이 송출되었다. 이로써 1963년부터 1977년까지 총17,968명(광부 7,936명, 간호사 7,438명)을 송출하였다.

〈표-11〉 연도별 직종별 파독 광부간호사 현황

(단위: 명)

연도	1963	1964	1965	1966	1967	1968	1969	1970
광부	247	806	1,180	286	7	3	10	1,305
간호사	-	-	18	1,227	421	91	837	1,717

연도	1971	1972	1973	1974	1975	1976	1977	합계
광부	982	71	842	1,088	-	314	795	7,936
간호사	1,363	1,449	1,182	1,206	459	62	-	10,032

자료: 최진이, 「파독노동자, 그들은 국가산업화의 유공자인가」, 「독일통일 30주년기념 -부산의 독일문화유산 활용방안」(2020.8.11) 발표자료

독일로 송출된 인력(광부, 간호사, 기타)들이 1963년부터 1977년까지 15년간 국내로 송금한 외화(달러) 규모는 총101.4백만 달러정도이다(<표-11> 참조).

〈표-12〉 파독노동자 연도별 국내 송금액

(단위: 백만 $)

연도	1964	1965	1966	1967	1968	1969	1970
금액	0.1	2.7	4.8	5.8	2.1	1.2	3.3

연도	1971	1972	1973	1974	1975	합계	
금액	6.6	8.3	14.2	24.5	27.7	101.4	

주) 1971-1975년에는 광부, 간호사 외에 기타 파독인력 송금액 합산됨.
자료: 최진이(2020.8), 위의 발표자료.

파독노동자와 해외취업선원의 외화가득 총액을 보면, 인력송출 초창기 3년(1965-1967)을 제외하면, 해외취업선원의 외화가득액이 파독노동자의 그것에 비하여 압도적으로 많은 것을 확인 할 수 있다(<표-8> 및 <표-12> 참조). 1968년에 그 액수가 역전되어 해외취업선원의 외화가득액(약4.6백만 달러)이 파독노동자(광부, 간호사)의 외화가득액(약2.1백만 달러)을 2배 이상 초과하는 것으로 나타난다. 한편, 광부와 간호사의 독일 송출 전체기간(1964-1977) 동안의 외화가득 총액은 약101백만 달러 정도이지만, 같은 기간 동안 선원이 해외진출하여 국내로 송금한 외화총액은 약327.5백만 달러로 파독노동자의 3배를 넘는 액수이다. 이처럼 외화가득 규모를 단순 비교하더라도, 해외진출 선원의 국가경제에 대한 기여는 더욱 선명해진다.

IV. 선원 해외진출 60년, 선원 예우 추진로드맵

기념사업 등 선원 예우 관련 사업은 단순 일회성 사업이 아니라, 연속성을 가지며 지속적으로 추진될 필요가 있다. 이를 위해서는 추진 로드맵을 마련하고 단계별 실행계획을 통해 세부적인 사업들을 실천해 나가야 한다. 단계별 추진사항은 다음과 같은 것들을 들 수 있다.

1. 국가 기여에 대한 실체 규명

선원 기념사업에 대한 국가적 지원을 이끌어 내기 위해서는 선원의 해외진출이 갖는 공공성을 뒷받침 할 수 있는 자료의 조사 및 발굴, 그리고 선원의 국가적 기여에 대한 실체적 연구를 통해 그 성과들을 구체화하는 작업과 함께 체계적으로 분류하고 정리하는 작업이 필요하다. 그 결과를 바탕으로 "진실/화해를 위한 과거사 정리위원회"를 통한 해외취업선원의 한국경제발전에 대한 기여 진실규명 요청할 수 있을 것이다.

먼저, 선원의 해외진출이 갖는 공공성에 관하여는, 선원의 해외취업이 단순히 개인 차원의 필요에 의한 측면구직활동이 아니라, 국가의 필요에 의해 정책적으로 이루어졌다는 것을 관련자의 구술 또는 문헌자료 등을 통해 확인할 필요가 있다. 특히 당시 선원송출업무를 수행했었던 한국선원해외진출진흥회(1976년)에 관한 기록은 거의 없기 때문에 이에 관한 구술자료가 매우 중요하며, 한국해외개발공사(現한국국제협력단)의 선원송출 관련 기록, 당시 정부의 「해외인력진출사업계획(노동청)」 등 관련 자료들을 조사·발굴하는 것도 선원의 해외송출에 대한 공공성을 뒷받침 하는데 대단히 중요한 작업이다.

그리고 선원의 국가적 기여에 대한 실체를 규명하는 것과 관련하여서는, 산학이 연계하는 학술세미나, 학술대회 등을 통해 관련 정보와 자료를 공유하고, 그 연구성과를 사회적으로 확산함으로써 대국민 공감대를 형성해나갈 필요가 있다.

이러한 선원의 국가적 기여에 대한 실체규명 연구의 성과들은 국가("진실/화해를 위한 과거사 정리위원회")로 하여금 해외취업선원이 한국경제발전에 기여한 공로를 규명해 줄 것을 요청할 수 있는 실질적 근거가 될 것이다(과거사정리법 제2조 제1항 및 제23조 제1항 참조).[15]

---

15 2006년 11월, 1960~70년대 파독 광부·간호사들의 월급을 담보로 해서 한국정부가 독일정부로부터 차관을 얻고, 광부·간호사들이 임금을 고국으로 송금함으로써

2. 사서 등 발간

국가적으로 의미 있는 특정한 사건 또는 사실들에 대한 사회적이고 집단적인 기억은 개인의 기억이나 우연적인 요소들에 의해 만들어지는 것이 아니라, 사회공동체의 신념과 가치, 의례와 제도를 통해 우리 사회에 조형화되어지고, 필요한 경우에는 박물관, 기념관, 전시관(이하 "기념관 등") 등과 같은 기억의 장소를 통하여 사회 속에서 각인되어진다.

선원이라는 산업집단의 국가에 대한 공로와 기여를 우리 사회에 조형화하여 그들의 노고(勞苦)에 대한 기억이 후세대까지 영구히 전달될 수 있도록 하여야 한다. 이를 위해서는 한국 근현대 선원에 관한 조사 및 연구를 통하여 우리 사회가 기억해야할 역사적·문화적 가치 있는 선원 관련 기록을 발굴하여야 하고, 그 기록들을 체계적으로 정리하는 사서(史書)의 발간과 함께 그들의 공로를 기억하고 기념할 수 있는 공간을 마련할 필요가 있다. 이러한 기억의 방법과 기억의 공간으로서의 기념관 등은 우리 사회와 선원이라는 산업집단의 중요한 의미 있는 역사적·문화적 가치를 기록하고, 후세에 이를 전승하는 가교(架橋)의 장이 될 것이다.

또한, 사서와 기념관 등 기업의 공간을 통해 선원의 역사를 기록

한국의 경제발전에 직·간접적으로 기여한 바, 이에 대한 진실규명을 통해 독일 현지 유학생이나 상사 직원들 혹은 여행자들의 파독 광부·간호사에 대한 잘못된 인식을 바로잡고, 자식들에게 당당한 모습으로 남을 수 있도록 진실을 규명해 줄 것을 요청하였다. 이에 민족독립규명위원회는 예비조사를 거쳐, 2007년 4월 5일 제 28차 소위원회에서 조사개시를 결정하고, 2008년 8월 5일, 이들의 요청 건에 대한 그들의 공로를 인정하였다. 진실화해를 위한 과거사 정리위원회, 「파독 광부·간호사의 한국경제발전에 대한 기여의 건」, 『2008년 하반기 조사보고서』(2009), 173~257쪽.

하고 재현함으로써 기억의 소멸을 방지하는 것은 물론, 기념관 등은 유·무형의 전시물을 통한 교육과 기념 및 추모의 공간을 넘어 선원이라는 산업집단의 국가적 위상을 창출함으로써 해운산업의 발전에도 기여할 것이다.

3. 기념사업 추진 등을 위한 법적 기반 마련

선원 예우 사업은 '선원사' 발간, 기념관 등의 건립으로 끝나는 단순 이벤트성 사업에 그치지 않고, 선원 관련 역사적 자료의 발굴·수집·보존·관리·전시, 조사·연구 등 학술활동 및 교육·홍보, 국제교류 등의 사업이 지속적으로 추진될 수 있어야 한다.

그러나 이는 직접 당사자인 선원과 그 관련 단체의 노력만으로는 한계가 있다. 즉 학술활동 및 교육·홍보, 국제교류 등 다양한 사업들을 준비하고 추진할 조직(단체)이 구성되어야 하고 정부의 재정 및 행정적 지원을 이끌어 내기 위한 법적 근거를 마련하는 것이 필요하다.

파독노동자의 정부 지원근거인 「파독 광부·간호사·간호조무사에 대한 지원 및 기념사업에 관한 법률(파독광부간호사법)」제정(2020.6.9) 사례를 참고할 만하다. 정부는 1961년에 체결된 「대한민국 정부와 독일연방공화국간의 경제 및 기술원조에 관한 의정서」, 1963년에 체결된 「한국 광부의 임시 고용계획에 관한 협정」에 따라 독일에 진출하여 임금을 목적으로 근로를 제공한 광부, 1966년부터 한국해외개발공사를 통한 알선과 1969년에 체결된 「한국해외개발공사와 독일 병원협회 간 협정」에 따라 독일에 진출하여 임금을 목적으로 근로를 제공한 간호사 및 간호조무사의 노고와 희생을 기념하고 국가경제 발전에 기여한 이들의 공로에 걸맞는 기념사업 및 지원이 이루어질 수

있도록 「파독광부간호사법」을 제정하였다(법제처).[16]

그럼에도 불구하고, 국가경제에 더 많은 기여를 하고 현역에서 은퇴한 해외취업선원의 노고에 대한 예우와 지원사업에 대하여 정부는 외면하고 있다. 법률에서는 지원대상자 범위, 지원대상자에 대한 지원내용, 지원사업의 범위, 지원의 방법(재정 및 행정지원), 업무위탁 등에 관한 사항을 포함하여야 할 것이다.

먼저, 지원대상자 범위는 한국선원해외진출진흥회, 한국해외개발공사 등에 의해 해외진출한 선원을 그 주요 대상이 될 것이다.

둘째, 지원사업의 범위는 다음과 같은 것들을 들 수 있다.

(1) 기념관 건립 등 기념사업

(2) 역사적 자료의 수집·보존·관리·전시 및 조사·연구

(3) 교육·홍보 및 학술활동

(4) 국제교류, 공동조사 등 국내외 활동

(5) 그 밖에 제1호부터 제4호까지의 사업에 부수되는 사업

셋째, 지원사업을 수행하는 경우 필요한 재정적 또는 행정적 지원을 할 수 있도록 하여야 한다.

---

16 「파독광부간호사법」은 (1) 1961년에 체결된 「대한민국 정부와 독일연방공화국간의 경제 및 기술원조에 관한 의정서」, 1963년 12월 체결된 「한국 광부의 임시 고용계획에 관한 협정」에 따라 1963년 12월 21일부터 1977년 12월 31일까지 독일에 진출하여 임금을 목적으로 근로를 제공한 광부, (2) 1966년 1월 29일부터 한국해외개발공사를 통한 알선과 1969년 8월 체결된 「한국해외개발공사와 독일 병원협회 간 협정」에 따라 1976년 12월 31일까지 독일에 진출하여 임금을 목적으로 근로를 제공한 간호사 및 간호조무사를 지원대상으로 하고 있다(제2조 각호).

V. 결론

"법은 공기와 같다." 법과 사회의 불가분 관계를 나타낼 때 흔히 사용하는 법격언이다. 사람이 숨을 쉬려면 공기가 반드시 필요하지만, 공기는 너무나도 당연히 자연스럽게 우리 일상에 스며들어 있기 때문에 우리는 그것의 소중함을 실감하지 못한다. 선원이 바로 그러하다.

국적 선원의 해외진출은 해운산업의 발전과정에서 사적(私的)으로는 경제적으로 부(富)를 축적할 수 있는 기회가 되기도 하였지만, 국가 차원으로 보면 이들이 노동의 대가로 벌어들인 달러는 경제개발 초기에 필요했던 산업자본으로 활용됨으로써 그 어떤 직업군보다 국가산업화에 크게 일조(一助)하였다는 점은 주지(周知)의 사실이다. 실제 선원의 해외취업 진출은 산업적, 경제적, 문화적, 사회적, 교육적인 면에서 우리 사회 전반에 미친 영향은 대단하다.

그러나 국적 선원의 해외진출의 역사가 반세기를 훌쩍 넘어 60년을 바라보는 시점에도 불구하고, 선원의 해외취업이 우리 사회 전반에 미친 영향에 대한 종합적인 연구가 이루어지지 못하고 있다. 지금까지의 연구는 대체로 이들이 벌어들인 달러에 국한된 단편적인 연구만 진행되어 왔다. 그러나 세계 10위권의 경제규모로 성장한 지금까지도 당시의 외화규모를 가지고 경제적 효과를 논하는 것은 일반 대중에게도 크게 피부에 와 닿지 않을 뿐더러, 선원에 대한 사회적 인식개선에도 큰 영향을 미치지 못한다. 그렇기 때문에 지금처럼 단편적인 선원 연구로는 선원의 해외진출이 달성한 지난 60여 년간의 업적과 성과를 사회 저변(底邊)으로 확산시키고, 선원에 대한 사회적 인식개선과 더불어 국가 또는 공공의 차원에서 이들에 대한 예우(禮遇)를 모색하는 건설적이고 발전적인 사회 담론을 만들어 가기에는 한계가 명확하다.

우리 사회 전반에 미친 복합적인 영향에 대해 인문사회적 관점에서 실체적 진실을 규명하는 것은 해외취업선원에 대한 재평가와 선원이라는 직업에 대한 사회적 인식을 개선하는데 있어 대단히 중요한 작업이 될 것이다. 따라서 노동, 사회, 경제, 문화, 기술 등 복합적이고 다양한 분야로의 접근을 통해 보다 조직적이고 포괄적인 연구가 진행되어야 한다. 이러한 연구를 바탕으로 선원의 예우에 관한 사회 담론을 형성해 나가고, 이를 통해 선원 관련 단체는 물론, 국가 또는 공공의 영역에서 선원에 대한 적절한 예우와 기념사업 등이 실행될 수 있도록 근거법률을 마련하는데 모든 이해관계자들이 협력해야할 것이다.

산업화 과정에서 선원이 벌어들인 외화가 대단히 중요한 종잣돈(seed money) 역할을 하기도 하였지만, 1980년대를 거치면서 경제규모가 커지고 산업구조가 개편되는 등 선원의 해외취업이 크게 줄어들면서 이들이 벌어들이는 외화가 국가경제에 미치는 영향도 현저하게 줄어들었다. 그럼에도 불구하고, 일정기간 동안 한시적인 인력송출에 그친 파독노동자와 달리, 국가경제구조가 대외교역에 절대적으로 의존할 수밖에 없기 때문에 우리나라 국제교역의 약98% 이상을 담당하는 해상운송과 그 해상운송수단인 선박을 운항하는 선원의 국가경제에 대한 기여는 지금까지도 유효하다. 국제교역 규모가 늘어날수록 해상운송 역시 늘어날 수밖에 없기 때문에 선원의 국가경제 기여도는 오히려 더 증가하고 있다.

'바다의 날'을 지정하는 등 국가적으로 바다의 중요성을 널리 홍보하는 성대한 기념행사를 하면서도, 정작 바다를 터전으로 국가경제에 중요한 역할을 하고 있는 선원들에 대하여는 국가기념일에 '선원의 날[17]' 조차도 없을 정도로 그들의 노고에 대한 국가 또는 사회적 차원의 배려는 대단히 아쉽기만 하다.[18]

선원의 해외진출 60주년을 즈음하여, 비록 늦은 감은 있지만 소수의 해외취업선원 1세대가 생존하고 있는 지금이라도 그들의 희생과 노고를 격려하고 위로하는 사업들을 준비하고 실행해 가는 것이 필요하다. 그런 일련의 사업들은 우리 사회가 선원의 삶을 이해하고, 선원에 대한 새로운 사회적 평가와 인식을 개선하는데 기여할 것이다. 그들이 의도했던 의도하지 않았던 바다를 삶의 공간으로 묵묵히 국가경제에 이바지하는 삶을 살아온 선원과 오늘도 묵묵히 바다를 항해하며 살아가는 선원을 조명(照明)하고, 그들의 공적(功績)을 사회적으로 공유할 수 있는 사업들을 실행하는 것은 우리 사회의 책무이자, 그들의 노고에 대한 최소한의 예우라고 생각된다.

---

17 2010년 6월 필리핀 마닐라에서 열린 국제해사기구(IMO) 회의에서는 선원들의 공헌과 노고를 기리기 위하여 6월 25일을 "세계 선원의 날"로 지정하였다. 국내에서도 이 시기에 맞춰 세미나 등 여러 행사들을 하고 있지만, 단순히 이벤트성 행사에 그치고 있다.

18 특히 53개의 국가기념일 중 바다 관련 기념일로 주관부처가 해양수산부인 기념일은 "바다의 날"이 유일하다(「각종 기념일 등에 관한 규정」 참조).

참고문헌

김규태, 『한국선원 해외취업 환경 변화에 따른 고용유지에 관한 연구』(동아대학교 경영대학원 석사학위논문, 1990).

김성준 편저, 『희양항해록』(한국해사문제연구소, 2019).

박 승, 『한국경제성장론』(일신사, 1969).

박용섭, 「우리나라 선원의 해외취업효과와 문제에 관한 개념적 고찰」, 『해운산업연구』 제22호(1986.7), 한국해양수산개발원.

손경모, 「경제발전의 숨은 주역」, 마도로스 토론문, 자유경제원(2016.5).

최진이, 「파독노동자, 그들은 국가산업화의 유공자인가」, 「독일통일 30주년기념 -부산의 독일문화유산 활용방안」 발표자료(2020.8.11.).

진실화해를 위한 과거사 정리위원회, 「파독 광부·간호사의 한국경제발전에 대한 기여의 건」, 『2008년 하반기 조사보고서』(2009).

한국선원복지고용센터, 『한국선원통계연보』(1984-2022).

한국해기사협회, 『한국해기사협회 60년사』(2014).

해운항만청, 『선원근로실태현황』(1987.6).

해운항만청, 『해운항만청 10년사』(1986).

Young Jo Lee(1990), 『Legitimation, accumulation, and exclusionary authoritarianism』, Ph. D Dissertation, Harvard University

APL(1987), 『Annual Report』

Galbraith's Shipping Advisory Service(1987)

e-나라지표, www.index.go.kr

법제처, https://www.moleg.go.kr

한국국제협력단, https://www.koica.go.kr

한국선원복지고용센터, https://www.koswec.or.kr

한국해기사협회, https://www.mariners.or.kr

해양수산부, https://www.mof.go.kr

KOSIS국가통계포털, https://kosis.kr

II부

17·18세기 잉글랜드 선원의 법적 지위 변화
- 1729년의 '상선 선원의 더 나은 규제와
관리를 위한 법령'을 중심으로 -

현재열

I. 서론

근대 이래 유럽의 세계 패권 장악은 바다를 통해 이루어졌고, 그 자체가 16세기 이후 유럽 여러 나라들의 대양 진출로 시작되었음은 누구나 인정하는 바이다. 그리고 이런 유럽 여러 나라들의 대양 진출에서 주된 역할을 수행한 것은 당연히 뱃사람들이었다. 특히 무엇보다 배를 직접 몰고 배의 운항에서 결정적인 역할을 한 평선원들(the common seamen)[01]이야말로 그 주역들이었다고 할 것이다. 그럼에도 지

---

01 여기서 '평선원'이란 선장 외에 선박의 승선원 중 항해사, 갑판장, 사무장, 선의 같은 고급 선원과 목수, 포수 등의 특수기술을 가진 선원을 제외한 일반 선원들을 가리킨다. 근대 초기 선원의 대략적인 구분에 대해서는, Ralph Davis, *The Rise of the English Shipping Industry in the Seventeenth and Eighteenth Centuries* (London, 1962; reprint, St. John's: Memorial Univ. of Newfoundland, 2012), pp.

금까지 근대 초기 유럽 대양 진출을 주도했다고 할 선원들에 대한 연구는 그리 많이 이루어지지 않았다. 사실 1960년대 이후 사회사가 역사학의 주류 중 하나로 편입된 뒤에도, 그리고 그 이래 사회사의 시야가 하층 노동 대중을 넘어 여성, 빈민, 영세상인 등으로 확장되어 갔음에도, 선원은 사회 구성원의 일부로서 인정받지 못하는 양 거의 다루어지지 않았다.[02]

현재 선원 연구가 가장 많이 이루어진 곳은 영국(정확히는 잉글랜드)이며, 이 경우 근대 초기부터 미국의 독립 시기까지 대서양 양안이 모두 영국 선원의 활동 영역이었음을 고려하여 잉글랜드만이 아니라 북미 대서양 연안까지 아울러 포괄하고 있다.[03] 한편 고대부터 근대까지 유럽인의 주요 해양 활동 공간 중 하나였던 지중해 지역의 선원에 대

105~108 참조. 대체적으로 '선원'이라 하면 선장 및 고급 선원을 제외한 선원들을 뜻한다. 한편 한국의 '선원법' 상에서는 선원이란 말이 "선박에서 근로를 제공하기 위해 고용된 사람" 전체를 뜻하여 선장과 고급 선원(해기사)까지 포함하고 있다. 전영우 외, 『선원의 역할과 가치 국적선원의 양성 필요성』(한국해양수산연수원, 2015), 9~10쪽; 최은순·안미정, 「한국 상선 해기사의 항해 경험과 탈경계적 세계관」, 『해항도시문화교섭학』 19 (2018), 114~115쪽. 이 논문에서는 '선원'을 선장 및 고급 선원을 제외한 승조원을 가리키는 말로 사용한다.

02 20세기 중반까지 선원에 대한 사회사 연구 현황을 정리하는 것은, 마커스 레디커, 박연 옮김, 『악마와 검푸른 바다 사이에서 상선 선원, 해적, 영미의 해양세계, 1700-1750』(까치, 2001), 14~15쪽 참조. 이에 따르면 위 책의 영문판이 발행되던 1987년까지 선원을 연구대상에 포함시켜 사회사적 연구를 수행한 이는 제시 레미쉬(Jesse Lemisch)와 게리 내쉬(Gary Nash) 정도에 불과했다. 이들도 선원의 삶 자체를 다루었다기보다는 혁명기 북아메리카 대서양 연안 사회 속에서 그들의 역할에 초점을 두고 있다.

03 영국과 함께 선원 연구의 진전을 이룬 곳은 북해 및 발트해 지역을 들 수 있다. 이곳의 선원 연구는 특히 한자 도시의 역사와 관련하여 중세 말에 중심을 두고 있다. 데이비드 커비·멜루자리자 힌카넨, 정문수 외 옮김, 『발트해와 북해』(선인, 2017), 9장 「선원」 참조.

한 연구도 지중해에 면한 국가들을 중심으로 어느 정도 이루어지고 있는데, 이 경우는 앞서 제기한 유럽의 대양 진출이라는 측면과 연관성이 적다는 점을 고려해야 한다. 사실 선원만이 아니라 유럽의 해양 활동의 역사를 전체적으로 볼 때, 유럽의 학문 전통은 북해 및 발트해와 근대 초기 이후의 대양 활동과 지중해 권역의 해양 활동을 구분해서 보는 경향이 있으며, 얼마간 접근하는 방식에도 차이가 있다.[04]

영국, 정확히는 잉글랜드 선원의 연구가 가장 많이 이루어진 것은, 아무래도 영국이 18세기 중반 이후 해양 패권을 장악하고 결국 세계 최고의 강대국으로서 세계 패권을 행사하게 된 것과 관련된 것 같다. 즉 영국은 16세기 해양에 본격적으로 진출한 이후 여러 경쟁세력들을 물리치고 대제국을 건설한 나라였기에, 그 나라의 근대 초기 및 근대 역사가 선원들의 활동과 깊이 결부되어 있다고 볼 수밖에 없는 것이다. 따라서 대제국으로서의 영국 역사를 파악하는 것 자체에 선원이 분명한 자리를 차지하고 있었고, 이 때문에 근대 초기 이래 영국 역사에서 선원은 필수적인 요소로 인정받았던 것이다.[05]

하지만 영국의 경우도 선원 연구가 시작된 것은 20세기 후반에 접

---

04 지중해에 대해서는 고대 이래 선박과 해양 활동 상의 연속성이 강조되고 있으며, 유럽의 대양 진출 및 세계 패권 장악과의 연관성 하에서 살펴보는 경우는 드물다. Richard W. Unger, "Overview. Trades, Ports and Ships: The Roots of Difference in Sailors' Lives", in Maria Fusaro, et al. (eds.), *Law, Labour and Empire: Comparative Perspectives on Seafarers, c. 1500-1800* (Houndmills, UK: Palgrave Macmillan, 2015), pp. 1~17.

05 그러함에도 영국제국(British Empire)의 역사를 다루는 포괄적인 역사서에서도 선원에 대한 항목은 따로 설정되어 있지 않다. Nicholas Canny (ed.), *The Origins of Empire*, Vol. 1 of *Oxford History of British Empire* (Oxford: Oxford Univ. Press, 1998)의 목차와 찾아보기를 살펴보라.

어들어서였고, 주로 영국 사회사의 전통에 입각해서 이루어졌다.[06]
이후 지금까지 진행되어 온 영국 선원 연구에는 크게 두 가지 경향이
있다. 하나는 영국 사회사에 미친 마르크스주의 역사가들의 영향에
크게 의거해 선원을 계급론적 시각에서 보는 경향이 있으며, 다른 하
나는 같은 사회사의 전통에 입각해 있지만 단선적이고 과도한 계급
론적 접근을 경계하며 당대 선원의 실상을 드러내는 데 더 초점을 두
는 경향이 있다.[07] 전자의 경향은 선원의 계급적 성격을 강조하면서
근대 초기 자본주의 체제의 대두 속에서 선원이 겪은 희생, 고통, 곤
궁을 부각시키고 선원이 그런 과정에서 일종의 "혁명적 계급"으로까
지 성장했다고 보았다.[08] 반면에 후자는 분명 선원의 선상 노동 및 생
활이 힘든 것이었지만 그렇다고 육지의 다른 하층민들에 비해 유독

---

06 영국의 역사학 연구에서 선원이 명시적으로 별도 주제로 다루어진 것은, Davis,
*The Rise of the English Shipping*이 처음이었다. 17·18세기 잉글랜드 해운
업의 성장을 연구한 이 책의 6장과 7장에서 데이비스는 해운업 성장의 주역인
"Merchant Seamen"의 실상을 다루고자 했다. 하지만 여기서도 "Seamen"이란 단
어에서 보이듯이, 평선원이 아니라 선장을 비롯한 뱃사람 전원을 대상으로 기술되
었다.

07 후자의 경우에도 전자와 마찬가지로 E. P. 톰슨(Thompson)으로 대표되는 영국
마르크스주의 사회사 전통에 기초하고 있다. 다만 이런 경향은 톰슨을 비롯한 영
국 사회사의 기초를 세운 사람들이 계급이론이나 혁명이론을 사회적 현실에 도
식적으로 적용하지 않았음을 강조하면서 계급론적 접근을 비판한다. Richard J.
Blakemore, "The Legal World of English Sailors, c. 1575-1729", in Fusaro,
et al. (eds.), *Law, Labour and Empire*, pp. 101~102.

08 이런 경향을 대표하는 연구는, 위에서 인용한 레디커, 『악마와 검푸른 바다 사이
에서』이다. 1982년에 나온 박사학위 논문에 기초하여 1987년에 영문판으로 나
온 이 연구서는 근대 초기 대서양을 무대로 활동한 잉글랜드 선원들에 대한 본격
적인 연구서로서, 이후 다양한 연구와 논쟁을 촉발했다는 의미를 가진다. 이 연
구서의 영문판 서지사항은 다음과 같다. Richard Rediker, *Between the Devil
and the Deep Blue Sea: Merchant Seamen, Pirates and the Anglo-American
Maritime World, 1700-1750* (Cambridge: Cambridge Univ. Press, 1987).

그랬던 것도 아니며 어떤 점에서는 다른 하층민보다 나은 점도 있었고 나름대로의 기회나 가능성도 갖고 있었다고 주장한다.[09]

본 논문에서는 근대 초기 유럽 대양 항해의 주역인 선원들이 사회사적 측면에서 어떤 존재였는지를 파악하기 위한 선행 작업으로서 잉글랜드 선원[10]의 법적 지위 변화 과정을 살펴보고자 한다. 선원의 사회적 존재 파악은 다양한 영역에서 이루어질 수 있지만, 법적 지위를 통한 접근이 가장 기본적이라고 생각한다. 근대 초기 선원의 노동하는 삶은 흔히 다수의 사법권을 가로지르는 법 규정의 두터운 망에 깊이 박혀 있었고, 동시에 그들의 활동은 그런 틀의 형태와 발전에 기여했다. 계약과 임금 협정, 대우, 보호, 생명유지, 보수에 대한 공인된 권리들, 그리고 정부 정책들, 이 모든 것들이 선원의 노동 조건을 구

---

09 이런 경향을 대표하는 연구자는 리처드 브레이크모어(Richard J. Blakemore)이다. 특히 17·18세기 잉글랜드의 육상 노동자들이 감수하던 임금 및 일자리의 불안전성에 비해 선원들은 적어도 배를 타는 기간 동안은 확실하게 노동의 안정성을 확보하고 보수에 대해서도 상대적으로 확실한 지급을 보장받았다는 점이 지적되었다. Richard J. Blakemore, "Life at the Sea", in James Davey (ed.), *Tudor & Stuart Seafarers: The Emergence of a Maritime Nation, 1485-1707* (London: Adlard Coles, 2018), pp. 181~197 참조.

10 이하에서는 대상이 되는 선원의 국적성을 잉글랜드로 명시한다. 영국이라고 하게 되면 근대 시기 영국이 수행한 광범위한 해양 활동에 입각하여 대상 선원을 어떻게 잡을 것인가에서 문제가 발생할 수 있으며, 또한 본 연구에서는 잉글랜드의 법에 따라 규정되는 선원의 법적 지위를 논하기에, 선원의 국적성을 잉글랜드로 명시하는 것이 옳다고 본다. 또한 주지하다시피, 영국(United Kingdom)이 완성되는 것은 1707년의 잉글랜드와 스코틀랜드 간의 의회 통합이다. 이 부분을 고려하여 16세기에서 18세기 중반까지를 대상으로 하는 선원 연구는 대부분 '잉글랜드(English)' 선원이라는 표현을 사용하는 반면, 18세기 말, 특히 '넬슨 해군'으로 대표되는 영국의 대서양 패권 장악 시기부터는 선원 및 해군 연구에서 '영국(British)'이라는 표현을 주로 사용하는 것이 선원 연구의 일반적 경향성이다. 이에 따라, 주로 18세기 전반까지를 대상 시기의 하한 한도로 설정하는 본 연구도 '잉글랜드' 선원이라는 표현을 주로 사용한다.

성했으며, 선상에서 선원이 하는 말과 행동은 육상에서의 소송으로 이어지고 그 소송에서 재해석되었다.[11] 그러므로 우리가 선원들의 '법 세계'를 어떻게 인식하는가는, 우리가 선상과 그 외 다른 곳에서 선원 의 사회관계를 어떻게 이해할 것인지와 근대 초기를 특징지은 제국 권력과 해상무역의 성장 속에서 선원의 역할을 어떻게 이해할 것인 지에 결정적으로 중요한 것이다.

근대 초기 잉글랜드 선원의 법적 지위에 대한 연구도 위에서 언급 한 선원 연구 전체가 가진 경향성을 그대로 반영하고 있다. 즉 레디 커는 선원을 계급론적 시각에서 보고 있기에, 그의 글에서 법과 선원 의 관계 역시 부정적으로 나타난다. 레디커는 법이 "선주와 상인, 선 장의 이해관계를 뒷받침하는 것을 … 기본 책임으로" 가졌고, 그 결과 그 법이 억압한 선원들에 의해 조롱의 대상이 되었다고 주장했다.[12] 반면에 브레이크모어 같이 비계급론적 시각을 가진 학자들은 관습과 관례에 의존하는 선원들의 세계를 해사법정을 비롯한 당시 법체계는 인정했고, 그에 입각하여 선원들에게 유리한 법세계가 존재하고 있 었다고 주장한다.[13]

본 논문은 이렇게 상반되는 두 연구 경향이 모두 중요시하는 1729 년의 '상선 선원의 더 나은 규제와 관리를 위한 법령(Act for the Better Regulation and Government of Seamen in the Merchant Service)'[14]을 중심에 두 고 이 입법을 통해 잉글랜드 선원의 법적 지위가 이전 상태에서 어

---

11   Blakemore, "The Legal World of English Sailors", p. 100.

12   레디커, 『악마와 검푸른 바다 사이에서』, 143쪽과 223쪽.

13   Blakemore, "The Legal World of English Sailors", p. 120.

14   2 Geo. II, c. 36, *The Statutes at large*, vol. XVI (1765), 110-115.

떻게 변화했는지를 보고자 한다. 이 1729년의 법령은 "선원의 훈련과 상선에서 적절한 규율의 시행 및 규정을 목적으로 하는 진보적인 법 제정의 역사"에서 "최초의 체계적인 노력"이라는 의미를 가지고 있다.[15] 이 법령을 중심으로 상선 선원의 법적 지위 변화를 살펴봄으로써, 위에 제시한 두 경향이 관점상의 대립에도 불구하고 상호보완적일 수도 있음을 보여주고자 한다.

II. 중세에서 근대 초기까지 선원의 법적 처우

선원과 관련한 법조문의 역사는 중세로 거슬러 올라간다. 중세 시기부터 북서유럽과 북부 유럽에는 영국해협 연안 무역과 북해·발트해 무역을 중심으로 다양한 항해가 이루어졌고 이와 관련해 발생하는 여러 해양 분쟁들을 해결하기 위해 해양법들이 정초되었다.[16] 이

---

15 *The Laws Relating to Merchant Seamen, as set forth in the Act 7 and 8 Victoria, Chapter 112, digested and explained* (London: Pelham Richardson, 1845), p. 1.

16 Edda Frankot, "Medieval Maritime Law from Oléron to Wisby: Jurisdictions in the Law of the Sea", in Juan Pan-Montojo and Frederik Pedersen (eds.), *Communities in European history: representations, jurisdictions, conflicts* (Pisa: Pisa Univ. Press, 2007), p. 157. 당연히 고대 이래 존속한 지중해 무역 역시 중요하게 작동하고 있었다. 하지만 여기서는 잉글랜드 선원과의 관련 속에서 북서유럽 및 북부 유럽에 초점을 맞춰 살펴본다. 중세 지중해 무역과 해양법에 대해선, Miro Gardas, et al., "Legal regulation of trade in fish, wine and salt in the statutes of Dalmatian cities in the Medieval time", in Jordi I. Gelabert, et al. (eds.), *Proceedings of the 4th Mediterranean Maritime History Network Conference, Barcelona, 7-9 May 2014* (Barcelona: Museu Marítime de Barcelona, 2017), pp. 517~535 참조.

법들은 하나의 법조문으로 정식화된 것이 아니라 대부분 실제 분쟁의 해결이 어떻게 이루어졌는지를 기록해 놓은 것으로, 향후 비슷한 분쟁 발생시 하나의 준거로 활용되었기에 일종의 "바다의 관습법(the common law of the sea)"이라고 할 것이다. 잘 알려져 있듯이, 중세 유럽은 오늘날과 같은 국가 주권이 존재하지 않는 시기였고, 그 속에서 "국지적(local), 지역적(regional), 국가적(national) 사법권"이 나누어져 각각 나름의 관습법들을 이용해 분쟁을 해결했다.[17]

이런 중세 해양법 중 가장 오래된 것으로 여겨지는 것이 소위 '올레롱 법(Laws of Oléron)'이지만,[18] 사실 중세 시기 북서유럽 및 북부 유럽 연안에서 발생했던 해양 분쟁에는 '올레롱 법'만 활용된 것이 아니었다. 중세 말에 작성된 것으로 여겨지는 중요한 해양법으로서 '비스비 법(Laws of Wisby)'이 있으며, 또 한자동맹 도시마다 존재하던 도시법 상의 해운 관련 조항들이 모두 해양 분쟁에서 해결책을 찾는 중요 근거로서 활용되었다.[19] 이런 법들이 어떤 성격의 것들이었는지는 '올레롱 법'의 기원을 살펴보면 대략 이해할 수 있다.

'올레롱 법'은 프랑스 가스코뉴(Gascogne) 지방의 기엔(Guienne) 여공작 엘리노어(Eleanor)의 지시로 편찬된 것으로, 명시적인 법규정을 정한 법조문이 아니라 중세 가스코뉴 지방에서 번성하던 와인 무역과 관련한 여러 판례들을 손으로 적은 원고들을 두루마리로 모아놓

17　Frankot, "Medieval Maritime Law", pp. 177~178.

18　Martin J. Norris, "The Seamen as Ward of the Admiralty", *Michigan Law Review* 52-4 (1954), p. 481; Dorota Pyé, "The Laws of Oleron as the Rules Governing Maritime Labour. Have We Learned A Lesson From the Past?", *Gdańskie Studia Prawnicze* 3 (2019), p. 161.

19　Frankot, "Medieval Maritime Law", pp. 161~162.

은 것이다. 이것이 12세기 말 엘리노어의 아들인 잉글랜드 왕 리처드(Richard) 1세가 십자군 원정에서 귀환하던 중 잉글랜드로 도입하여 잉글랜드 주위에서 발생하던 해사 분쟁에 활용되기 시작했다고 한다.[20] 그리고 14세기 무렵에는 이 두루마리에 나오는 판례들을 서유럽 전역에서 활용하게 되었다.[21] 따라서 이것은 실상은 판례를 모은 두루마리 묶음에 지나지 않는데, 이것을 '올레롱 법'이라고 하면 마치 프랑스 대서양 연안 라로셸(La Rochelle) 근처에 있는 올레롱 섬(Ile d'Oléron)에서 제작된 법전이라는 느낌을 준다. 하지만 이것을 '올레롱 법'이라 부르는 이유는, 이것이 원래 처음 어디서 시작되었는지는 알 수 없는 가운데, 가장 오래된 판본이 올레롱 섬에 보존되었다가 발견되었기 때문이다.[22] 마찬가지로 '비스비 법'도 발트해의 섬 고틀란트(Gotland)에 있는 도시 비스비에서 가장 오래된 판본이 발견되었기 때문에 그렇게 부르는 것이며,[23] 내용상으로는 '올레롱 법'의 내용이 일부 중복되어 있고, 아울러 한자동맹 도시 법의 해양 관련 규정도 일정 부분 반영하고 있다. 즉, 시기상으로는 분명 '올레롱 법'이 가장 오래된 것이지만, 이런 중세 북서 및 북부 유럽의 해양법들은 서로 영향을 미치고 서로 교차하여 적용하면서 활용되었던 것으로 보이며, 그런 점에서 이런 법 모두를 "바다의 관습법"이라고 불러야 할 것이다.

잉글랜드에서는 이런 관습법들이 18세기까지 계속해서 선원들의

---

20 Sir. Travers Twiss (ed.), *The Black Book of Admiralty*, vol. 2 (London: Longman & Co., 1872), pp. xlvii~li; Pyé, "The Laws of Oleron", p. 162.

21 Frankot, "Medieval Maritime Law", p. 159.

22 Pyé, "The Laws of Oleron", p. 162.

23 '비스비 법'이 편찬된 것은 15세기의 일이라고 한다. Frankot, "Medieval Maritime Law", p. 160.

여러 해사 분쟁들에서 그대로 활용되고 있었다. 물론 1295년 잉글랜드에서 처음으로 제독(admiral) 직함이 사용되었고, 14세기를 경과하며 해사법정(Admiralty Courts)의 사법권이 확립되어 해양에서 발생하는 분쟁들을 직접 처리하게 되었다.[24] 하지만 이런 해사법정의 사법권 확립은 보통 군주의 주권 확립 과정의 일환이었으며, 사실상 유럽에서 근대적인 국가 주권이 등장하는 과정과 결부되어 있었다.[25] 초기 해사법정의 권한 강화에는 개별 사건에서 선원들의 법률적 보장이나 처지의 개선을 위한 의도가 전혀 없었던 것이다.

그러므로 18세기 초까지의 잉글랜드 선원들의 "법세계"를 연구한 블레이크모어(Blakemore)에 따르면, 16세기에서 18세기로의 전환기까지 잉글랜드에서 제정된 해사 관련 조례와 칙령, 포고 등을 모두 검토해 보면 해군과 관련한 내용이 가장 많으며 무역 및 상업과 관련된 부분이 그 다음을 차지했고 선원들과 명시적으로 관련된 입법은 거의 없었다.[26] 그 결과로 18세기까지 잉글랜드 선원들이 연루된 해사법정 소송의 판결은 사실상 '올레롱 법'이나 여러 해양 관습법, 또 선상에서 뱃사람들 사이에 전해 내려오는 관습과 관례에 준거하여 결정되고 있었다. 17세기 초에 간행된 『모든 해양법 요약(An Abridgement of All Sea-Lawes)』에 나오는 다음의 구절은 18세기까지 선원들의 법 현

---

24 Thomas K. Heebøll-Holm, "Law, order and plunder at sea: a comparison of England and France in the fourteenth century", *Continuity and Change* 32-1 (2017), pp. 47~48. 프랑스에서 제독직을 처음 사용한 것은 1247년의 일이다. 초기 제독은 공식적인 해군 직함이 아니라, 지중해의 전문 뱃사람이나 해양 능력이 탁월한 선장들로서 사실상 "해양 용병"에 가까웠다고 한다. *Ibid.*, p. 47.

25 *Ibid.* pp. 52~53.

26 Blakemore, "The Legal World of English Sailors", pp. 103~105.

실을 그대로 보여준다고 할 것이다.

> 뱃사람과 선상 활동에 대한 논란은 일반적으로 인정되
> 는 바다의 법과 규칙들(lawes and Statutes)에 따라 결정되어
> 야 한다. 그것이 없으면, 이들의 관습과 관례(customes and
> consuetudes)에 따라야 한다. … 그리고 성문법이든 불문 관습
> 이든 관례든 존재하지 않거나 보이지 않으면, 마지막 도피처
> 는 해상 직업과 실행에 종사하는 숙련되고 정직한 사람의 의
> 견과 판단이다.[27]

그러면 이렇게 선원들의 관련 소송에서 적용되던 관습법의 구체
적인 모습은 어땠는지를 보기 위해, '올레롱 법'에서 선원 관련 규정
들을 좀 더 상세히 살펴보자. '올레롱 법'은 앞서 얘기했듯이, 프랑스
대서양 연안에서 북해 지역에 걸쳐 이루어지던 와인 무역의 구체적
인 분쟁을 반영하여 작성된 것들이다. 따라서 원문 그대로를 보면 실
제로 와인 무역과 관련한 구체적인 내용이 나온다. 즉 어느 항구에서
어디로 가면서 무슨 일이 있었는데 이렇게 판결했다는 식이다. 따라
서 내용이 아주 길고 복잡하며 아울러 중세 프랑스어와 영어가 혼재
되어 있어 읽기가 쉽지 않다. 현재 '올레롱 법' 조문은 19세기에 나온
법전 모음집인 『블랙북(The Black Book)』[28]을 가장 많이 활용하지만 실

---

27 William Welwood, *An Abridgement of all Sea-Lawes* (London: Humfrey
    Lownes, 1613), p. 16.

28 Sir. Travers Twiss (ed.), *The Black Book of Admiralty*, 4 vols. (London:
    Longman & Co., 1871-1876). '올레롱 법'은 vol. 1의 pp. 88~131에 중세 프랑스어
    와 영어를 병기하여 수록되어 있다.

제 '올레롱 법'의 판본은 다양하고 사료에 따라 조항 수도 다르다.[29] 여기서는 제임스 셰파드(James Shepard)가 19세기 자료를 기준으로 3개의 판본 내용을 요약하여 정리한 글을 참고하여 정리하였다.[30]

'올레롱 법'의 최초 판본에는 24개 조가 들어있고 브르타뉴 판본은 27개 조, 『블랙북』 판본은 38개 조로 구성되어 있다. 그런데 선원 관련 내용들은 브르타뉴 판본과 『블랙북』 판본의 연장된 조항들에는 나오지 않으며 최초 판본의 24개 조항 중 10개 조항이 이에 해당한다. 그 내용을 대략 간추리면 다음과 같다.

> 선원들의 무단 상륙 금지 (5조와 6조)
> 선상에서 질병 발생시 선원을 육지로 보내 치료하며 그 비용은 선장이 부담(7조)
> 선원들 사이에 욕설을 금지하고, 선장과 선원 사이에 상호 폭력이 발생할 때 어떻게 할지 규정(12조)
> 선장이 선원과의 계약을 자의적으로 해지하는 행위를 금지 (14조)
> 선원들의 식사와 관련해 지역별로 상세히 규정 (17조)
> 선원들이 자기 화물을 무료로 운송할 수 있다는 규정 (18조)
> 선원의 보수를 보장하는 규정(19조와 20조)

---

29 Twiss (ed), *The Black Book of Admiralty*, vol. 1에는 38개 조항이 나오지만, 그보다 오래된 해양법 모음집인 *Lex Mercatoria; or, the Merchant's Companion Containing all the Laws and Statutes Relating to Merchandize* (Savoy: E.&R. Nutt, 1729), pp. 360~383에는 47개 조항이 나온다.

30 James W. Shepard, "The Rôles d'Oléron - A Lex Mercatoria of the Sea?", in V. Piergiovanni (ed.), *From Lex Mercatoria to commercial law* (Berlin: Dunker & Humblot, 2005), pp. 207~217.

선원들의 음주를 제한하고 무단이탈을 금지 (21조)

　이런 조항들에서 후대 연구자들에게 가장 주목받은 것은 7조이다. 즉, 20세기까지도 대부분의 나라에서 선원 복지와 관련한 법이 마련되지 않은 상태에서 이미 중세 때 이렇게 선원의 복지와 관련된 조항이 있다는 것은, 특히 법학자들에게 아주 놀라운 일로 받아들여졌다.[31] 그 외에도 식사 관련 규정이 상세히 정해진 것이나 선원들이 보수를 받는 상황을 현실적으로 고려해 정한 것, 욕설 문제와 폭력 문제를 직접 다룬 것은, 선원들의 선상 생활과 관련해 시대를 막론하고 문제시된 것을 미리 정리해 놓은 것으로 후대에도 하나의 준거로 활용할 만한 것이었다. 게다가 선원들도 자기 화물을 무료로 운송하여 개인적으로 이익을 얻을 수 있게 한 것은, 18세기가 되면 거의 선장들에게만 허용되던 특권[32]이 중세 시기에는 선원들 전원에게 허용되었음을 보여준다. 하지만 이 조항들은 또한 나중에 말하듯이, 선주와 선장 입장에서 선원들과 관련하여 가장 골치 아픈 문제였던 무단이탈(desertion) 문제가 중세 때부터 이미 존재했고 역시 이 문제에 대해서 상세하게 다루고 있음도 보여준다.

III. 1729년 이전의 선원 관련 법

　그러면 근대 초기에 이르러, 즉 잉글랜드가 본격적으로 바다로 눈

31　Norris, "The Seamen as Ward", p. 483.

32　Davis, *The Rise of the English Shipping*, pp. 140~143.

을 돌리고 1553년 휴 윌러비 경(Sir Hugh Willoughby)이 최초로 대양 모험을 시도[33]한 이래 1729년의 법령이 제정될 때까지 잉글랜드에서 선원과 관련해서 어떠한 법들이 마련되었는지를 간단히 살펴보자.

잉글랜드에서 상선 선원에 대한 국가적 관심이 제기된 것은 1588년 스페인 무적함대(Armada)와의 해전 이후의 일이었다. "영국 역사의 전환점"으로 인정받고 당시 "기독교계 전체의 운명이 달려있다"고 여겨질 정도로 중요했던[34] 이 해전에서 잉글랜드는 200여 척의 배를 동원했는데, 이 중 함선은 34척에 불과했던 반면 상선은 168척에 이르렀다고 한다.[35] 이를 통해 상선 선원이 잉글랜드의 이익을 방어하기 위한 전쟁 시에 핵심적인 역할을 한다는 것이 확실해졌고, 이후 잉글랜드의 국가 정책이 선원 수의 유지를 지향하면서, 다양한 법령들이 16세기와 17세기에 걸쳐 제정되었다. 이런 법령 중 선원과 직접적인 연관성을 가지는 중요 법령들을 아래에서 살펴본다.

무적함대와의 해전 이후 5년 정도 지난 1593년에 처음으로 선원의 복지 문제를 다루는 법령이 제정되었다. 그것은 '군인과 뱃사람들에게 필요한 구제를 위한 법령(Act for necessarie Reliefe of Souldiers and

---

33 James Davey, "Adventurers: England Turns to the Sea, 1550-80", in Davey (ed.), *Tudor & Stuart Seafarers*, pp. 39~41.

34 개릿 매팅리, 콜린 박·지소철 옮김, 『아르마다』(너머북스, 2012), 18쪽. 이 사건의 의미에 대해선, David Scott, "The Spanish Armada and England's Conflict with Spain, 1585-1604", in Davey (ed.), *Tudor & Stuart Seafarers*, pp. 55~56 참조.

35 Conrad H. Dixon, "Seamen and the Law: An Examination of the Impact of Legislation on the British Merchant Seaman's Lot, 1588-1918", Ph. D. thesis, University College London (1981), p. 11. 일반적으로는 잉글랜드의 동원 선박 수를 약 80척으로 보고 있다. 물론 80척이라고 해도 딕슨(Dixon)의 논지와 마찬가지로, 이 선박들의 압도적인 부분을 상선이 차지했다는 점에 대해서는 일치한다. Scott, "The Spanish Armada", pp. 69~70.

Maryners)'³⁶으로, 군인이나 선원 일을 하다 부상당했다는 문서 증거를 제공하면 그가 속한 주(county)에서 보조금을 지급한다고 규정하였다. 이 법령은 제목에서 보이듯이 선원과 해군 수병을 동일시하고 있으며, 전시 병력 충원을 위해 선원들을 유지하려는 목적성을 드러냈다. 하지만 4년 뒤인 1597년 '군인이나 뱃사람인 척하는 추잡하고 방랑하는 사람들에 대한 법령(Act against lawd and wandringe persons pretending themselves to be Souldiers or Mariners)'이 제정되어, 군인이나 선원 경력 입증 문서를 위조하는 행위에 대한 엄격한 처벌을 정하였다.³⁷ 이 법령의 제정은 1593년의 법령이 실제로는 제대로 효과를 발휘하지 못하고 문서 위조를 통한 보조금 불법 수령이 많았음을 보여준다.

1670년에는 '상선의 배달을 보호하기 위한, 그리고 화물의 증가와 편리한 해운을 위한 법령(Act to prevent the delivery up of Merchant Shipps, and for the Increase of good and serviceable shippiong)'이 제정되었는데, 이 법령의 9조는 해적의 공격을 받아 배를 지키다가 죽은 선원의 미망인과 아이들에게 선주가 보상금을 지급하도록 규정하였다.³⁸ 이와 똑같은 규정은 1700년 해적 행위를 진압하기 위한 법령에도 포함되어 있는데,³⁹ 이런 규정들은 해적 행위가 극성을 부리던 시기⁴⁰에 상선 선원

---

36   35 Eliz. c. 4, *The Statutes at large*, vol. VI (1763), 433.

37   39 Eliz. c. 17, *The Statutes at large*, vol, VII (1763), 11~13.

38   22 & 23 Chas. II, c. 11(1), *The Statutes at large*, vol, VIII (1763), 352.

39   11 & 12 Will. III, c. 7, *The Statutes at large*, vol, X (1764), 314.

40   1690년에서 1730년까지를 대서양 해적의 "황금기"라고 한다. 이 시기는 잉글랜드의 대양 정책이 사략선 활동을 비롯한 "불법 활동을 통해 자기 힘을 키우는" 것에서 정상적인 상업 해운을 중심에 두고 해양 패권을 추구하는 것으로 전환하는 때였고, 이것이 해적의 창궐에 영향을 주었다고 한다. Marcus Rediker, *Villans of All Nations* (London & New York: Verso, 2012), pp. 21~22; 현재열, 「황금기 대서양

의 유지를 위해 마련된 것이고, 아울러 상선 선원이 해적으로 전환되는 것을 방지하기 위한 의미도 있었다고 보인다.

1696년에는 1729년의 법령 이전에 제정된 선원 관련 법령 중 가장 중요한 조치가 나온다. 그것은 '선원의 증대와 조장을 위한 법령(Act for the Increase and Encouragement of Seamen)'이다.[41] 이 법령에서는 18세에서 50세까지의 모든 선원을 등록하여 그 등록 장부를 보존하도록 규정하고 있으며, 아울러 그리니치 구빈원(Greenwich Hospital)을 설립하여 나이가 많거나 항해 중 장애를 입은 선원들을 이곳에서 구제하도록 조치하고 있다. 또한 이 구빈원의 유지를 위해 모든 선원은 자기 임금에서 매달 6페니를 공제하여 구빈원에 기부하도록 규정하였다. 이 법령은 선원의 등록제도를 처음으로 규정한 것으로 의미가 있지만, 이것은 사실상 상선 선원의 명단을 확보하여 전시에 해군으로 충원하기 위한 의도를 내포한 것이었고, 따라서 이 등록제도는 제대로 시행되지 못해, 아래에 나오듯이 결국 폐지되고 말았다. 하지만 보다 중요한 것은 향후 잉글랜드 선원들의 기본적인 구제기관으로 작용했던 그리니치 구빈원이 설립되었다는 점이다.[42] 특히 이 법령에 따라 구빈원의 유지를 위해 상선 선원 임금에서 매달 6페니를 공제한다는 규정은 향후 잉글랜드의 모든 선원 관련 법에서 기본적인 내용

해적의 '해적 규약 - 대안적 사회 질서의 가능성」 『해항도시문화교섭학』 23 (2020), 69~70쪽 참조.

41　7 & 8 Will. III, c. 21, *The Statutes at large*, vol. IX (1764), 419~428.

42　법령의 규정은 그러했지만, 실제로는 1747년 잉글랜드 주요 항구에 선원을 위한 별도의 구빈원들이 따로 설립될 때까지 그리니치 구빈원에서 구제를 받은 이들은 해군 수병 은퇴자들뿐이었다고 한다. Davis, *The Rise of the English Shipping*, p. 150.

으로 적용이 되었고, 아울러 실제 선원들의 임금에서 공제되었기에 선원들의 삶에도 중요한 영향을 미치게 되었다.[43]

이상에서 살펴본 17세기에 제정된 선원 관련 입법들은 기본적으로 잉글랜드의 국가적 이해 관계, 특히 해군 충원 인력의 유지와 유인책이라는 측면에서 이루어졌음을 보여준다. 즉, 17세기에는 국가가 상선 선원들을 잉글랜드 해군의 수병과 "교체 가능한" 것으로 보았고,[44] 입법의 강조는 상선 업무에 인력이 충원되는 흐름을 유지하고 그를 통해 전시에 해군 병력을 빠르게 충원할 수 있게 보장하는 것에 두고 있었다. 이에 따라 이 시기 상선 선원은 범선의 조종 훈련이 되어 있고 포의 사용에 능숙한 "준비가 잘 되어 있는 전투 선원의 저장고"[45]라고 할 수 있다.

18세기에 들어서도 선원 관련 입법의 기본 기조는 여기서 크게 변하지 않았다. 1703년에 '선원의 증원 및 항해의 권장, 그리고 석탄 무역의 안전을 위한 법령(Act for the Increase of Seamen and better Encouragement of Navigation and Security of the Coal Trade)'이 제정되었다.[46] 이 법령의 내용은 임금을 받지 못하고 석탄운반선을 타는 10살 이상의 소년들을 교구 견습으로 구제한다는 것이었다. 17·18세기에 잉글랜드에서 선원이 되는 과정은 기본적으로 잉글랜드 동부 연안을 따라 북쪽에서 남쪽으로 오고 가던 석탄운반선(colliers)에서 시작되었

---

43 심지어 이 그리니치 구빈원에는 1716년 최초로 소년들을 선원으로 양성하는 학교가 설치되기까지 하였다. *Ibid.*, pp. 119, 138,

44 Dixon, "Seamen and the Law", p. 14.

45 R.B. Chenevix Trench, "National Service Two Centuries Ago: The Press Gang", *History Today* 6-1 (1956), p. 38.

46 2 & 3 Anne, c. 6, *The Statutes at large*, vol. XI (1764), 24~30.

다.[47] 따라서 이런 배에서 어린 나이에 선원 생활을 시작하는 소년들에게 견습 선원으로서의 지위를 명확히 하여 선원의 안정된 충원을 확보한다는 것이 이 법령의 목적이었다.[48] 하지만 이 법령도 1706년에 석탄운반선의 선장이 꼭 견습을 둘 필요는 없도록 수정되었다.[49]

한편 앞서 얘기했듯이, 1696년 법령으로 18세에서 50세까지 모든 선원의 등록제도를 실행했지만, 1710년에는 이 등록제도를 폐지하는 '폐지령(the repealing Act)'이 제정되었다.[50] 1696년에 제정된 등록제도가 선원의 안정적인 공급을 목적으로 하였음에도, 10여 년이 지나 이를 폐지한 것은, 당시 선원들 사이에 만연했던 강제징모(impressment)에 대한 불안감[51]으로 선원들이 자기 이름을 등록하기를 꺼렸기 때문

---

47 당시 잉글랜드 선원의 3분의 2는 연안 무역에 종사했고, 이들 중 40 퍼센트가 석탄 연안 무역에서 일했다고 한다. Peter Earle, *Sailors: English Merchant Seamen 1650-1775* (London: Methuen, 1998, 2007), pp. 6~7.

48 잉글랜드는 엘리자베스 1세 시기부터 해양 분야에서만이 아니라 사회의 전 분야에 걸쳐 고용의 안정화와 노동 수요에 대한 안정된 공급을 목적으로 하여 여러 정책을 추구했다. 그 중 대표적인 것이 1563년에 제정된 '장인법(The Statutes of Artificiers)'이었다. 조성식, 「1563년 영국 장인법의 제정의도」『서양중세사연구』 11 (2003), 159~194쪽 참조. 그리고 이 법의 제26조는 도제, 즉 견습(apprentice)의 지위를 안정시키는 조항이었는데, 이것은 견습 선원에게도 적용되었다고 한다. Anthony Camp, "Apprenticeship", *Practical Family History* 64 (2003), pp. 12~14 참조. 하지만 1704년에 좀 더 명확하게 석탄운반선 종사 소년 선원을 견습으로 확정하는 이 법령은 위 법령이 선원 부문에 제대로 적용되지 않았음을 보여준다.

49 5 Anne, c. 6, *The Statutes at large*, vol. XI (1764), 194.

50 9 Anne, c. 21, *The Statutes at large*, vol. XII (1764), 192~229. 이 법령은 총 65개 조에 이르는 아주 긴 법령으로, 정식 명칭은 "결손분을 보상하고, 공공 부채를 벌충하고, 남해 무역을 수행할 동업조합을 세우고, … 선원을 등록시키려는 법령을 폐지하기 위한 법령"이다. 선원 등록제도의 폐지 내용은 64조에 나온다.

51 Nicholas Rogers, "British impressment and its discontents", *The International Journal of Maritime History* 30-1 (2018), pp. 52~73.

이었다. 결국 이 등록제도는 어쩌면 선원들을 관리하고 선원들의 사회적·법적 지위를 보장해 줄 수 있는 출발점이 되었을 수도 있었는데, 실제로는 이 등록제도가 해군 병력 충원용으로 의도되었기에 그 효과를 충분히 거둘 수 없었던 것이다.

1728년에는 '선원이 폐하의 해군에 입대하도록 권장하기 위한 법령(Act for encouraging Seamen to enter into His Majesty's Service)'이 제정되었다.[52] 이 법령은 외국에서 좌초당한 선원이 본국으로 귀환할 때 드는 비용을 국가가 책임진다고 정하였다. 이것은 해군에서 복무하다 외국에서 좌초했을 때 본국으로 귀환이 불확실하거나 자비를 들여 돌아오던 관행 때문에 선원들이 해군 입대를 꺼리고 있었기 때문에, 이 불안을 해소하여 선원들을 해군 입대로 유인하기 위한 조치였다.

2장에서 얘기했듯이, 18세기까지 선원이 연루된 민사 소송은 중세 때부터 내려오는 올레롱 법 및 여러 해양 관습법에 입각하여 처리되었다. 이 과정에서 관습적인 법이 "힘 없는 법(weak law)"임이 입증되었다.[53] 즉 관습적인 법을 선장이나 선주가 지키지 않아 선원에게 피해가 발생했고, 이에 선원은 피해가 발생한 후 소송을 통해 해결을 도모할 수밖에 없었던 것이다. 한편으로 위에서 보았듯이, 18세기까지 선원과 조금이라도 관련되어 제정된 법령과 그것을 입안한 국가의 기본 취지는 국가의 이해를 위한, 특히 해군 충원을 위한 상선 선원의 유지에 있었다. 여러 법령들에 보이던, 오늘날의 시각에서는 선원의 복지를 챙기는 듯이 보이는 제도조차도 이를 위해 마련된 것이었다. 따라서 1729년의 법령 이전에 제정된 여러 입법들과 아울러 18

---

52 1 Geo. II, Stat 2, c. 14, *The Statutes at large*, vol. XV (1765), 476~482.

53 Dixon, "Seamen and the Law", p. 14.

세기 초까지 "관습과 관례"에 근거해 때로는 선원에게 유리하게도 판결했던 여러 소송들에서도, 고용 계약 관련 규정의 마련을 통해 선원의 안정된 법적 지위를 확보하려는 모습은 보이지 않았던 것이다.

IV. 1729년의 법령

18세기에 해사법정에서 다루어진 선장 혹은 선원과 선원 간의 분쟁 사례들을 검토해 보면, 선원 쪽에서 제기하는 소송은 압도적으로 임금 문제였다.[54] 17세기 말에 상당히 확장된 영국 해사법정 체계의 주요 기능 중 하나는 고용된 선원과 선장, 선주, 상인들 간의 임금 분쟁을 조정하는 것이었다. 분명치 않은 임금 계약으로 인해 이런 분쟁이 많이 발생했다. 반면에 선장 및 선주 쪽에서 제기하는 소송은 압도적으로 무단이탈 문제였다.[55] 무단이탈 문제는 앞서 중세의 해양 관습법에서도 말했듯이, 선장이나 선주의 입장에서는 오래전부터 계속해서 안정된 해운을 위협해 온 가장 중요한 요소였다. 특히 이런 무단이탈이 당시 전성기를 맞던 대서양 해적의 활동에 영향을 주고 있다고 여겨졌기에 국가 차원에서도 이 문제는 관심의 대상이었다.[56]

---

54 레디커, 『악마와 검푸른 바다 사이에서』, 116쪽.

55 위의 책, 134쪽; Blakemore, "The Legal World of English Sailors", pp. 112~113.

56 레디커, 『악마와 검푸른 바다 사이에서』, 106쪽. 1700년에 제정된 '해적행위의 보다 효과적인 근절을 위한 법령(Act for the more effectual Suppression of Piracy)'은 전문에서 "해외 지역에서 상선을 탈주하는 행위"가 선원들이 해적이 되는 "주된 이유"일 뿐 아니라 "무역과 항해 전반에 크나큰 손해를 끼치는 일"이라고 밝혔다. 11 & 12 Will. III, c. 7, *The Statutes at large*, vol. X (1764), 320~326.

1729년의 법령을 제정하기 위한 움직임은 이런 선장이나 선주의 입장에서 시작되었다. 1728년 일단의 상인들이 상선 선원들 사이에 규율이 없는 것에 대한 불만을 의회에 제기했다.[57] 특히 이때 상인들이 의회에 직접 나와 증언한 내용에서 가장 강조했던 것이 당시에 선원을 배에 태우면서 일반적으로 이루어지던 "구두 계약(verbal agreements)"이었다. 이것 때문에 선원들이 보수만 챙긴 채 아직 자기 의무가 덜 끝난 상태에서 무단으로 선박을 이탈하는 일이 빈번하다는 것이었다.[58] 1729년 4월 14일 하원에서 법안에 대한 제1독회가 시작되었고, 이 법안의 처리 과정에서는 별다른 문제나 논란이 발생하지 않았다.[59] 상원과 하원에서 몇 차례 독회가 진행되었고, 일부 규정을 추가하는 수정이 이루어진 뒤 1729년 5월 13일 마침내 상원에서 법안이 최종 통과되었다.[60]

법령의 전문[61]은 이 법령의 제정 의도와 관련하여 특히 중요하다. 그것은 첫 문장부터 "… 왕국의 안녕과 부가 … 왕국의 무역과 항해에 크게 의존"한다고 인정하여 잉글랜드의 국가적 차원에서 선원 문제

---

57 Blakemore, "The Legal World of English Sailors", p. 118.

58 여기서 말하는 "보수"란 주로 "리버 페이(river pay)"를 말한다. 즉, 당시 본격적인 출항에 앞서 모든 배는 런던이나 글래스고 등, 항구들이 자리한 강의 하구에서 며칠을 보내는 경우가 많았는데, 이 며칠에 대해 일종의 대기 시간에 대한 보수를 선원들에게 지급했다. 이것을 받고 무단이탈을 하는 선원들이 많다는 것이었다. Dixon, "Seamen and the Law", pp. 22~23.

59 "몇몇 선원과 수병들"이 법안이 제정되면 자신들에게 불이익이 생길 것이라는 이의 제기를 했지만, 법안 논의와 제정에는 큰 영향을 주지 않았다. Blakemore, "The Legal World of English Sailors", pp. 118~119.

60 상하원에서 법안의 처리 과정에 대한 상세한 설명은, Dixon, "Seamen and the Law", pp. 23~24 참조.

61 2 Geo. II, c. 36, *The Statutes at large*, vol. XVI (1765), 110~111.

를 직접 관리하는 것이 잉글랜드의 운명과 관련됨을 제시하였다. 즉 해군 병력 충원이라는 목적에서가 아니라 "왕국의 무역과 항해"를 위해 선원 관리가 중요함을 밝힌 것이다. 하지만 그 뒤의 전문 내용 대부분은 법령의 제정 과정에서 보이듯, 주로 선원의 규율 결여와 무단 이탈 문제가 왕국의 이해에 심각한 위협이 되고 있다고 주장한다. 즉, "상선 선상에 고용되는 뱃사람과 선원들에 의해 이루어지는 노동의 불확실성으로 인해 그리고 고용된 이후 [그들이] 자신의 의무를 게을리 하기에 … 무역과 항해에 크게 방해가 된다"고 밝히고 있는 것이다. 이런 전문은 분명 선원이 잉글랜드의 운명에 중요한다는 점을 밝힌 점에서 선원의 입장에서 적극적인 측면이 있지만, 법령의 제정 의도 자체는 기본적으로 상인들의 문제 제기에 따른 무단이탈 문제에 있음을 보여준다. 그렇지만 그 세부 규정들은 전문의 의도와 달리 한쪽에 일방적이지 않았다. 전체 13개 조로 구성된 조항들의 내용을 간단히 살펴보자.

1조와 2조[62]는 서면 계약(written contract)의 작성을 명시하고 있다. 서면으로 작성된 계약서에는 항로와 목적지, 임금이 정확하게 기재되어야 하고, 배에 탄지 3일 내에 선장 혹은 선주와 선원 사이에 서면 계약을 작성해야 했다. 그리고 서면 계약을 하지 않으면 선장 혹은 선주가 선원 1인당 5파운드의 벌금을 내야 했다. 중요한 것은 이렇게 서면 계약을 명시한 이후 2조의 마지막 문장에서 "그 협약 혹은 협약들 혹은 계약들은 … 그에 서명한 후에 그렇게 협약되거나 계약된 시간 혹은 시간들 동안 모든 점에서 모든 당사자들에게 최종적이며 구

---

62   *Ibid.*, 111~112.

속력이 있을 것"이라고 한 점이었다. 이제 이 조항들로 인해 서면 계약을 작성한 선장과 선원들 사이에서 계약서는 "최종적이고 구속력을" 가진 것으로 인정되었던 것이다.

다음으로 3조에서 6조까지[63]는 당시 선원과 관련하여 가장 큰 골칫거리로 인식되었던 무단이탈을 방지하기 위한 규정들이다. 이 규정들은 선원이 계약한 후 항해를 거부하거나 선박을 무단으로 이탈할 때는 그 사이 받은 모든 보수를 몰수하며, 이런 사람들에 대해선 체포 영장을 발부하여 잡아서 "치안판사 혹은 판사들"의 권한으로 "교정시설(house of correction)에서 적어도 14일에서 많게는 30일까지 중노동형에 처한다"고 정하였다. 또한 선장의 허락 없이 배에서 내릴 시는 선원의 이틀치 보수를 몰수하고 계약서에 따라 계약이 해지되기 전에 무단으로 배를 이탈한 경우에도 한달치 보수를 몰수하는 것을 규정했다. 이 4개의 조항들은 당시 선원들의 무단이탈이 일어나는 모든 경우의 수를 고려하여 상세하게 관련 조치와 벌칙을 정하여 선원들의 무단이탈을 방지하고자 했다.

7조와 8조[64]는 선원의 임금을 보장하는 규정이다. 이 조항들은 항해 종료 후 30일 내에 임금을 지급해야 하고, 이를 이행하지 않을 시 선원 1인당 20실링씩을 추가 지급해야 한다고 하였다. 특히 임금과 관련하여 소송을 하게 될 때 선장 혹은 선주 쪽에서 서면 계약서를 제출해야 하며, 임금 소송에서 서면 계약서가 절대적 증거로 활용될 것임을 인정하여 향후 서면 계약서가 선원 쪽에서 제기하는 임금 관련 소송에서도 가장 확실한 증거로 활용되도록 만들었다.

---

63 *Ibid.*, 112~113.

64 *Ibid.*, 113.

9조는 선장 혹은 선주가 선원 임금에서 공제한 6페니의 공제액과 각종 벌금을 기록한 장부를 보존해야 한다고 규정하였고, 10조는 선원 1인당 한 달에 6페니씩 임금에서 공제한 금액과 벌금액을 그리니치 구빈원에 전달하지 않을 때 선장 혹은 선주는 그 원래 가치의 3배를 몰수당한다고 규정하였다.[65] 이 규정들은 앞서 말한 1696년 법령에서 정한 선원 임금에서의 6페니 공제액이 그리니치 구빈원으로 전달되지 않는 일이 빈번했기에, 이를 방지하기 위해 선장 쪽에서의 철저한 장부 관리를 명령한 것인데, 이는 실제로 그리니치 구빈원이 선원들의 복지에 얼마나 기여했는가와 무관하게, 법률상으로는 선원 복지 기금을 마련하려는 의도를 내포하고 있었다고 한다.[66]

11조[67]에는 아주 중요한 다음의 문장이 제시되어 있다. "이 법령은 공법(publick act)으로 여겨지고 그렇게 다루어질 것이다." 즉 이 법령은 지금까지 선원 관련 소송에서 준거로 사용되어 온, 그럼으로써 자주 혼돈을 일으켰던 "관습법"이 아니라는 것이다. 이 법령은 국가와 의회가 정한 "공법"으로서 "모든 판사와 치안판사들은 이에 의거하여" 판결을 내려야 했다. 따라서 이 법령의 적용을 받는 선원들의 법적 지위 역시 명확하게 하나의 공민(the public)으로 인정되는 것이었다.

12조는 이 법령이 5년 시행의 한시법임을 밝히고 있으며, 13조는 상선 업무 수행 중 해군 복무에 소집되었을 때 기존 업무에서 계약으로 정한 임금 전액을 지급받는다고 하였다.[68] 이 13조도 선원의 입장

---

65   *Ibid.*, 114.

66   Dixon, "Seamen and the Law", p. 20.

67   2 Geo. II, c. 36, *The Statutes at large*, vol. XVI (1765), 114.

68   *Ibid.*, 114~115.

에서는 아주 중요한 부분이었는데, 당시 상선 선원이 해군으로 강제 징모를 당하게 되면 그 동안의 보수를 지급받지 못하는 일이 흔했기 때문이다. 이 때문에도 상선 선원들이 강제징모를 당하는 일을 극히 두려워했기 때문에, 이 조항은 상선 선원들을 해군 복무로 유인하기 위해 법안 논의 과정에서 최종적으로 추가된 것으로 보인다.

이 법령은 12조에 나와 있듯이, 원래 5년 기간의 한시법으로 시행했지만, 이후 5년마다 갱신되었고 1761년에는 최종적으로 영속 법으로 확정되었으며, 아울러 식민지에도 적용되었다.[69] 이후 잉글랜드에서는 1843년 처음으로 '선원법'이 제정될 때까지 계속 이 법령이 선원 관련 기본 법으로 활용되었고,[70] 미국에서도 독립 후에 계속 이 법에 입각하여 선원을 관리했다.[71]

그렇다면 이러한 1729년의 법령을 어떻게 평가할 것인가. 이미 17세기부터 해사법정에서 선원들이 "관습과 관례"에 입각하여 다양한 전략으로 승리를 이끌어냈음을 입증하는 블레이크모어는 이 법령에 대한 평가에서 유보적인 입장을 취한다. 그는, 1729년의 법령이 "장기적으로 볼 때 해양법의 기초를 관습에서 법률로 이전하고 따라서 해양 공동체에서 국가로 이전했다는 점에서" 중요했음을 인정한다. 그러나 "그 법령이 선원들에게 미친 즉각적인 영향은 과장되어선 안 된다"고 하고 있다.[72]

---

69 2 Geo. III, c. 31, *The Statutes at large*, vol. XXV, pt. 1 (1763), 178~179.

70 Dixon, "Seamen and the Law", p. 75.

71 Norris, "The Seamen as Ward", p. 483.

72 Blakemore, "The Legal World of English Sailors", p. 119. 그는 1729년 이후에도 해사법정에서 가장 중요한 준거는 뱃사람들의 "관습과 관례"였다고 주장한다.

실제로 1729년의 법령에는 선원의 선상생활에서 가장 중요한 부분에 속했던[73] 식사나 술, 혹은 무료로 자기 화물을 선적할 수 있는 특권과 관련한 내용이 전혀 없다는 것을 확인할 수 있다. 이에 따라 서면 계약에도 이런 내용이 포함되지 않았으며, 이런 것들과 관련해 분쟁이 발생할 때에는 관습에 의거해서 판결을 내렸다는 것은 사실이다. 특히 위 세 가지 사항 중 앞의 두 사항은 선원의 선상생활과 관련해 매우 중요한 것이며, 뒤의 자기 화물 선적 특권의 경우는 선원의 가외 소득과 관련해 핵심적인 역할을 하는 부분이다.[74] 따라서 이에 대한 규정이 법령에 없다는 것은 이 법령이 과연 선원들의 입장에서 마련된 것인가라는 의문이 들게 한다. 아울러 이 법령 이후에도 19세기까지 선상에서 선장의 과도한 폭력 행위가 계속되었으며, 특히 선상 위계 및 선장의 권위와 관련해 이런 폭력이 광범위하게 허용되었음도 사실이다.[75] 한편 서면 계약을 의무로 삼게 되었지만 이 서면 계약의 내용 자체를 선원에게 불리하게 작성하는 경우도 많았다고 한다.[76] 따라서 위에 제시한 블레이크모어의 유보적인 평가는 얼마간 설득력이 있다.

---

73 Blakemore, "Life at Sea", pp. 191~192. 이 시기 선원들이 공급받은 식사는 "다소 부적절"했다고 한다. Davis, *The Rise of the English Shipping*, p. 139.

74 앞서 '올레롱 법'에서 보았듯이, 중세 북서 및 북부 유럽의 해운에서는 일반 선원들에게도 이런 특권이 인정되었음이 분명하나, 17세기 잉글랜드의 선원들에게는 동인도 무역이나 노예무역에 종사하는 경우를 제외하면 이런 특권이 거의 인정되지 않았다고 한다. *Ibid.*, pp. 141~143.

75 Norris, "The Seamen as Ward", pp. 483~485. 마커스 레디커는 1729년 법령 제정 이후부터 18세기 중반까지 선장의 과도한 폭력으로 인한 소송이 가장 많이 발생했다고 한다. 레디커, 『악마와 검푸른 바다 사이에서』, 198쪽.

76 레디커, 『악마와 검푸른 바다 사이에서』, 117쪽.

하지만 이 법령은 공식화된 임금 계약을 명령함으로써, 선장이 선박의 합의된 항로를 마음대로 바꾸지 못하게 하였으며,[77] 무단이탈 비율을 상당히 줄이는 효과를 거두었다.[78] 이 법령은 계약을 이행하지 않는 고용주로부터 선원이 벗어날 수 있는 법적 방법을 제시했던 것이다. 이후 1729년의 법령에 따라 모든 잉글랜드 선박에서 선장 및 선주들은 선원과 다음과 같은 형식의 계약을 서면으로 작성해야 했다.

이제 런던항을 떠나 제노바와 리보르노로 항해하고 배가 향하게 될 곳으로 다시 돌아올 선장 로버트 파울러(Robert Fowler)의 배 <존앤헤스터(John and Hester)>호의 선장과 선원(Seamen), 뱃사람들(Mariners) 사이에 이렇게 동의하는 바이다.

각각의 선원과 뱃사람의 이름마다에 주어진 월급을 고려하여 그들 각각은 위에서 언급한 항해를 수행할 것이고, 앞서 말한 선장 로버트 파울러는 이로써 왕 조지 2세 치세 2년에 만들어진 '상선 선원의 더 나은 규제와 관리를 위한 법'이라는 제목의 의회 법에 따라 지불될 그런 월급으로 앞서 말한 항해를 위해 앞서 말한 선원 및 뱃사람들과 합의하여 고용한다는 점. 이에 대한 증거로서, 그들 각각은 이 문서에 서명을 남긴다.

[여기에 선원들의 서명과 서명 날짜가 있고, 각 선원의 이름마다에 각각의 지위와 임금이 적혀있음.][79]

---

77 이는 당시 선원의 주된 불만 사항 중 하나였다. Davis, *The Rise of the English Shipping*, pp. 140~141.

78 레디커, 『악마와 검푸른 바다 사이에서』, 102쪽.

79 Davis, *The Rise of the English Shipping*, p. 136에서 인용. 이것은 아주 공식적인 계약 양식이었다. 모든 서명자는 글을 읽을 수 있다면, 다른 선원이 얼마의 보수

그리고 이렇게 선원만이 아니라 선장과 선주까지 모두 서명한 이 계약서는 차후 선원들이 소송을 제기할 때 중요 근거가 되었고, 선원들이 해사법정에서 승소하는 데 가장 중요한 역할을 하였다. 이렇게 볼 때 이 법령이 "해양법의 기초를 관습에서 '법률'로 이전하고 따라서 해양 공동체에서 국가로 이전했다는 점에서" 중요했다는 블레이크모어의 인정은 그의 이 법령에 대한 유보적인 입장을 넘어서는 것으로 보인다. 임금 및 항해상 선원의 의무와 관련한 중요 사안들을 명시적으로 법에 담아 고용 계약의 서면 작성을 규정하고, 이 고용 계약서를 소송의 가장 중요한 증거로 활용하도록 한 것은 법 앞에서 선원의 지위를 확고히 한 것으로 보아야 하며, 이는 사회적으로도 선원의 지위를 향상시킨 것으로 보아야 할 것이다. 그러하기에 딕슨(Dixon)은 이 법령을 "1800년 이전에 법령집에 실린 선원의 운명에 영향을 준 단일 법령 중 가장 중요한 것"이라고 평가했던 것이다.[80]

V. 결론

중세 이래 18세기 초까지 잉글랜드 선원들은 자신의 선상생활과 특히 보수와 관련한 각종 소송에서 과거부터 내려오는 '올레롱 법'과 같은 해양 관습법의 적용을 받거나 법정에서 인정된 자신들의 "관습과 관례"에 의거해 판결을 받고 있었다. 하지만 이런 관습법이란 것은 실제 선상의 현실에서 선장이나 선주들이 꼭 지켜야 하는 법조문

를 받는지를 볼 수가 있었다.

80 Dixon, "Seamen and the Law", p. 24.

이란 측면에서 "약한 법"으로 작용했고, 이는 선원 쪽에서 제기하는 폭력과 임금 등과 관련한 소송들이 매우 빈번했다는 사실이 입증하고 있다. 블레이크모어의 주장처럼, 선원들이 이런 "관습과 관례"를 이용해 광범위하게 소송에서 이기고 있었음을 인정하더라도, 법적인 측면에서 선원의 지위를 명확히 규정하는 법령이 없는 것은 선원들이 법적인 측면에서 불확실한 존재였고 그들의 삶이 그 자체로 사회적으로 존중받지 못하고 있음을 보여주는 것이었다.

또한 16세기 이래 잉글랜드에서 간간이 제정되던 선원 관련 입법의 경우에도, 선원을 "왕국의 안녕과 부"에 핵심적인 존재로서 인정하여 그들의 지위를 확고히 하려는 목적을 가진 것이 아니라, 잉글랜드의 해군 병력 충원을 위한 "저장고"로서 선원의 지속성을 유지하려는 취지를 가진 것이 대부분이었다. 1729년의 법령 이전에 제정된 모든 법령들은 사실상 선원을 국가의 이해관계, 특히 해군 충원의 목적과 유지에 종속된 존재로 인식했음을 위 3장에서 분명히 볼 수 있었다.

이런 상황에서 1729년에 제정된 '상선 선원의 더 나은 규제와 관리를 위한 법령'은 전문에서 보이듯이, 여전히 국가의 이해관계와 상인들의 입장에 입각해서 추진된 것으로 볼 수 있다. 그럼에도 이 법령은 "왕국의 안녕과 부"에 상선 선원을 관리하는 것이 매우 중요함을 처음으로 인정하였고, 이에 따라 실제 만들어진 법령의 조항들은 상인 및 선주 쪽만이 아니라 선원들에게도 크게 도움이 될 수 있는 여러 조항들을 담고 있었다. 무엇보다 서면 계약의 필수적인 작성을 규정하고, 임금 관련 규정을 확실하게 했으며, 서면 계약서의 법적 효력을 명확히 한 것은, 나아가 이 법령을 "공법"으로 선언하고 서면 계약서가 "모든 당사자에게 최종적이며 구속력을" 가진다는 것을 분명히 한 점은 잉글랜드 선원들의 법적인 지위를 확고하게 정한 것으로 인정될 수 있다.

분명히 유보적인 평가를 가능케 할 만큼 몇 가지 한계를 지니고 있음에도, 1729년의 법령은 이후 잉글랜드 선원들이 근대 역사 속에서 법적으로만이 아니라 사회적으로도 자신의 존재를 인정받게 되는 출발점에 있다고 할 것이다. 그러하기에 1720년대 이후 잉글랜드 선원이 주도하던 대서양 해적이 소멸[81]하고 18세기 말에 들어 잉글랜드 선원들 사이에 초기 '민족 정체성'이 대두(넬슨 해군의 등장)하는 모습[82]으로 이어지는 일련의 전개과정은 1729년 법령에서 시작된 선원의 법적 지위 및 사회적 지위 상의 변화와 직·간접적으로 연결된 것으로 볼 수 있을 것이다.

---

[81] 대서양 해적은 1720년대를 끝으로 종식되었다. 현재열, 「황금기 대서양 해적의 '해적 규약'」, 71쪽 참조. 물론 잉글랜드 선원 출신이 가장 많은 비중을 차지하던 이 시기 대서양 해적의 소멸은 대서양과 세계 무역에서 점차 자신감을 획득하던 잉글랜드의 대대적인 해적 토벌이 작용한 것이다. 하지만 그와 함께 이런 법적 정비를 통한 선원의 지위에 대한 개선 작업 역시 해적의 소멸에 기여했다고 본다. Rediker, *Villans of All Nations*, pp. 36~37.

[82] 최근 19세기 민족주의의 본격적인 대두 이전에 이미 18세기 해군 함선의 선상에서 "초기 민족 정체성"이 등장했음을 탐색하는 연구들이 제시되고 있다. John Masefield, *Sea Life in Nelson's Time* (Annapolis, Md.: Naval Institute Press, 2002), 7장; Marianne Czinsnik, "Nelson, Navy and National Identity", in J. Davey and Q. Colville (eds.), *Nelson, Navy and Nation: The Roya Navy and the British People, 1688-1815* (London: Conway, 2013), pp. 330~366; James Davey, "The Naval Hero and British National Identity, 1707-1750", in Duncan Redford (ed.), *Maritime History and Identity: The Sea and Culture in the Modern History* (London: I. B. Tauris & Co., 2014), pp. 13~37 참조.

참고문헌

자료

The Statutes at Large, vol. vol. VI; vol. VII; vol. VIII; vol. IX; vol. X; vol. XI; vol. XII; vol. XV; vol. XVI; vol. XXV, pt. 1 (1763~1765).

Sir. Travers Twiss (ed.), *The Black Book of Admiralty*, 4 vols., London: Longman & Co., 1871-1876.

The Laws Relating to Merchant Seamen, as set forth in the Act 7 and 8 Victoria, Chapter 112, digested and explained, London: Pelham Richardson, 1845.

William Welwood, *An Abridgement of all Sea-Lawes*, London: Humfrey Lownes, 1613.

Lex Mercatoria; or, the Merchant's Companion Containing all the Laws and Statutes Relating to Merchandize, Savoy: E.&R. Nutt, 1729.

문헌: 영문

Blakemore, Richard J., "Life at Sea", in James Davey (ed.), *Tudor & Stuart Seafarers: The Emergence of a Maritime Nation, 1485-1707*, London: Adlard Coles, 2018, pp. 181~197.

―――――――――――, "The Legal World of English Sailors, c. 1575-1729", in Maria Fusaro, et al. (eds.), Law, *Labour and Empire: Comparative Perspectives on Seafarers, c. 1500-1800*, Houndmils, UK: Palgrave Macmillan, 2015, pp. 100~120.

Camp, Anthony, "Apprenticeship", *Practical Family History* 64 (2003), pp. 12~14.

Canny, Nicholas (ed.), *The Origins of Empire*, Vol. 1 of *Oxford History of British Empire*, Oxford: Oxford Univ. Press, 1998.

Czinsnik, Marianne, "Nelson, Navy and National Identity", in J. Davey and Q. Colville (eds.), *Nelson, Navy and Nation: The Roya Navy and the British People, 1688-1815*, London: Conway, 2013, pp. 330~366.

Davey, James, "Adventurers: England Turns to the Sea, 1550-80", in James Davey (ed.),

Tudor & Stuart Seafarers: The Emergence of a Maritime Nation, 1485-1707, London: Adlard Coles, 2018, pp. 39~53.

_____, "The Naval Hero and British National Identity, 1707-1750", in Duncan Redford (ed.), *Maritime History and Identity: The Sea and Culture in the Modern History*, London: I.B. Tauris & Co., 2014, pp. 13-37.

Davis, Ralph, *The Rise of the English Shipping Industry in the Seventeenth and Eighteenth Centuries*, London, 1962; reprint, St. John's: Memorial Univ. of Newfoundland, 2012.

Dixon, Conrad H., "Seamen and the Law: An Examination of the Impact of Legislation on the British Merchant Seaman's Lot, 1588-1918", Ph.D. thesis, University College London (1981).

Earle, Peter, *Sailors: English Merchant Seamen 1650-1775*, London: Methuen, 1998, 2007.

Frankot, Edda, "Medieval Maritime Law from Oléron to Wisby: Jurisdictions in the Law of the Sea", in Juan Pan-Montojo and Frederik Pedersen (eds.), *Communities in European history: representations, jurisdictions, conflicts*, Pisa: Pisa University Press, 2007, pp. 157~178.

Gardas, Miro, et al., "Legal regulation of trade in fish, wine and salt in the statutes of Dalmatian cities in the Medieval time", in Jordi I. Gelabert, et al. (eds.), *Proceedings of the 4th Mediterranean Maritime History Network Conference, Barcelona, 7-9 May 2014* (Barcelona: Museu Marítime de Barcelona, 2017), pp. 517~535.

Heebøll-Holm, Thomas K., "Law, order and plunder at sea: a comparison of England and France in the fourteenth century", *Continuity and Change* 32-1 (2017), pp. 37~58.

Masefield, John, *Sea Life in Nelson's Time*, Annapolis, Md.: Naval Institute Press, 2002.

Norris, Martin J., "The Seamen as Ward of the Admiralty", *Michigan Law Review* 52-4 (1954), pp. 479~504

Pyé, Dorota, "The Laws of Oleron as the Rules Governing Maritime Labour. Have We Learned A Lesson From the Past?", *Gdańskie Studia Prawnicze* 3 (2019), pp. 161~176.

Rediker, Macus, *Villains of All Nations: Atlantic Pirates in the Golden Age*, London: Verso, 2012.

Rogers, Nicholas, "British impressment and its discontents", *The International Journal of Maritime History* 30-1 (2018), pp. 52~73.

Scott, David, "The Spanish Armada and England's Conflict with Spain, 1585-1604", in James Davey (ed.), *Tudor & Stuart Seafarers: The Emergence of a Maritime Nation,*

1485-1707, London: Adlard Coles, 2018, pp. 55~76.

Shepard, James W., "The Rôles d'Oléron ‑ A Lex Mercatoria of the Sea?", in V. Piergiovanni (ed.), From Lex Mercatoria *to commercial law*, Berlin: Dunker & Humblot, 2005, pp. 207~217.

Trench, R.B. Chenevix, "National Service Two Centuries Ago: The Press Gang", *History Today* 6-1 (1956), pp. 37~45.

Unger, Richard W, "Overview. Trades, Ports and Ships: The Roots of Difference in Sailors' Lives", in Maria Fusaro, et al. (eds.), *Law, Labour and Empire: Comparative Perspectives on Seafarers, c. 1500-1800*, Houndmills, UK: Palgrave Macmillan, 2015, pp. 1~17.

문헌: 국문

개릿 매팅리, 콜린박·지소철 옮김, 『아르마다』(너머북스, 2012).

데이비드 커비·멜루자-리자 힌카넨, 정문수 외 옮김, 『발트해와 북해』(선인, 2017).

마커스 레디커, 박연 옮김, 『악마와 검푸른 바다 사이에서 ‑상선 선원, 해적, 영-미의 해양세계, 1700-1750』(까치, 2001).

전영우 외, 「선원의 역할과 가치 ‑국적선원의 양성 필요성」(한국해양수산연수원, 2015).

조성식, 「1563년 영국 장인법의 제정의도」『서양중세사연구』 11 (2003), 159~194쪽.

최은순·안미정, 「한국 상선 해기사의 항해 경험과 탈경계적 세계관」『해항도시문화교섭학』19 (2018), 113~143쪽.

현재열, 「황금기 대서양 해적의 '해적 규약' ‑대안적 사회 질서의 가능성」『해항도시문화교섭학』 23 (2020), 68~72쪽.

17·18세기 영국 선원의 사회사에 대한 이해
- 계급론 vs. 비(非)계급론 -

현재열

Ⅰ. 머리말

17·18세기는 이후 2세기간에 걸쳐 전(全) 지구적으로 전개될 자본주의 산업화의 출발점에 있는 영국 산업혁명의 준비기이자 세계 육지의 3분의 1을 장악했던 거대한 영국 제국의 형성기였다.[01] 그리고 이 모든 과정이 시작된 대서양이야말로 "특정한 해양 기술에 의존하여 제국이 형성되고 자본주의가 흥기했던 역사적 공간"이었다.[02] 대서양을 무대로 한 식민지 개척, 노예무역, 다른 대륙과의 무역, 스페인을

---

01 Robert C. Allen, *The British Industrial Revolution in Global Perspective* (Cambridge: Cambridge Univ. Press, 2009), 1부; Nicholas Canny, "The Origins of Empire: An Introduction", in *The Origins of Empire*, Vol. 1 of *Oxford History of British Empire*, ed. by N. Canny (Oxford: Oxford Univ. Press, 1998), pp. 1~33.

02 Marcus Rediker, *Outlaws of the Atlantic: Sailors, Pirates, and Motley Crews in the Age of Sail* (Boston: Beacon Press, 2014), p. 3.

비롯한 여타 해양제국과의 경쟁 등 여러 해양활동이 영국의 경제 성
장과 제국 형성에 얼마나 중요했는가는 여전히 논란의 대상이지만,[03]
그럼에도 이 대서양 해양 활동이 영국 역사를 세계사적 의미를 갖도
록 전환시키는 데 결정적이었음은 널리 인정된다.[04] 따라서 대서양 해
양활동의 중요 주체로 인식된 이 시기 영국 선원이 영국 사회사 연구
의 주요 테마인 것은 당연한 일일 것이다. 그래서 독립 이전 미국 도
시사 연구자 게리 내쉬(Gary Nash)는 "질병과 저임금에 시달리며 고통
스럽게 살았던 이 노동자 집단을 고려하지 않는다면 해상무역이라는
거대한 수레바퀴를 힘겹게 돌렸던 수많은 인간들의 삶을 간과하게 될
것이다"라고 하여 선원에 대한 본격적인 연구를 촉구했다.[05]

하지만 근대 초기 영국 선원과 그들의 선상 세계에 대한 본격적인
연구가 시작된 것은 1987년 마커스 레디커(Marcus Rediker)가 『악마와
검푸른 바다 사이에서(Between the Devil and the Deep Blue Sea)』를 간행하
고 난 이후의 일이었다.[06] 물론 그 이전에도 영국 선원과 선상 세계에

03 Nicholas Crafts, "Explaining the First Industrial Revolution: Two Views",
    The University of Warwick Working Paper Series No. 10 (July 2010), pp.
    1~19; David Richardson, "The Slave Trade, Sugar, and British Economic
    Growth, 1748-1776", *Journal of Interdisciplinary History*, vol. 17, no. 4
    (1987), pp. 739~769; 이영석, 『영국사 깊이 읽기』(푸른역사, 2016), 11장 「영제국사
    서술과 지구사」, 274~299쪽.

04 James Davey (ed.), *Tudor and Stuart Seafarers: The Emergence of a
    Maritime Nation, 1485-1707* (London: Adlard Coles, 2018)에 실린 여러 논문들
    을 참고.

05 Gary B. Nash, *The Urban Crucible: Social Change, Political Consciousness,
    and the Origins of the American Revolution* (Cambridge, Mass.: Harvard Univ.
    Press, 1979), p. 64.

06 Marcus Rediker, *Between the Devil; and the Deep Blue Sea: Merchant
    Seamen, Pirates, and the Anglo-American Maritime World, 1700-1750*

대한 학술적 성과가 전혀 없었던 것은 아니다.[07] 하지만 레디커 이전
선원과 선상 세계에 대한 접근은 기본적으로 제국 형성사의 일부라
는 전제 하에 진행된 것으로, 근대 초기 대양의 범선 위에서 삶을 유
지한 선원에 중심 초점을 맞추지는 않았다.[08] 레디커의 연구부터 대
양에서 새로운 근대 세계의 축을 형성하는 핵심적 주체로서 활동한
선원을 선상 생활 그 자체에 주목하여 사회사적으로 본격적으로 탐
색하는 연구가 시작된 것이다.[09]

(Cambridge: Cambridge Univ. Press, 1987). 한국어판, 박연 옮김 『악마와 검푸른 바
다 사이에서: 상선 선원, 해적, 영-미의 해양세계, 1700-1750』(까치, 2001)(이하 이
책의 인용은 몇몇 경우를 제외하고 한국어판에 의거함). 이 책은 원래 1982년에 펜실베이
니아 대학에서 받은 박사학위 논문을 발전시킨 것이다.

07 아마도 선원과 그들의 선상 세계에 대한 가장 이른 접근은, Edward Ward,
The Wooden World Dissected, in the Character of a Ship of War, 2nd ed.
(London, 1708)일 것이다. 레디커 이전에 선원을 사회사적 시선으로 탐색한 것으
로는, Christopher Lloyd, *The British Seaman 1200-1860: A Social Survey*
(Rutherford: Fairleigh Dickinson Univ. Press, 1968)이 대표적이다.

08 레디커 이전에 나온 영국령 북미 식민지의 선원을 다루는 주요 연구로서, 1962
년 예일대 박사학위 논문으로 제출된 제시 레미쉬(Jesse Lemisch)의 연구가 있
다. 이 논문은 무슨 이유에서인지 모르지만 1997년에야 책으로 간행되었다.
Jesse Lemisch, *Jack Tar vs. John Bull: The Role of New York's Seamen in
Precipitating the Revolution* (New York & London: Routledge, 1997). 하지만 레
미쉬의 연구 역시 대서양 선원에 대한 고전적인 연구로 평가받고 선원 연구의 필독
서로 인정되지만, 미국 독립혁명에서 선원의 역할에 초점을 맞추고 있다.

09 사실, 선원만을 독자적으로 다룬 것은 아니지만, 영국 선원의 연구자들은 근대 초
기 선원의 선상 세계를 처음으로 본격적으로 다룬 것은 1962년에 나온 랠프 데이
비스(Ralph Davis)의 영국 해운사 연구였다고 본다. Ralph Davis, *The Rise of the
English Shipping Industry in the Seventeenth and Eighteenth Centuries* (1962;
St. John's, Canadada: International Maritime Economic History Association, 2012), 6장
과 7장. 한국에서 나온 근대 초기 영국 선원에 대한 연구는 극히 적다. 김성준, 「18
세기 영국 상선 선원의 기승구조와 노동조건」, 『항해항만학회지』 26권 1호 (2002),
55~65쪽; 현재열, 「17·18세기 잉글랜드 선원의 법적 지위 변화 -1729년의 '상
선 선원의 더 나은 규제와 관리를 위한 법령'을 중심으로」, 『역사와 세계』 60 (2021),

그런데 레디커 이후 지금까지 진행되어 온 근대 초기 영국 선원의 사회사 연구는 크게 두 가지 관점에서 진행되어왔다고 할 수 있다. 즉, 근대 초기 영국 선원을 계급적 시각에서 바라보는 쪽과 비(非)계급적 시각에서 바라보는 쪽이 존재한다. 전자를 대표하는 학자는 바로 선원 연구를 촉발시킨 마커스 레디커이며, 후자를 대표하는 학자는 선원만이 아니라 영국 사회사를 전반적으로 연구해온 피터 얼(Peter Earle)과 중견 사회사가로서 대서양 해양사 및 선원의 사회사를 전문적으로 다루어온 리처드 블레이크모어(Richard J. Blakemore)를 들수 있다.

마커스 레디커로 대표되는 계급적 시각의 연구자들은 근대 초기 영국 선원을 "잉글랜드와 아메리카 경제에서 가장 초기의 그리고 최대의 자유 임금노동자 집단들 가운데 하나"라고 보고 있다.[10] 대양을 가로지르는 "무역로들이야말로 제국경제, 나아가서 전 세계경제의 가장 기본적인 물질적 구조"였고, 이 구조를 지탱하는 "전 지구적 해상운송에는 해양 프롤레타리아트가 필요"했다고 보는 것이다.[11] 그래서 레디커가 보았을 때, 당시 대양 항해 선박 중 초기 자본주의의 논리를 대표한다고 본 '노예선'은 "'노예'라고 부르는 물자를 생산"하는 "현대적 의미의 공장"이었고, 선원은 그 공장에서 일하는 노동자였다.[12]

277~307쪽.

10 레디커, 『악마와 검푸른 바다 사이에서』, 17쪽.

11 위의 책, 28쪽; Rediker, *Outlaws of the Atlantic*, p. 5.

12 마커스 레디커, 박지순 옮김, 『노예선: 인간의 역사』 (갈무리, 2018), 64쪽. 심지어 레디커의 계급론적 시각에 따라 연구를 한 한 박사학위 논문은 이 시기 대서양 선원의 활동을 "노동계급 국제주의"의 한 원천이었다고까지 주장한다. Thierry

반면에 비계급적 시각에서 선원을 보는 연구자들은, 계급적 시각으로 선원을 보면 근대 초기 영국 선원의 삶이 가진 "상당한 양의 다양성을 보지 못하게 된다"고 비판한다.[13] "선원들의 삶은 아주 다양"했고, "마치 육상의 어떤 직업에도 좋은 사람과 나쁜 사람이 있었던 것처럼, 선장과 선원 중에도 좋은 사람도 있고 나쁜 사람도 있었던 것이다."[14] 선원에 대해 "우리가 가진 정형화된 이미지는 … 진실의 일면이 있지만, 여러모로 오해를 불러일으킨다." 선원의 선상 생활에서 분명히 고립적이고 차별적인 성격들을 찾을 수 있지만, 그만큼 선원들은 당대의 사회와 정치와 문화에 의해 규정되었고, 무엇보다 중요한 것으로 "뱃사람들은 가족과 공동체에 속했고, 그들의 삶은 … 이런 연계들에 의해 형성"되었던 것이다.[15] 따라서 선원에 대한 사회사적 접근은 섣불리 계급이란 잣대를 들이대기보다는 이런 모든 요소들을 있는 그대로 드러내는 것이 되어야 한다고 이들은 주장한다.

그런데 이 두 시각의 연구자들이 이용하는 자료는 모두 동일하다. 대양 항해를 하며 유랑하는 뱃사람들의 특성상 이들을 연구하기 위한 자료가 그리 많지 않다. 어느 시각에 입각하든 선원에 접근하는 모든 연구자는 런던 공문서보관소에 소장된 해사법정 소송기록, 항해일지, 선원 명부, 회계장부 등을 이용하며, 아울러 평선원에서 고급

Drapeau, "The Atlantic Roots of Working-Class Internationalism: A Historical Re-Interpretation", Ph.D. diss., York University (2014).

13   Richard J. Blakemore, "Life at Sea", *Tudor and Stuart Seafarers*, ed. by James Davey, p. 184.

14   Peter Earle, *Sailors: English Merchant Seamen 1650-1775* (London: Methuen, 1998, 2007), pp. 11과 14.

15   Blakemore, "Life at Sea", p. 197.

선원으로 승진한 이들이 주로 남겨놓은 여러 선원 회고록을 참고한다.[16] 한편으로 이 시기만이 아니라 시대를 아우르는 선원에 대한 통계적 접근을 위해선, 19세기 말까지 영국에서 배를 타는 선원이라면 누구나 납부해야 했던 그리니치 구빈원(Greenwich Hospital) 기부금인 6 페니 공제 등록부를 필수적으로 이용한다.[17] 결국 1980년대 이래 두 시각의 연구자들은 모두 같은 자료를 이용하여 영국 선원의 선상 세계와 관련된 수많은 사실들을 밝혀내었지만, 그 사실의 해석에서 차이를 드러내고 있는 것이다. 한쪽에서는 사실들을 계급적 시각에서 해석하여 선원을 "최초의 노동계급"으로 규정하고자 하고, 다른 쪽에서는 이에 대한 반발로 여러 자료에서 드러난 다양한 사실들이 계급적 잣대로만 선원을 평가할 수 없음을 보여준다고 주장한다. 즉, 근대 초기 영국 선원에 대한 사회사 연구에는, 이 시기 선원에 대한 계급 개념의 과도한 적용과 이에 대한 반발이 공존하고 있는 것이다.

이 글은 근대 초기 영국 선원에 대한 이런 계급론적 접근과 비계급론적 접근을 몇 가지 쟁점을 통해 살펴보면서 이 시기 영국 선원이

---

16 대표적인 것으로, 17세기 후반에서 18세기 초에 걸쳐 대서양 및 인도양에서 상선 선승 경험을 가진 에드워드 바로(Edward Barlow)의 회고록과 평선원에서 드물게도 선장까지 지낸 존 크레머(John Cremer)의 회고록 등을 들 수 있다. Edward Barlow, *Barlow's Journal*, ed. by B. Lubbock, 2 vols. (London: Hurst & Blackett, 1934); John Cremer, *Ramblin' Jack: the Journal of Captain John Cremer 1700-1774*, ed. by R. Bellamy (London: Jonathan Cape, 1936).

17 이 자료도 런던 공문서보관소에 소장되어 있다. 이 자료에 대해선, Ralph Davis, "Seamen's Sixpences: An Index of Commercial Activity, 1697-1828", *Economica* 23 (1956), pp. 328~343; Christopher J. French, "Seamen's Sixpences and Eighteenth-Century Shipping Records: An Exercise in Shipping Reconstitution", *International Journal of Maritime History*, vol. 7, no. 1 (1995), pp. 57~81 참조.

라는 사회적 존재를 어떻게 바라보아야 할지를 검토하려 한다. 선원을 계급 대 비계급의 시각에서 바라보는 것을 검토할 때 쟁점은 보수제도와 규율, 계급의식을 기본으로 잡을 수 있다. 이것들은 한 사회적 집단을 '계급'이라 규정할 때 일차적으로 기초하는 기준들이라 할 것이다.[18] 이 외에도 몇 가지 쟁점(위계와 출신)이 더 있을 수 있지만 이 글에서는 위 세 가지에 집중하겠다.

그런데 위의 두 시각에 입각한 연구들을 쟁점별로 살펴보기 전에, 이 두 시각의 연구자들이 말하는 '선원'이 도대체 누구인가부터 검토해 보아야 한다. 근대 초기 영국 선원에 대한 연구들을 전체적으로 검토해보면, 각자가 '선원'이라고 부르는 대상에 미묘한 차이가 있음을 발견할 수 있기 때문이다. 다음 장에서는 계급적 시각을 대표하는 레디커가 다루는 '선원'이 누구인지를 명확히 하고 비계급적 시각의 사회사가들의 '선원'과 비교해 볼 것이다. 이를 통해 레디커의 계급적 시각에서 문제시하는 '선원'이라는 대상이 실제 근대 초기 영국 선원을 다 반영하기에는 협소하다는 점을 먼저 밝히고, 위에서 제시한 쟁점들로 들어가고자 한다.

II. '선원'이라는 대상

위에서 밝혔듯이, 계급적 시각에서 선원에 접근하는 대표적 연구

---

18 공제욱 외, 『사회계급론』(한길사, 1989), 11~20쪽; 서관모, 「마르크스주의 계급이론: 프롤레타리아트 개념을 중심으로」, 서울대학교 사회학연구회편, 『사회계층: 이론과 실제』(다산출판사, 1991), 3~19쪽.

자인 레디커가 연구 대상으로 삼는 '선원'과 그런 시각을 비판하며 선원에 대한 다각적인 접근을 강조하는 학자들이 말하는 '선원'에는 그 지칭 대상 면에서 미묘한 차이가 존재한다. 이 장에서는 계급적 시각의 연구와 비계급적 시각의 연구가 가진 대립적 양상을 본격적으로 살펴보기 전에, 이 '선원'이라는 대상에서 나타나는 차이부터 잠시 살펴보도록 하겠다. 연구 대상을 명확히 하는 것은, 내용 상의 차이를 이해하기 위해서 중요할 뿐 아니라 그 의미를 읽고 나름의 결론을 제출하기 위해서도 꼭 필요하기 때문이다.

근대 초기 영국 선원을 "가장 초기의 … 임금노동자 집단"이라고 부르면서 선원이라는 사회적 존재가 가진 계급적 성격을 강조한 마커스 레디커는 실제 자신의 연구 대상을 "common seamen", "foremastmen", "deep sea sailors"라고 정한다.[19] 즉, 레디커의 관심 대상은 대양, 특히 대서양을 항해하는 상선의 평선원이며, 여기에서 선장과 고급 선원은 제외된다.[20] 그가 보건데, "나무로 만든 작은 선상세계"는 상선의 선장 및 고급 선원 대 평선원의 계급 관계로 구성되던 것이다. 단순화시켜 말하자면, 선상 위에서 선장은 자본가이고, 고급 선원은 반장 혹은 십장(foremen)에 해당하며 평선원은 노동자라는 계급 구도가 있었다고 상정하는 것이다.[21]

---

19 레디커, 『악마와 검푸른 바다 사이에서』, 14쪽(원어 표현은 영어판, p. 5에 의거함).

20 위의 책 15쪽.

21 레디커는 노예무역선을 다룬 책에서 "선장의 머리 위에는 더 크고 야만적인 존재가 있었다"(『노예선』, 399쪽)고 하여 상인 자본가와 선장의 결탁을 분명히 하지만, 18세기 등장하던 자본주의 체제와 그가 상인 자본가와 선장으로 표현하는 자본가의 관계에 대해 세밀한 분석을 하지는 않는다. 이에 대해선, Christopher L. Brown, "Little Ships of Horror", *The Nation*, 286 (2008), pp. 24~28 참조.

하지만 비계급론에 입각한 사회사가들은 선장을 제외한 모든 승선원(crew)을 "선원(seafarers, sailors, seamen)"으로 분류하고 있다. 이들은 연구 대상을 상선 "선원" 전체로 설정하고, '상선'이라는 범주에 연안 무역선, 유럽 내 근거리 무역선, 지중해 무역선, 대서양횡단 무역선, 노예무역선, 동인도회사 무역선 등, 어업이나 포경업에 종사하는 선박을 제외한 전부를 포함시킨다.[22] 물론 이들도 고급 선원과 평선원들 사이에 임금 격차가 존재했고, 선상에서 맡는 업무 사이에 구분이 존재했음을 인정한다. 하지만 '평선원' 내에도 "숙련 선원(able seamen)"과 "일반 선원(ordinary seamen)"을 구분했고, 임금 및 업무에서 차이가 존재했었다.[23] 그러면서도 이들은 선원에 대한 통계 분석이나 사망률 산정, 상선의 전반적인 근무 조건 분석에서는 내부적인 차이를 두지 않았다.[24]

그러면 17·18세기에 실제로 상선에서 근무한 영국 선원은 얼마나 되었는지를 통계적으로 살펴보자. 근대 초기 영국 사략선에 대한 연구로 유명한 데이비드 스타키(David Starkey)는 앞서 말한 6페니 공제 등록부에 기초해 1707년에서 1828년에 이르는 긴 기간에 걸쳐 연도별로 영국 선원의 수가 어떻게 변화했는지를 도표로 제시했다.[25] 이

---

22 Earle, *Sailors*, pp. 5~7; Davis, *Rise of the English Shipping*, pp. 146~147; Blakemore, "Life at Sea", pp. 181~183.

23 Davis, *Rise of the English Shipping*, pp. 107~108; Blakemore, "Life at Sea", p. 193; Peter Earle, "The Origins and Careers of English Merchant Seamen in the Late Seventeenth and Early Eighteenth Centuries", *The Social History of English Seamen 1650-1815*, ed. by Cheryl A. Fury (Woodbridge, UK: The Boydell Press, 2017), pp. 315~318.

24 예컨대, Earle, *Sailors*, 3장, "Conditions of Service" 참조.

25 David J. Starkey, "Private Enterprise, Public Policy and the Development

추계에 따르면, 1707년에 영국 상선 선원은 3만 1,000명이었고 1755년에는 약 5만 2,000명으로 늘어났다. 여기에 하천이나 운하 등의 내륙 수로에서 일하는 선원 약 6,000명을 합치면 18세기 중반 영국 상선 선원은 약 6만 명 정도로 추정할 수 있다. 이 수치는 해군 복무자를 제외하고 영국 선원을 1660년에 3만 명 정도로, 1770년대 5만 명 이상으로 파악하는 피터 얼의 추정치나 다른 연구자들의 추정치와 거의 일치한다.[26]

하지만 이런 전체적인 선원 수치는 레디커가 연구 대상으로 삼은 '선원', 즉 대서양 항해를 주로 수행하는 선원의 수적 비중을 보여주지 못한다. 전반적으로 볼 때, 이 수치들은 계급론적 시각의 연구자들보다는 비계급론적 시각의 연구자들이 대상으로 삼는 선원들에 해당한다고 볼 수 있다. 그렇다면 레디커가 주요 관심 대상으로 두는 대서양을 항해하는 상선의 평선원 숫자는 어느 정도였을까. 사실 레디커도 18세기 중반 무렵 선원 수를 6만 명 이상으로 제시하여[27] 일반적인 선원 연구자들의 선원 수 추정치와 일치하고 있다. 하지만 레디커가 책의 결론에서 제시하는 이 수치는 자신의 연구 대상인 '대서양을 항해하는 상선의 평선원' 수치가 아니라 당시 "파도를 헤치고 다닌" 영

---

of Britain's Seafaring Workforce, 1650-1815", *The Social History of English Seamen*, pp. 170~172의 표 8.1. 6페니 공제액은 1696년의 법령을 통해 당시 선원이라면 누구나 제출해야 했고 그 내용을 반드시 장부에 기록해야 했기에(7 & 8 Will. III, c. 21, *The Statutes at large*, vol. IX [1764], 419~428), 선원의 수를 파악하는 데 핵심적인 자료로 이용할 수 있다.

26 Earle, *Sailors*, p. 7; Earle, "The Origins and Careers", p. 129. 18세기 선원 수에 대한 이전 학자들의 추정치를 정리해 놓은 것은, 김성준, 「18세기 영국 상선 선원의 기승구조」, 62쪽을 참조.

27 레디커, 『악마와 검푸른 바다 사이에서』, 264쪽.

국인 전체를 의미했다.[28] 즉 그가 제시하는 선원 수는 자신의 주 관심 대상에 해당하는 숫자가 아닌 것이다.

여기서 다시 스타키가 제시하는 통계를 참조할 수 있다. 스타키는 영국 국립기록보관소(TNA)에 보존된 1790년의 영국제국 소속 선박에 대한 통계 자료에 근거해 이 해에 영국 선원들이 종사한 무역들을 지역별로 분류하여 각각의 선박 총수와 용적톤수, 종사 선원수를 표로 제시했다.[29] 이 표에 근거해 1790년 영국 선원이 종사한 무역의 분포를 살펴보면 다음과 같다.

1790년 영국 소유 상선 선원이 종사하는 무역의 분포

북해/ 발트해	인접 유럽 지역	이베리아/ 지중해	영국 내부	아메리카 대륙	포경업	동인도 (아프리카 포함)	총합
28,761명	38,021명	13,355명	57,829명	29,983명	11,459명	10,998명	190,406명

출처: David J. Starkey, "Private Enterprise, Public Policy and the Development of Britain's Seafaring Workforce, 1650-1815", p. 177, 표 8.5에 근거하여 작성.

이 표에 근거해 영국 선원이 종사한 무역의 분포를 추산해 보면, 유럽 역내 근해 무역에 17 퍼센트, 브리튼 섬 연안 무역에 30.4 퍼센트, 이베리아 및 지중해 무역에 7 퍼센트, 대(對)아메리카 무역에 15.7 퍼센트, 아프리카를 포함한 동인도 무역에 6 퍼센트가 종사했다. 이런 영국 상선 선원이 종사한 무역의 분포를 고려하면, 레디커의 관심 대상인 동인도 무역을 포함해 대서양을 항해하던 원양 상선 선원의

---

28   위의 책. 인용 번역은 영어판, p. 290에 의거해 수정했다.
29   Starkey, "Private Enterprise, Public Policy", p. 177, 표 8.5.

규모는 약 1만 3,000명 정도로 전체의 22 퍼센트에 해당한다. 게다가 이 수치는 고급 선원과 평선원을 구분하지 않은 것이다.

위의 추정치에 의거하면, 레디커는 전체의 22 퍼센트 정도에 해당하는 선원에 근거해서 근대 초기 영국 선원 전체의 계급성을 논하고 있는 것이며, 이것은 그의 연구 대상이 선원 전체의 계급성을 이야기하기에는 한계가 있음을 보여준다. 반면에 비계급적 시각의 사회사가들이 다루는 연구 대상은 이 표에 포함된 거의 모든 선원이 해당된다고 할 수 있다. 이런 양측 연구자들의 연구 대상을 염두에 두고서 아래에서는 서론에서 밝힌 계급 문제와 관련한 쟁점들을 하나씩 살펴볼 것이다.

III. 보수(임금제도)

위의 연구 대상에 대한 대략적인 파악 위에서, 먼저 선원들을 '노동계급'으로 설정하는 첫 번째 근거로서 보수, 즉 임금제도 문제를 살펴보자. 계급적 시각을 대표하는 연구자인 레디커는 "선원의 삶이란 '자유 임금노동'이라는 추상적인 개념을 아주 구체적으로 구현하고 있었다"[30]고 하여 근대 초기 영국 선원이 근대적인 자본-임노동 관계에 포섭되었다고 주장한다. 노예선을 연구한 다른 책에서 그는 선원들이 "엄격한 규율과 깐깐한 관리감독과 함께 기술적 도구를 활용하였고, 이 결과물[즉, 노동의 산물 -인용자]은 모두 국제 노동시장에서

---

30   레디커, 『악마와 검푸른 바다 사이에서』, 113쪽.

벌어들일 수 있는 임금으로 교환되었다"고 밝힌다.[31] 레디커의 이런 주장은 "대규모 팽창하는 상품 시장의 창출과 대규모 활용 가능한 자유 노동력의 창출은 함께 진행되며, 같은 과정의 두 가지 측면"이라는 홉스봄의 명제[32]에 기초한 것이다.

비계급적 시각의 사회사가 역시 이 시기 영국 선원이 근대 초기 영국 노동자 집단 중 근대적 임금 노동제도의 적용을 가장 빨리 받은 집단 중 하나임을 인정하며,[33] 동시에 모든 연구자(레디커를 비롯하여)는 이 시기 선원의 보수가, 월급, 할급(by the share), 항해별 일시불이라는 세 가지 방법으로 지급되었음도 확인한다.[34]

월급 형태의 보수는 레디커가 주로 관심을 두는 대서양 무역 상선과 지중해 무역 및 동인도 무역 종사 상선, 그리고 해군 함선에서 주로 나타났고, 할급은 사략선(혹은 해적선), 일부 포경선, 어선(월급과 병행)에서 나타났다. 항해별 일시불은 연안 무역선 및 유럽 대륙과의 단거리 무역선에서 주로 보였는데, 예컨대 뉴캐슬(Newcastle)에서 런던을 운항한 석탄 운반선의 경우, 평균 6주의 항해를 하지만 보수는 한 달치를 일시불로 지급하는 식이었다.[35]

---

31 레디커, 『노예선』, 64쪽. 특히 그는 당시 서아프리카에서 카리브 해로 항해하던 노예무역선이 '노예'라는 상품을 생산하는 일종의 '공장'이었다고 파악하며, 이 배가 당시 선원이 임금노동자였음을 가장 분명하게 보여주는 실례라고 생각한다.

32 E. Hobsbawm, "The General Crisis of the European Economy in the 17th Century", *Past and Present*, 5 (1954), p. 40.

33 Blakemore, "Life at Sea", p. 194.

34 Davis, *Rise of the English Shipping*, pp. 127~128; Earle, *Sailors*, pp. 31~32; Earle, "The Origins and Careers", p. 135; 레디커, 『악마와 검푸른 바다 사이에서』, 115~116쪽.

35 Earle, *Sailors*, p. 32.

이 시기 상선 보수의 원칙은 "화물이 임금의 어머니다(freight is the mother of wages)"라는 것이었다.[36] 아무리 계약을 통해 보수를 획정하더라도 나포나 조난으로 인해 화물에 손실이 발생하면 보수를 받는 것이 어려웠다. 그래서 보수 문제는 선장 및 선주와 선원들 사이에 수많은 분쟁을 낳았고 소송의 대상이 되었으며, 18세기 후반으로 가면서 손실 발생 시에도 계약서에 명기된 보수를 그대로 지급하는 쪽으로 판결이 나게 되었다.[37] 또 보수 지급은 나이, 서열, 경험에 따라 다르게 적용되었다.[38] 이런 모든 것을 고려하면, 보수 지급의 현실에서 계급 관계를 뚜렷하게 특정하기 어려움을 알 수 있다. 또한 앞 장에서 본 선원이 종사한 무역의 비중에 입각해, 세 가지 임금 지급 방법을 다시 해석해 볼 필요도 있다. 이 기준을 적용하면 월급제를 적용받는 선원의 비중은 전체의 약 29 퍼센트, 6만 명 기준으로 1만 7,400명 정도였을 것으로 생각된다. 따라서 레디커가 "월급"을 "가장 통상적인" 보수 형태라고 한 것[39]은 사실을 오도하는 측면이 있다.

나아가 임금 외에도 선원의 소득은 다양했다. 유럽 역내 무역에서는 중세 때부터 내려오는 선원의 '프라이미즈(Primage)' 관행이 보존되었던 것으로 보인다.[40] 아울러 모든 무역에서 평선원들의 사적인 무

---

36 Davis, *Rise of the English Shipping*, p. 134; Earle, *Sailors*, p. 32.

37 Blakemore, "Life at Sea", p. 194; Earle, *Sailors*, pp. 36~38; Richard J. Blakemore, "The Legal World of English Sailors, c. 1575-1729", in *Law, Labour and Empire: Comparative Perpectives on Seafarers, c. 1500-1800*, eds. by M. Fusaro, et al. (London & New York: Palgrave Macmillan, 2015), pp. 108~117.

38 Earle, *Sailors*, p. 33.

39 레디커, 『악마와 검푸른 바다 사이에서』, 116쪽.

40 Davis, *Rise of the English Shipping*, p. 139. '프라이미즈'는 주로 유럽 역내 무

역 행위가 관행적으로 인정되었다.[41] 무엇보다 사략 행위도 1820년대까지 잔존했다. 일반적으로 '사략선 사업'은 17세기 말과 18세기 초, 특히 9년 전쟁과 스페인 왕위계승전쟁을 거치며 쇠퇴하고 유럽의 해양 강국들이 정상적인 상업 해운이나 식민지 경영으로 초점을 옮긴 것으로 이해되었다.[42] 하지만 영국의 사략 활동에 대한 연구에 따르면, 영국의 전문 '사략선 업자'가 쇠퇴한 것은 18세기 중반 이후의 일이고, 18세기 중반에서 1820년까지 계속 이어진 전쟁에서는 영국 정부가 일반 상선에게 '적선나포허가증'을 계속해서 발부했다고 한다.[43] 이것은 평선원에게 '노획금(prize money)'을 획득할 가능성이 있었음을 뜻하며, 극단적인 사례이지만 이런 사략 활동을 통해 상선의 평선원이 일반 월급의 300배에 가까운 수익을 창출한 경우도 있었다.[44]

여기서 우리는 임금제도의 존재만으로 계급 이론에서 핵심인 '자

역에서 화물 운송을 안전하게 끝냈을 때, 화주가 원래 운임에 더해 얼마간의 추가 수익을 제공하는 것으로 선장에게 이것을 주면 선장이 선원들에게도 일종의 '보너스'처럼 나누어 주었다.

41 *Ibid.*, p. 141; Peter Pope, "The Practice of Portage in the Early Modern North Atlantic: Introduction to an Issue in Maritime Historical Anthropology", *Journal of the Canadian Historical Association*, vol. 6, no. 1 (1995), pp. 19~41.

42 이매뉴얼 월러스틴, 유재건 외 옮김, 『근대세계체제 II』, 제2판 (까치, 2012), 411쪽, 주 179); Macus Rediker, *Villains of All Nations* (London & New York: Verso, 2012), pp. 21~22; 현재열, 「황금기 대서양 해적의 '해적 규약': 대안적 사회질서의 가능성」『해항도시문화교섭학』 23 (2020), 69~70쪽. 이 결과로 사략선의 선원들이 일자리를 잃어 '완전한' 해적(pirates)으로 전환했다는 것이다.

43 David J. Starkey, *British Privateering Enterprise in the Eighteenth Century* (Exeter: University of Exeter Press, 1990), pp. 322~323; Starkey, "Private Enterprise, Public Policy", p. 166.

44 *Ibid.*, p. 164.

본-임노동 관계로의 포섭'을 말할 수 있을까 하는 의문을 갖게 된다. 특히 마르크스주의 계급론에서 'wage earners'란 생계 수입을 전적으로 임금에 의존하는 존재를 의미하며, 이럴 때에야 계급으로의 전화 가능성을 가진다고 본다.[45] 게다가 마르크스는 '노동의 자본에의 형식적 포섭'과 '실질적 포섭'을 구분하고 '실질적 포섭' 단계에 이르러야 변화된 '생산양식'이 본격적으로 드러나며 계급간의 투쟁도 본격화된다고 한다.[46] 이런 복잡한 문제를 생각하면, 임금노동자라는 사실로 선원을 '노동계급'으로 단정짓고 이어서 '계급투쟁'의 양상을 확인하고자 하는 레디커의 접근 방식이 지나치게 단선적이라는 느낌이다.

오히려 대부분의 연구자들이 지적하는 것으로, 17세기 중반부터 19세기 전반까지 평선원의 임금은, 비록 전시에는 급격한 변동이 있지만, 평화 시의 숙련 선원을 기준으로 한 달에 24-25실링 정도를 유지했다는 사실이 더 주목된다.[47] 이 시기는 영국의 선원 노동력 수요가 급증하고 해운의 노동생산성은 뚜렷하게 개선된 시기였다.[48] 그럼에도 선원 임금은 한 세기 이상 동안 크게 변동되지 않았다는 사실은 무엇을 뜻하는가? 선원의 계급성과 관련해선, 이 부분을 좀 더 분석

---

45 서관모, 「마르크스주의 계급이론」, 7~10쪽.

46 칼 마르크스, 김호균 옮김, 『경제학 노트』 (이론과 실천, 1988), 「직접적 생산과정의 제결과」와 「임금, 가격 및 이윤」 참조. 이런 의미에서 사회학자들은 유럽에서 자본에 의한 노동의 실질적 포섭이 완성되는 것을 19세기 말, 20세기 초로 잡고 있다. Alian Toulaine, et al., *The Workers' Movement*, trans. by I. Patterson (Cambridge: Cmabridge Univ. Press, 1987), 1부 참조.

47 Davis, *Rise of the English Shipping*, pp. 129~131; Earle, *Sailors*, p. 34; 김성준, 「18세기 영국 상선 선원의 기승구조」, 59쪽.

48 Douglass C. North, "Source of Productivity Change in Ocean Shipping, 1600-1850", *Journal of Political Economy*, vol. 76, no. 5 (1968), pp. 953~970.

해서 따지고 들어가야 하는 것이 아닌가라는 생각이 든다.

IV. 선상 규율과 선원의 계급의식

1. 선상 규율과 폭력성

　노동계급의 역사를 논하는 사회사 연구에서 계급 형성과 관련해 주목하는 부분은 노동 현장에서 노동자의 존재와 삶에 깊은 영향을 미치고, 일종의 연대 의식을 만들어내는 계기로 작동하는 '노동 규율'의 문제이다. '노동 규율'은 근대 공장에서 노동자의 노동을 기계의 일부로 만들고 그의 노동이 가진 가치를 상품 가치의 일부로 만드는 중요한 요소이다.[49] 그래서인지 레디커는 근대 초기 영국 상선의 선상 규율을 공장의 '노동 규율'과 동일시한다. "뱃일 가운데 가장 위험한 측면 중 하나는 무시무시한 선상 규율이었는데, 이것은 18세기 해양 노동의 생산성을 높이기 위하여 수반된 끔찍한 필요악이었다."[50]

　하지만 비계급적 시각의 사회사가들은 엄격한 '관습적인' 선상 규율과 과도한 폭력이 분명 존재했지만, 해사법정의 소송 과정에서 나온 증언 상에 보이는 폭력성과 엄격성은 소송에서 이기기 위한 수사 속에서 과장된 것으로 본다.[51] 이들은 오히려 소송 기록과 판결을 검

49　E. P. Thompson, "Time, Work-Discipline and Industrial Capitalism", *Customs in Common* (London: The Merlin Press, 1991), pp. 352~403.

50　레디커, 『악마와 검푸른 바다 사이에서』, 93쪽.

51　Blakemore, "Life at Sea", p. 194; Earle, *Sailors*, 10장.

토하면, 이와 반대되는 사실 관계도 많이 보인다고 주장한다.[52] 과도한 폭력으로 인해 선상 반란이 발생했을 경우에도, 그 관련자들의 재판 과정에서 행위의 정당성을 인정받기도 하여, 과도한 폭력성과 지나치게 엄격한 선상 규율에 대한 견제도 얼마간 이루어졌다는 것이다.[53]

비계급적 시각의 사회사가들의 이런 주장은 계급적 시각에서 선상 규율을 노동 규율과 동일시하는 학자들의 주장에 대한 이의제기로서는 의미가 있지만, 그 자체에 문제가 없는 것은 아니다. 엄격한 선상 규율과 과도한 폭력성의 관행은 19세기 중반 이후 영국에서 선원법이 본격적으로 논의되기 시작하면서 핵심적인 주제로 다루어졌다.[54] 영국 해양 패권의 확립 시기이고 선원에게 일정한 민족적 자부심이 등장했다고 평가되던 넬슨 시대에도 선원에 대한 과도한 폭력성은 이전 시기에 비해 전혀 나아진 점이 없었다. 특히 "flogging at the gangway", "flogging through the fleet", "running the gauntlet", "keel hauling" 같은 과도한 폭력적 처벌이 여전히 가해졌다.[55] 미국에서는 이런 과도한 폭력성이 20세기 중반까지 계속 문제시되어 법정에서 선원을 "법적 주체"가 아니라 "법적 보호 대상자(ward)"로 다루는 것이

---

52 Blakemore, "The Legal World", pp. 117~118.

53 "실제로 선상 반란은 이 시기 영국 법 체계 하에서 중죄가 아니었고, 심지어 군법을 적용하여 선상 반란에 대해 사형을 선고할 수 있었던 해군에서도 선원이 처형된 경우는 드물었다." Blakemore, "Life at Sea", p. 194.

54 *The Laws Relating to Merchant Seamen* (London: Relham Richardson, 1845).

55 John Masefield, *Sea Life in Nelson's Time* (Annapolis, Md. : Naval Institute Press, 2002), 6장; John H. Dacam, "'Wanton and Torturing Punishments': Patterns of Discipline and Punishment in the Royal Navy, 1783-1815", Ph.D. disss. Univ. of Hull (2009), 4장 참조.

관행이었을 정도였다.[56] 이런 사례들은 선상 규율과 과도한 폭력성이 선원의 삶에 가진 중요성을, 비계급적 시각의 사회사가들처럼, 과소 평가할 수는 없음을 의미한다.

그렇다고 선상 규율을 노동 규율과 동일시해 계급관계의 징표로 다루는 것도 문제가 있다. 노동 규율이 문제가 되는 것은 19세기 중반 이후 공장 노동 속에 잔존하던 도시 수공업 전통의 노동 관행을 근대적 노동 규율로 대체하면서이다. 즉 중세부터 내려오는 도시 수공업의 전통적인 숙련 노동 관습을 근대적인 시간 관념에 입각한 규율로 대체한 것이다.[57] 예컨대, 주거공간과 노동현장의 분리로 인한 출퇴근 개념의 창출, 점심 및 휴식 시간의 엄격한 관리, '도시락'의 발생 등을 구체적 현상으로 들 수 있다.[58]

이에 반해 선원의 선상 작업에서 보이는 엄격한 규율과 과도한 폭력성은 중세 이래로 내려오는 선상의 관습이었다. 당시 평선원 생활을 했던 한 사람은 이렇게 말했다. "배의 규율은, 밤과 일요일을 제외하고 갑판에 있으면서 무엇인가 일하고 있는 모든 사람에게 필요하다. 질서가 잘 잡힌 배의 선상에서는 언제 어느 때에도 당신은 갑판에 할 일 없이 서 있거나 앉아있거나 옆에 기대고 있는 사람을 결코 보지 못할 것이다. 설령 할 일이 하나도 없더라도, 모든 이가 계속 일

---

56 Martin J. Norris, "The Seamen as Ward of the Admiralty", *Michigan Law Review*, vol. 52, issue 4 (1954), pp. 479~480.

57 Thompson, "Time, Discipline" 참조.

58 프랑스의 예이지만, Michelle Perrot, "On the Formation of the French Working Class", *Woriking-Class Formation*, eds. by I. Katzenlson and A. R. Zolberg (Princeton, NJ: Princeton Univ. Press, 1986), pp. 71~110 참조.

하도록 하는 것이 고급 선원의 의무이다."[59] 이 말은, 일반 평선원들조차도 선상 규율이 필요함을 인정하고 그것을 선상의 관습이나 관례로 지키고자 했음을 뜻한다. 따라서 여기서 문제가 되는 것은 오히려 상선 선상에서 일어난 '관습 및 관례'와 '법'의 충돌이었던 것 같으며,[60] 이 문제는 노동계급 속에서 선원 노동자가 가지는 특수성과 관련하여 좀 더 깊이 숙고할 필요가 있는 것 같다.

2. 선원의 계급의식

한편 정통 마르크스주의 '노동계급'론에서 '계급의식'은 계급 형성에 핵심적인 문제이다.[61] 노동자 집단은 자본주의적 임노동 관계에 포섭되는 과정에서 갖게 되는 부르주아적 '허위의식(false consciousness)'을 버리고 진정한 '계급의식(class consciousness)'을 전유(專有)함으로써 프롤레타리아트로 전화한다는 것이다.[62]

계급에 대한 이해에서 정통 마르크스주의 계급론에 입각한 것으로 보이는 레디커는 계급의식의 문제를 해결하기 위해 처음에는 '선상 반란'에 의존했다.[63] 그는 특히 자신이 다루는 시대에 일어난 선상

---

59 Richard H. Dana, *Two Years Before the Mast*, New Ed. (1840, New York: Houghton Mifflin, 1887), p. 15.

60 이 문제에 대해선, Blakemore, "The Legal World", pp. 105~108에서 얼마간 다루고 있다.

61 공제욱 외, 『사회계급론』, 32쪽; 이수인, 「노동 계급 형성론에 대한 일연구」, 한국사회사연구회, 『노동계급 형성이론과 한국사회』(문학과지성사, 1990), 39~48쪽; 임영일, 『한국의 노동운동과 계급정치(1987-1995)』(경남대학교출판부, 1998), 49~50쪽.

62 데이비드 맥렐런, 구승회 옮김, 『이데올로기』(이후, 2002), 2장.

63 "권위에 대한 가장 강력한 대항전술은 선상 반란이었다." 레디커, 『악마와 검푸른 바다 사이에서』, 209쪽.

반란 60건을 여러 사료를 통해 확인하고,[64] 이를 분석해 이것이 당시 선원들의 계급의식 형성과 분출을 표현한다고 주장했다. 특히 그는 선상 반란의 의식적이고 계획적인 성격을 강조하기 위해 "사발통문"이라는 현상을 부각시키며, 이를 "선원들의 저항문화의 집단적 정서를 강력하게 표현"한 것이라고 한다.[65] 하지만 그의 연구 이후 나온 선원에 대한 연구들은 이런 선상 반란에서 진정으로 반란의 성격을 가졌던 것은 소수에 불과하고, 대부분이 유화적으로 해결되었음을 확인하였다.[66]

이 때문인지 레디커는 이후 연구에서는 선원의 계급의식과 저항 문제를 해결하기 위해 '해적 규약(Articles of Pirate)'[67]과 '썰을 푼다

---

[64] 레디커의 선상 반란 목록은, 위의 책, 281~282쪽, 부록 5에 제시되어 있다.

[65] 위의 책, 216~217쪽.

[66] Blakemore, "Life at Sea", pp. 194~195; Earle, *Sailors*, p. 175. 얼은 사료에 나오는 "반란(mutiny)"이란 표현이 진짜 공개적인 폭동에서 당국이 웬만큼 사소하게 여겨서 넘길 정도의 사안까지 아주 다양한 의미를 가졌음을 강조한다.

[67] 물론 '해적 규약'은 『악마와 검푸른 바다 사이에서』, 239~244쪽에서도 "평선원 문화의 핵심적인 가치관이었던 평등주의"를 구현하는 것으로 제시되었다. 이후 그는 2000년에 나온 피터 라인보우(Peter Linebaugh)와의 공저에서 "해적들은 계급의식을 갖고" 있었다고 주장하고 2012년에 나온 해적에 대한 책에서는 해적선을 "거꾸로 뒤집힌 세계"로 부르며, 해적 규약에 혁명적 의식이 담겨 있었듯이 표현한다. 피터 라인보우·마커스 레디커, 『히드라: 제국과 다중의 역사적 기원』(갈무리, 2008), 258쪽; Rediker, *Villains of All Nations*, p. 61. 특히 레디커의 '해적 규약'에 대한 이런 강조는, 후대의 신진 연구자들 사이에서 큰 논란을 낳았다. 특히 2000년대 이후 레디커의 주장을 따르는 연구 성과와 그를 반박하는 연구 성과들이 대거 산출되었다. 예컨대, Jessica L. Peters, "A Nation of Those Without a State: A Case Study of Nationalism Regarding Piracy in the Atlantic Before and During the Golden Age", M. A. diss., Western Washington University (2013); Edward Th. Fox, "Piratical Schemes and Contracts: Pirate Articles and their Society, 1660-1730", Ph. D. diss., Exeter University (2013) 참조.

(Spinning the yarn)[68]는 관념을 동원한다. 먼저 당시 여러 대서양 해적들이 갖고 있던 '해적 규약들은 민주적인 성격을 가지고 있어 당시 영국 사회의 성격에 비할 때 대안적인 성격을 가지고 있었음은 분명하지만, 레디커가 강조하는 것만큼 '혁명적'인지는 의문이다. 이런 규약에 녹아 있는 해적들의 의식은 그들이 선원으로서 이전에 겪었던 고통과 곤궁에 대한 즉자적 대응에 가까운 것 같다. 남아있는 당시의 '해적 규약'의 어디에도 '혁명적'이라 할 만큼의 대안 권력의 추구라든지 그런 목표를 향한 지향성을 찾을 수는 없다.[69] 또한 최근의 연구에 따르면, '해적 규약'은 그 자체로 갑자기 나타난 것이 아니라, 16세기 스페인령 카리브 해의 섬들에서 번성했던 '버커니어(Buccaneers)'에게서 시작된 것이었다. 즉 스페인의 '독점'에 맞서 유럽 연안에서 내려오는 관습에 따라 자유로운 활동을 추구했던 '버커니어들'이 자율적인 "에토스"에 기초한 자신들의 규약을 만들었고, 이것이 사략선에도 전승되었으며, 다시 '황금기의 해적'에게로 넘어갔다는 것이다.[70]

다른 한편 레디커는 선원들의 '썰을 푸는 행위'를 통한 전 지구적 정보 전달과 의식 형성상의 매개자 역할을 강조하면서, '대서양 혁명' 시대에 선원의 혁명 의식 성장에 대한 기여를 부각시킨다.[71] 그는 이런 자신의 논지를 뒷받침하기 위해 발터 벤야민(Walter Benjamin)의 '얘기꾼(Storyteller)' 개념을 도입한다.[72] 그러나 발터 벤야민은 "얘기꾼과

---

68   Rediker, *Outlaws of the Atlantic*, 1장, "The Sailor's Yarn".

69   현재열, 「황금기 대서양 해적의 '해적 규약'」, 87~88쪽.

70   Tim Beattie, *British Privateering Voyages of the Early Eighteenth Century* (Woodbridge: Boydell & Brewer, 2015), pp. 35~44.

71   Rediker, *Outlaws of the Atlantic*, pp. 28~29.

72   *Ibid.*, pp. 10~12.

소설가"라는 제목의 평론에서 이야기와 소설의 상호관계를 논하고 있을 뿐, 혁명 사상이나 계급의식의 형성을 다루지는 않았다. 물론 벤야민은 이야기꾼의 여러 유형을 다루면서 이야기란 "사회적인" 것이며 종종 "계급적"일 수도 있으며 흔히 "노동 문화들"과 연결된다는 점을 밝혔다. 하지만 그렇다고 그가 이런 이야기가 '혁명적 노동계급 의식' 형성의 한 요소라고까지 주장한 것은 아니다.[73] 레디커가 선원들의 '썰을 푸는 행위'에 주목한 것은, 분명 "'아래로부터의 역사'를 한 단계 진전시킨 것"으로 평가될 만하다.[74] 하지만 해적 규약과 마찬가지로, 이런 '썰을 푸는 행위'도 초기 자본주의 질서의 확산 과정에서 유럽의 곳곳에서 등장한 민중의 "원초적 반란"에 가까운 것으로 보는 것이 옳을 것이다.[75]

비계급적 시각에서 영국 선원을 바라보는 연구자들은 당연히 근대 초기 선원의 사회적 존재를 탐색하면서 '계급의식'을 염두에 두지 않는다. 이것은 계급 형성을 전제로 할 때만 문제가 되기 때문이다. 다만 이들은 그 대신에 근대 초기 영국 선원이 수많은 관계 속에 있

---

73 발터 벤야민, 「얘기꾼과 소설가」, 반성완 편역, 『발터 벤야민의 문예이론』(민음사, 1982), 165~194쪽.

74 Julia McClure, "Review: *Outlaws of the Atlantic*", *History*, 101 (2016), p. 608.

75 E.J. 홉스봄, 진철승 옮김, 『원초적 반란』(온누리, 1984). 레디커도 해적을 다루면서, 홉스봄의 "원초적 반란"을 언급하고, 이를 해적 행위와 일치한다고 본다. 레디커, 『악마와 검푸른 바다 사이에서』, 244~245쪽; Rediker, *Villains of All Nations*, pp. 85~86. 그럼에도 그는 홉스봄의 "혁명적 전통주의자"라는 표현에서 '혁명적'에 방점을 찍고 해석한다. 하지만 홉스봄의 책의 전체 논지는 "원초적 반란"이 가진 전통과 혁명적 의식의 교차로 인한 한계를 보여주는 데 있었다. 게다가 홉스봄이 다루는 실제 사례들은 모두 19세기와 20세기 초에 주로 남부 유럽에서 발생한 반란들이었다.

없음을 강조한다. 비록 바다 위 '나무로 만든 작은 세계' 속에서 얼마
간 고립된 채 독특한 삶을 유지하지만, 이 선원들은 여전히 육지에
사는 사람들과의 깊고 복잡한 관계 속에서 자신의 삶 전체를 구성하
고 있으며, 특히 아내와 가족과의 관계는 그들의 삶을 규정하는 결정
적 요소 중 하나였던 것이다. 그래서 그들은 선원에 대해 "우리가 갖
는 정형화된 이미지에는 … 진실의 일면이 있지만, 여러 모로 오해를
불러일으킨다. … 그들은 튜더 및 스튜어트 시기 사회에 깊이 새겨져
있었다. … 뱃사람들은 가족과 공동체에 속했고, 그들의 삶은 … 이런
연계들에 의해 형성되었다"고 결론짓는다.[76]

  사실 이데올로기와 계급의식의 문제는 노동의 사회사, 혹은 노동
계급 형성사에서 아직 풀리지 않은 문제이다.[77] 그런 가운데 노동계
급 형성사에서는 전반적으로 '계급의식' 문제를 사회주의 사상의 성
장과 관련해서 다루어왔다.[78] 하지만 근대 초기 영국 선원들의 사회
적 조직과 저항의 실재 양상은 이런 부분과 별 관계가 없었다. 14세
기에서 19세기까지 영국만이 아니라 유럽 전체를 대상으로 선원들
의 사회적 조직과 저항을 탐색한 한 연구에 따르면,[79] 근대 초기 영국

---

76 Blakemore, "Life at Sea", p. 197.

77 이에 대해선, 이수인, 「노동 계급 형성론」, 65~79쪽 참조.

78 G. D. H. Cole, *Socialist Thought: The Forerunners 1789-1850* (London:
    Macmillan, 1955); B. H. Moss, *The Origins of the French Labour Movement
    1830-1914* (Berkely: Unv. of California Press, 1976); J. Rancière, "Early French
    Socialism: Way to construct social identity", *Labor History Review*, vol. 58,
    no. 3 (1993), pp. 8~13; E. P. 톰슨, 나종일 외 옮김, 『영국 노동계급의 형성 하』(창
    작과비평사, 2000), 16장.

79 Karel Davids, "Seamen's Organizations and Social Protest in Europe, c.
    1300-1825", *International Review of Social History* 39 (1994), Supplement,
    pp. 163~167. 데이비즈는 레디커와 마찬가지로 계급론적 입장에 있는 학자임에

의 평선원들은 우애조직이나 상조회에 가입했지만 이런 조직들은 주로 종사하는 무역별로 구분되었지, 회원 자격에서 선장 및 고급 선원과 평선원을 구분하지 않았다. 또 사회적 조직이 존재한 지역에선 선원들의 불만으로 인해 야기된 사회적 소요가 거의 없었고, 사회적 소요가 발생한 곳에는 위와 같은 조직이 존재하지 않았다. 이것은 근대 초기 선원이 참여한 사회적 조직이 그들의 불만을 희석하는 역할을 했음을 뜻하며, 이는 흔히 19세기 초 노동조합이 없던 시기에 노동자들이 가담한 우애조직들이 초기 사회주의의 발생지이자 사회적 저항의 요람 역할을 했던 것[80]과 뚜렷이 대비된다. 영국에서 선원 노동조합 조직을 향한 흐름이 처음 시작된 것은 18세기 말·19세기 초 잉글랜드 북동부 지역이었고, 결국 1825년 세계 최초의 선원노조인 '선원 성실기준 협회(Seamen's Loyal Standard Association)'가 이곳에서 처음으로 등장했다.[81]

도, 그의 연구 결과는 이렇게 나타났다.

80 예컨대, Michael D. Sibalis, "The Mutual Aid Societies of Paris, 1789-1848", *French History*, vol. 3, no. 1 (1989), pp. 1~30 참조.

81 D. J. Rowe, "A Trade Union of the North-East Coast Seamen in 1825", *Economic History Review*, 2nd ser., vol. 25, no. 1 (1972), pp. 81~98. 전반적으로 볼 때 영국 노동사 연구자들은 영국에서 '노동계급' 등장의 시기를 1800년 이후부터 1830년대 차티즘(Chartism)의 대두 이전까지로 잡고 있다. A. L. Morton and G. Tate, *The British Labour Movement: A Political History* (New York: International Publishers, 1957), 1장; Gareth S. Jones, *Languages of Class: Studies in English Working Class History 1832-1982* (Cambridge: Cambridge Univ. Press, 1983), 1장. E. P. 톰슨 역시 노동계급 형성사 연구의 고전에서 이 시기를 다루는 부분에 "노동계급의 등장"이라는 제목을 붙이고 있다. E. P. 톰슨, 『영국 노동계급의 형성 하』, 3부.

V. 맺음말

이상에서 근대 초기 영국 선원을 둘러싼 계급적 시각과 비계급적 시각, 양 시각의 연구들을 핵심 쟁점별로 살펴보았다. 이를 통해 양 시각의 연구들을 이렇게 평가할 수 있다.

계급적 시각을 대표하는 레디커의 경우, 그의 연구업적은 뛰어나다. "평선원은 악마와 검푸른 바다 사이에 끼인 존재였다. 한쪽에는 선장이 서 있다. 선장은 상인과 관리의 지원을 받으며 거의 폭군 같은 권력을 휘두르고 있었다. 이러한 모습은 얼마 지나지 않아서 전 세계를 무대로 할거하게 되는 자본주의 체제의 전조이기도 했다. 한편 반대쪽에는 위험하고 강력한 자연력이 버티고 있었다. 인간이 만든 위험과 자연의 위험 사이에 놓여 있던 사회적 공간에서 여러 가지 다양한 사고와 관행들이 생겨났고, 이것들은 선원의 생활을 지배했다."[82] 이것을 자신의 세밀한 사료 조사 및 분석을 통해 드러낸 것은 레디커의 탁월한 업적이다. 그런데 그는 자신의 연구가 "'노동사'를 '노동계급사'로 변형시키려는 현재의 추세"를 따른다고 하고 있다.[83] 이것은 그가 『악마와 검푸른 바다 사이에서』를 쓴 1980년대의 상황을 고려했을 때, 자신이 '노동계급형성의 역사'의 시각에 입각해 있음을 밝힌 것이라고 볼 수 있다. 그럼에도 그가 실제 연구에 적용하는 시각과 방법은 정통 마르크스주의 계급론에 근거해 있다. 레디커는 그의 선원 연구 대부분에서 '노동자 집단 →노동계급→프롤레타리

---

82 레디커, 『악마와 검푸른 바다 사이에서』, 14쪽.

83 위의 책, 15쪽.

아트'라는 단선적인 도식적 관념을 드러내고 있다.[84] 계급을 '형성 중 (making)'이 아니라 '형성된 것(form)'으로 간주하고 있는 것이다. 레디커가 "따른다"고 밝힌 노동계급의 사회사는 '노동계급 형성사'의 관점에서 연구되었다. 여기서 '형성'이란 Formation 혹은 Making이다. 이것은 '노동자 계급은 형성되어지는 만큼이나 스스로를 형성한다'는 생각에 입각한 것이다.[85] 따라서 레디커는 '노동계급 형성의 역사'를 표방함에도 실제 구체적인 시각과 방법 면에서는 그를 따르지 못하고 있다는 생각이 든다.

한편 비계급적 시각의 사회사가들 역시 톰슨에서 출발하는 영국 사회사의 전통을 강조한다. 특히 톰슨의 전통적 '관습(custom)'에 대한 연구[86]에 의거하여, 톰슨이 18세기나 19세기 초 영국 노동자 사회에 만연한 관습적 실천을 연구하면서 레디커처럼 무리하게 계급 개념을 들이대지 않았다고 주장한다.[87] 그러나 톰슨이 전통적 관습을 연구하여 입증하려 한 것은 '계급투쟁'의 존재였고, 계급 없는 계급투쟁은 없기에 이렇게 '계급투쟁'의 존재를 입증하여 뚜렷하게 노동계급이 모습을 드러내는 19세기 이전에도 계급이 "형성 중"이었음을 보여주고자 했다.[88] 따라서 비계급적 시각의 사회사가들이 근대 초기 영국 선

---

84 '프롤레타리아트'는 '혁명적 노동계급'을 의미하는 것으로, 노동계급에서 단선적으로 나올 수 없다. Hal Draper, *Karl Marx's Theory of Revolution. Vol. II: The Politics of Social Classes* (New York: Monthly Review Press, 1978) 참조.

85 "노동계급은 … 노동계급 자신이 만들어내는 과정 속에서 나타난 것이다." 톰슨, 『영국 노동계급의 형성 상』 6쪽.

86 E. P. Thompson, *Customs in Common*에 수록되어있는 근대 초기 영국 민중의 관습에 대한 논문들을 참조.

87 Blakemore, "The Legal World", p. 101.

88 E. P. Thompson, "Eighteenth-century English society: class struggle

원에 대한 계급 개념의 섣부른 적용에 제동을 건 점은 높이 평가할 수 있지만, 그들의 연구 역시 계급적 시각을 완전히 배제하여 선원을 바라보는 점에서 분명 한계를 지닌다. 어쨌든 그들의 말마따나, 이 시기 영국 선원이 당시 영국 사회와의 관계 속에서 규정되는 존재였다면, 급격하게 산업 사회로 전환되는 과정에서 자본과 국가의 논리에 종속되어 초기 노동계급이 등장하던 영국 사회의 현실 역시 당시 상선 선원들에게 반영되었다고 보아야 하며, 근대 초기 영국 선원의 모습에서는 당연히 등장하던 노동계급의 한 마디로 규정할 수 없는 복합적인 모습을 볼 수 있어야 한다. 그저 '계급'이란 꼬리표를 제거하는 것으로 끝나서는 안 되는 것이다.

이와 관련해 선원 노동력 증가 양상과 민간 사업자 및 국가 정책 간의 관계를 연구한 한 연구가 내리는 다음과 같은 결론은 매우 시사적이다.

> … 성장하는 시장 속의 한 직업 집단으로서 선원은 다음의 것을 할 수 없었던 것으로 드러났다. [그들은] 미숙련 선원과 외국인이 그들의 전문 직업으로 진입하는 것을 제약할 수 없었다. [그들은] 자신들에게 유리한 노동 수요 조건과 노동 생산성의 뚜렷한 개선에도 불구하고 … 장기적으로 기본 임금을 개선할 수 없었다. [그들은] 자신들의 오래전부터 내려온 관습적 권리들을 보호할 수 없었다. [그들은] 생산성 개선을 뒷받침하던 노동과정 상의 '속도 증가'에 저항할 수 없었다. 또 [그들은] 자기 이해관계를 효율적이고 조직적으로 표

---

without class?", *Social History*, vol. 3, no. 2 (1978), pp. 133~165.

현할 수 없었다. 영국 선원들을 1650-1815년 시기 동안 [국가에게] 그렇게 효율적인 힘으로 만들었던 것은, 그들이 선주와 정부의 요구에 고분고분 따랐던 점에 있었다.[89]

'계급'이란 말을 한 번도 사용하지 않는 이 결론은 당시 격변하던 영국 사회에서 선원이 처한 계급적 상황을, 따라서 근대 초기 영국 선원의 계급성을 무엇보다 잘 보여주는 것 같다.

톰슨은 "계급을 하나의 역사적 현상"으로 이해했으며, "그것은 생생한 경험 자료 상으로나 의식상으로나 서로 분리되어 있고, 서로 연결되어 있지 않은 것처럼 보이는 여러 사건들을 하나로 통합하는 현상"이라고 하였다. "나는 계급을 어떤 '구조'라고 보지 않을 뿐 아니라, 심지어 어떤 '범주'라고도 보지 않는다. 오히려 나는 그것을 인간관계에서 실제로 일어나는 (그리고 일어났음을 보여줄 수 있는) 그 어떤 것이라고 본다."[90] 1990년대까지 사회사의 핵심적 일부를 이루었던 '노동계급 형성의 역사'는 이후 소위 '포스트모더니즘 역사학'에 입각한 '언어적' 혹은 '문화적 전환'의 거친 공세에 밀려 거의 주류에서 밀려나고 말았다.[91] 하지만 그럼에도 여전히 노동계급을 "하나의 역사적 현상"으로 보고 그 "형성"을 살펴보고자 하는 이들에게는, 톰슨의 위 구절이 연구 시각의 기초를 제공한다. 뿐만 아니라 그것은 역사에서 발생하는 사회적 현상을 살펴보려는 모든 학자들에게도 자신의 연구 대

89 Starkey, "Private Enterprise, Public Policy", p. 169([] 안의 글은 모두 인용자가 덧붙인 것이다).

90 톰슨, 『영국 노동계급의 형성 상』 6~7쪽.

91 이에 대해선, Lenard R. Berlanstein, *Rethinking Labor History: Essays on Discourse and Class Analysis* (Urbana, Ill.: Univ. of Illinois Press, 1993) 참조.

상을 고정된 것이 아니라 유동적인 것이며 복합적이고 다층적인 것
으로 볼 수 있게 하는 혜안을 제공한다.

Allen, Robert C., *The British Industrial Revolution in Global Perspective* (Cambridge: Cambridge Univ. Press, 2009).

Barlow, Edward, *Barlow's Journal*, ed. by B. Lubbock, 2 vols. (London: Hurst & Blackett, 1934).

Beattie, Tim, *British Privateering Voyages of the Early Eighteenth Century* (Woodbridge: Boydell & Brewer, 2015).

Berlanstein, Lenard R. (ed.), *Rethinking Labor History: Essays on Discourse and Class Analysis* (Urbana, Ill.: Univ. of Illinois Press, 1993).

Blakemore, Richard J., "The Legal World of English Sailors, c. 1575-1729", *Law, Labour and Empire: Comparative Perpectives on Seafarers, c. 1500-1800*, ed. by M. Fusaro, et al. (London & New York: Palgrave Macmillan, 2015).

_____, "Life at Sea", *Tudor and Stuart Seafarers: The Emergence of a Maritime Nation, 1485-1707* (London: Adlard Coles, 2018).

Brown, Christopher L., "Little Ships of Horror", *The Nation*, 286 (2008), 24~28.

Canny, Nicholas, "The Origins of Empire: An Introduction", in *The Origins of Empire*, Vol. 1 of *Oxford History of British Empire*, ed. by N. Canny (Oxford: Oxford Univ.Press, 1998).

Cole, G.D.H., *Socialist Thought: The Forerunners 1789-1850* (London: Macmillan, 1955).

Crafts, Nicholas, "Explaining the First Industrial Revolution: Two Views", The University of Warwick Working Paper Series No. 10 (July 2010).

Cremer, John, *Ramblin' Jack: the Journal of Captain John Cremer 1700-1774*, ed. by R. Bellamy (London: Jonathan Cape, 1936).

Dacam, John H., "'Wanton and Torturing Punishments': Patterns of Discipline and Punishment in the Royal Navy, 1783-1815", Ph.D. disss. Univ. of Hull (2009).

Dana, Richard H., *Two Years Before the Mast*, New Ed. (New York: Houghton Mifflin, 1887).

Davey, James (ed.), *Tudor and Stuart Seafarers: The Emergence of a Maritime Nation, 1485-1707* (London: Adlard Coles, 2018).

Davids, Karel, "Seamen's Organizations and Social Protest in Europe, c. 1300-1825", *International Review of Social History* 39 (1994), Supplement, 145~169.

Davis, Ralph, "Seamen's Sixpences: An Index of Commercial Activity, 1697-1828", *Economica* 23 (1956), 328~343.

_____, *The Rise of the English Shipping Industry in the Seventeenth and Eighteenth Centuries* (1962; St. John's, Candada: International Maritime Economic History Association, 2012).

Drapeau, Thierry, "The Atlantic Roots of Working-Class Internationalism: A Historical Re-Interpretation", Ph.D. diss., York University (2014).

Draper, Hal, *Karl Marx's Theory of Revolution. Vol. II: The Politics of Social Classes* (New York: Monthly Review Press, 1978).

Earle, Peter, *Sailors: English Merchant Seamen 1650-1775* (London: Methuen, 1998, 2007).

_____, "The Origins and Careers of English Merchant Seamen in the Late Seventeenth and Early Eighteenth Centuries", *The Social History of English Seamen 1650-1815*, ed. by Cheryl A. Fury (Woodbridge, UK: The Boydell Press, 2017).

Fox, Edward Th., "Piratical Schemes and Contracts: Pirate Articles and their Society, 1660-1730", Ph.D. diss., Exeter University (2013).

French, Christopher J., "Seamen's Sixpences and Eighteenth-Century Shipping Records: An Exercise in Shipping Reconstitution", *International Journal of Maritime History*, vol. 7, no. 1 (1995), 57~81.

Hobsbawm, E.J., "The General Crisis of the European Economy in the 17th Century", *Past and Present*, 5 (1954), 33~53.

Jones, Gareth S., *Languages of Class: Studies in English Working Class History 1832-1982* (Cambridge: Cambridge Univ. Press, 1983).

Lemisch, Jesse, *Jack Tar vs. John Bull: The Role of New York's Seamen in Precipitating the Revolution* (New York & London: Routledge, 1997).

Lloyd, Christopher, *The British Seaman 1200-1860: A Social Survey* (Rutherford: Fairleigh Dickinson University Press, 1968).

Masefield, John, *Sea Life in Nelson's Time* (Annapolis, Md.: Naval Institute Press, 2002).

Mash, Gary B., *The Urban Crucible: Social Change, Political Consciousness, and the Origins of the American Revolution* (Cambridge, Mass.: Harvard Univ. Press, 1979).

McClure, Julia, "Review: Outlaws of the Atlantic", *History*, 101 (2016), 607~608.

Morton, A.L., and G. Tate, *The British Labour Movement: A Political History* (New York: International Publishers, 1957).

Moss, B.H., *The Origins of the French Labour Movement 1830-1914* (Berkely: Unv. of California Press, 1976).

Norris, Martin J., "The Seamen as Ward of the Admiralty", *Michigan Law Review*, vol. 52, issue 4 (1954), 479~504.

North, Douglass C., "Source of Productivity Change in Ocean Shipping, 1600-1850", *Journal of Political Economy*, vol. 76, no. 5 (1968), 953~970.

Perrot, Michelle, "On the Formation of the French Working Class", *Woriking-Class Formation*, ed. by I. Katzenlson and A.R. Zolberg (Princeton, NJ: Princeton Univ. Press, 1986).

Peters, Jessica L., "A Nation of Those Without a State: A Case Study of Nationalism Regarding Piracy in the Atlantic Before and During the Golden Age", M.A. diss., Western Washington University (2013).

Pope, Peter, "The Practice of Portage in the Early Modern North Atlantic: Introduction to an Issue in Maritime Historical Anthropology", *Journal of the Canadian Historical Association,* vol. 6, no. 1 (1995), 19~41.

Rancière, J., "Early French Socialism: Way to construct social identity", *Labor History Review*, vol. 58, no. 3 (1993), 8~13.

Rediker, Marcus, *Between the Devil; and the Deep Blue Sea: Merchant Seamen, Pirates, and the Anglo-American Maritime World, 1700-1750* (Cambridge: Cambridge Univ. Press, 1987).

_____, *Villains of All Nations* (London & New York: Verso, 2012).

_____, *Outlaws of the Atlantic: Sailors, Pirates, and Motley Crews in the Age of Sail* (Boston: Beacon Press, 2014).

Richardson, David, "The Slave Trade, Sugar, and British Economic Growth, 1748-1776", *Journal of Interdisciplinary History*, vol. 17, no. 4 (1987), 739~769.

Rowe, D.J., "A Trade Union of the North-East Coast Seamen in 1825", *Economic History Review*, 2nd ser., vol. 25, no. 1 (1972), 81~98.

Sibalis, Michael D., "The Mutual Aid Societies of Paris, 1789-1848", *French History*, vol. 3, no. 1 (1989), 1~30.

Starkey, David J., *British Privateering Enterprise in the Eighteenth Century* (Exeter: University of Exeter Press, 1990).

_____, "Private Enterprise, Public Policy and the Development of Britain's Seafaring Workforce, 1650-1815", *The Social History of English Seamen 1650-1815*, ed. by Cheryl A. Fury (Woodbridge, UK: The Boydell Press, 2017).

The Laws Relating to Merchant Seamen (London: Relham Richardson, 1845).

The Statutes at large, vol. IX (1764).

Thompson, E.P., "Eighteenth-century English society: class struggle without class?", *Social History*, vol. 3, no. 2 (1978), 133~165.

_____,"Time, Work-Discipline and Industrial Capitalism", *Customs in Common* (London: The Merlin Press, 1991).

_____, *Customs in Common* (London: The Merlin Press, 1991).

Toulaine, Alian, *et al., The Workers' Movement*, trans. by I. Patterson (Cambridge: Cmabridge Univ. Press, 1987),

Ward, Edward, *The Wooden World Dissected, in the Character of a Ship of War*, 2nd ed. (London, 1708).

E.J. 홉스봄, 진철승 옮김, 『원초적 반란』 (온누리, 1984).

E.P. 톰슨, 나종일 외 옮김, 『영국 노동계급의 형성 상·하』 (창작과비평사, 2000).

공제욱 외, 『사회계급론』 (한길사, 1989).

김성준, 「18세기 영국 상선 선원의 기승구조와 노동조건」 『항해항만학회지』 26권 1호 (2002), 55~65.

데이비드 맥렐런, 구승회 옮김, 『이데올로기』 (이후, 2002).

마커스 레디커, 박연 옮김 『악마와 검푸른 바다 사이에서: 상선 선원, 해적, 영-미의 해양 세계, 1700-1750』 (까치, 2001).

_____, 박지순 옮김, 『노예선: 인간의 역사』 (갈무리, 2018)

발터 벤야민, 「얘기꾼과 소설가」, 반성완 편역, 『발터 벤야민의 문예이론』 (민음사, 1982).

서관모, 「마르크스주의 계급이론: 프롤레타리아트 개념을 중심으로」, 서울대학교 사회학연구회편, 『사회계층: 이론과 실제』 (다산출판사, 1991).

이매뉴얼 월러스틴, 유재건 외 옮김, 『근대세계체제 II』, 제2판 (까치, 2012).

이수인, 「노동 계급 형성론에 대한 일연구」, 한국사회사연구회, 『노동계급 형성이론과 한국사회』 (문학과지성사, 1990).

이영석, 『영국사 깊이 읽기』 (푸른역사, 2016).

임영일, 『한국의 노동운동과 계급정치(1987-1995)』 (경남대학교출판부, 1998).

칼 마르크스, 김호균 옮김, 『경제학 노트』 (이론과 실천, 1988).

피터 라인보우 · 마커스 레디커, 『히드라: 제국과 다중의 역사적 기원』 (갈무리, 2008).

현재열, 「17 · 18세기 잉글랜드 선원의 법적 지위 변화 −1729년의 '상선 선원의 더 나은 규제와 관리를 위한 법령'을 중심으로」 『역사와 세계』 60 (2021), 277~307.

＿＿＿, 「황금기 대서양 해적의 '해적 규약': 대안적 사회질서의 가능성」 『해항도시문화교 섭학』 23 (2020), 61~99.

근대 일본의 상선 선원
- '고급'선원과 '보통'선원 -

이수열·안미정

I. 머리말

지금까지 일본 선원의 역사에 관한 연구는 해운경영사, 기업사, 노동운동사의 관점에서 이루어진 것이 대부분이었다. 이 가운데 선박노동자의 권리 투쟁을 주제로 하는 노동운동사를 제외하고 해운경영사나 기업사에서 선원은 관리나 경영의 대상·객체로 그려지는 것이 일반적이었다. 선원을 한 묶음의 노동자 집단으로 다루는 노동운동사 또한 이 점에서 완전히 자유롭다고는 할 수 없을 것이다. 개인적 체험기나 선원에 대한 구술조사 결과물이 공간되기 시작한 것은 종래의 방법론을 비판하고 선원 자신의 육성을 직접 듣기 위해서였다.

1980-90년대 전후부터 선원 관련 연구는 양적으로 감소하기 시작했다. 그 배경에는 선원의 '소멸'이라는 상황이 존재하고 있었다. 먼저, 경영합리화를 이유로 하는 일본인 선원의 감소, 바꿔 말하면 외국

인 선원의 증가가 있었다. 또 물류에서 선박 운송이 차지하는 비율은 여전히 높지만, 선박 기술의 고도화로 인해 승선 인원이 꾸준히 감소하는 경향을 보이고 있고,[01] 최근에는 무인선 출현까지 가시권 안으로 들어왔다. 이러한 상황 속에서 선원은, 외국인 선원이 여전히 다수 존재함에도 불구하고, 점차 연구자들의 문제관심 밖으로 밀려나게 된 것이다.

이 논문은 선원을 '고급'선원과 '보통'선원으로 구분하는 근대 일본의 이원적인 선원 정책을 그 양성 과정과 노동 현장의 실태를 통해 밝히고, 그러한 차별을 낳은 주된 원인으로서 국가의 해운 정책에 관해 살펴보는 것을 목적으로 한다. 고급선원과 보통선원은 이미 그 자체로서 차별적인 표현이지만 오늘날에도 여전히 통용되는 말이다. 논문을 시작하기에 앞서 먼저 이 점에 관해 언급해 두기로 하자.

일본 선원법[02]이 규정하는 선원은 선장과 海員으로 대별되는데, 이 중 해원은 職員과 部員으로 구별된다. 그것을 간단히 정리하면 다음과 같다.

ⓐ 선원: 선객 이외의 승조원

ⓑ 해원: 선장 이외의 선원

ⓒ 직원: 해기면허(항해사, 기관사, 통신사 등) 소지자

---

01 척당 선원 수의 감소는 18세기에 들어 시작된 현상으로, 그 이유는 각종 기계가 도입되고 선박과 범장의 개량이 이루어졌기 때문이다. 김성준, 『산업혁명과 해운산업』(혜안, 2006), 211쪽. 선원 수 감소의 구체적인 한 예로, 200톤급 무역선 버지니아 호에는 1700년에는 20-21명이 승선했으나, 1750년에는 약 16명, 1770년에 이르러서는 13명에 지나지 않게 되었다고 한다. 마커스 레디커, 『악마와 검푸른 바다 사이에서: 상선 선원, 해적, 영-미의 해양세계, 1700-1750』 박연 역(까치, 2001), 109쪽.

02 1947년 9월 1일 법률 제100호.

(d) 부원: 직원 이외의 선원

이 중 고급선원은 직원[03], 보통선원은 부원[04]에 해당하는 말이다.[05] 일본에서 고급선원과 보통선원이란 표현은 직원과 부원 사이의 업무 상의 구분을 넘어 차별적인 의미를 내포하고 있다. 그럼에도 불구하 고 여기서 이 말을 그대로 차용하는 이유는 근대 일본의 계급적인 선 원 편성을 강조하고 문제시하기 위해서이다.[06]

II. 해운과 해기 교육

1. 근대 초기의 해운 사정

근세 시기 일본의 연안 수송을 담당한 배는 전통식 범선인 和船 이었다. 일본은 메이지유신 이후 화선과 서양형 선박(여기에는 기선과 함께 서양형 범선이 포함된다)의 혼재 시기[07]를 거쳐 기선 시대[08]로 나아

---

03 고등선원, 사관 등으로도 불렀다.

04 하등선원, 属員이라고도 했다. 그 외에 전통적인 표현으로 水火夫, 船乗り, 船方 등 이 있었다.

05 양자를 officer와 crew로 구분하는 경우도 있다.

06 본 논문에서 말하는 선원은 상선 선원을 의미한다. 그 외에도 근해 어선 선원이 존 재하지만, 이에 관해서는 법령, 통계 등의 자료 부족으로 언급하지 못했다. 어선 선 원은 지금까지 주로 문학의 영역에서 다루어져 왔는데, 일본 프롤레타리아 문학의 걸작으로 일컬어지는 葉山嘉樹, 『海に生くる人々』(改造社, 1926) ; 小林多喜二, 「蟹 工船」『戦旗』(1929) 등이 대표적인 작품이다.

07 예를 들어 1872년(메이지 5) 당시, 서양형 기선 96척(23,364톤), 서양형 범선 35척 (8,320톤), 화선 18,640척(220,819톤)이었다. 小林正彬, 『海運業の勞動問題: 近代 的勞資關係の先驅』日本海運経營史 2 (日本経済新聞社, 1980), 12쪽.

08 내항 해운에서 기선의 시대는 1880년대 후반부터 시작되었다. 1910년 당시, 일

가게 된다.[09] 근대 초 일본의 연근해 항로를 장악한 것은 외국 선사였다. 1859년 영국 P&O(Peninsular and Oriental Steam Navigation Company)가 상하이-나가사키 간 정기항로를 개시한 것을 시작으로 프랑스 MI(Cie des Services Maritimes des Messageries Imperiales)의 상하이-요코하마 간, 미국 PM(Pacific Mail)의 샌프란시스코-홍콩-요코하마 간 항로가 잇달아 개설되었다.[10] 이러한 상황은 1869년 수에즈운하와 대륙횡단철도의 개통으로 인해 가속화되어, 외국 선사에 의한 아시아항로 개설은 증가일로에 있었다. 그 가운데에서도 PM은 1869년 요코하마·고베·나가사키-상하이 간 월 2회 정기항로와 요코하마-하코다테(函館) 간 월 1회 항로를 개설하여 일본의 연안 항로에도 적극적으로 참가하고 있었다.[11]

이에 일본 정부는 자국선에 의한 연안 수송 독점(cabotage)을 위해 廻漕會社[12]와 같은 반관반민의 해운 회사를 설립하여 일반 화객과 貢米 수송을 담당하게 했지만 얼마 안 가 경영난으로 해산했다. 이후 '해운 독립'의 방법을 민간회사 육성으로 전환한 메이지 정부는 이와사키 야타로(岩崎弥太郎)의 미쓰비시(三菱)를 지원하게 된다.

본 전국 항만에 입항하는 화객선 구성을 보면, 척수에서 전통 범선이 51퍼센트(서양형 범선은 17퍼센트)를 차지하고 있었지만, 톤수에서는 기선이 82퍼센트를 점하고 있었다. 運輸経済研究センター·近代日本輸送史研究會 편, 『近代日本輸送史: 論考·年表·統計』(成山堂書店, 1979), 33쪽.

09 간과하기 쉽지만 초기 해운에서 서양형 범선의 역할은 중요했다. 19세기 범선 시대의 마지막을 장식한 클리퍼선의 활약에서 보듯 기선이 범선을 압도하는 것은 20세기에 들어서의 일이었다. 미야자키 마사카쓰, 『바다의 세계사』, 이수열·이명권·현재열 역(선인, 2017), 197~205쪽.

10 片山邦雄, 『近代日本海運とアジア』(御茶の水書房, 1996), 16~17쪽.

11 山崎善啓, 『幕末·明治初期の海運事情』(創風社出版, 2011), 80쪽.

12 이후 廻漕取扱所, 일본국우편증기선회사 등으로 개명.

미쓰비시는 1870년 藩船 3척으로 도쿄-오사카-고치(高知) 간 항로를 개설한 이래 土佐開成社, 九十九商會, 三川商會, 미쓰비시상회, 미쓰비시기선회사, 우편기선미쓰비시회사로 성장해갔다. 미쓰비시의 발전은 1874년의 타이완출병과 함께 시작된 것이었다. 미쓰비시는 정부가 소유한 기선 13척으로 위탁 수송을 담당했고, 전쟁 후 동 13척과 일본국우편증기선회사 소유 선박 18척을 무상으로 불하받았다. 또 운항조성금으로 매년 25만 엔을 15년 동안 받는 특혜를 누렸다. 미쓰비시는 1877년에 발발한 서남전쟁에 소유선 전부를 제공하여 군인·군수품을 수송했고, 전후 그 대가로 얻은 정부 차관 70만 달러로 기선 10척을 구입했다.[13] 국가의 전쟁과 함께 성장한 미쓰비시는 그 뒤 당면 과제였던 근대 선원 양성과 '해기 독립'에 착수하기 시작했다.[14]

2. 三菱商船學校

일본 최초의 근대적 해원 양성 기관은 1855년 막부 주도 하에 나가사키에 만들어진 海軍傳習所였다. 여기에는 최소 200명 이상이 참가하여 약 3년 반 동안 서양식 해군 교육을 받았는데, 참가자의 대부

---

13 이상, 山崎善啓, 『幕末·明治初期の海運事情』, 127~130쪽.

14 참고로 영국에서 수학, 항해술, 천문항법 등을 가르치는 학교가 만들어지고 항해사가 배출되는 것은 17세기 말, 18세기 초에 들어서의 일이었다. 대표적인 학교로 왕립크리스트 병원 부설 항해학교, 윌리암슨 수학학교, 닐 수학학교, 왕립해군병원학교, 찰튼 수학학교, 트리니티 하우스 학교 등이 있었다. 김성준에 의하면 "정규 학교 출신 항해사들이 배출되고, 원양 천문항법이 차츰 정교화 되어감에 따라 항해사와 갑판장·배 대목 등의 직장급(職長級) 선원간에 지위상의 차이가 발생하게 되었다"고 한다. 이상, 김성준, 『산업혁명과 해운산업』, 206~208쪽.

분은 士族들이었다.[15] 이때 水火夫[16]로 동원된 것은 讚岐國(지금의 香川縣) 塩飽島[17] 청년들이었다.[18] 그러나 해군전습소는 기본적으로 해군 양성 기관이었고, 교육 내용도 "함대운전과 관련되는 기술의 습득보다 포대축조, 대포, 소총 훈련 등 陸戰 방어와 관련한 군사기술이 주를"[19] 이루는 등, 늘어나기 시작한 상선 선원 수요를 감당하기에는 역부족이었다.

일련의 전쟁을 통해 해운이 군사 목적과 부국강병의 중요한 수단이라는 사실을 알게 된 오쿠보 도시미치(大久保利通) 내무경은 1875년 '邦船邦人主義'와 '民營補助主義'를 골자로 하는 해운 관련 건백서를 제출했다. 오쿠보 건백서는 당시 일본 연근해 항로를 장악하고 있던 외국 선사와 외국인 선원을 일본 국적선(방선)과 일본인 선원(방인)으

---

15 해군전습소에 관해서는 김연옥, 「1850년대 막부의 해군 교육실태: 나가사키 '해군' 전습(1855-1859)의 시기별 시간표 분석을 중심으로」,『역사교육』137(2016) ; 김연옥, 「1850년대 諸藩의 海防참여와 幕藩체제의 동요: 나가사키'해군' 전습 참여기준 논의와 실제참가사례 분석을 중심으로」,『동양사학연구』140(2017) ; 김연옥, 「1850년대 나가사키의 '난학(蘭學) 붐' 실태: 1855-56년 데지마전습(出島傳習) 참가사례 분석을 중심으로」『역사학보』237(2018) 등을 참조. 김연옥은 미간행 자료, 전습생이 남긴 기록이나 서한, 네덜란드인 교관의 보고서와 일기 등을 구사하여 당대의 교육 실태를 생생하게 전해주고 있다.

16 수화부는 수부와 화부를 함께 일컬어 하는 말로, 갑판선원과 기관선원을 합친 의미이다.

17 시와쿠(塩飽) 제도는 근대 이전 村上海賊衆과 함께 세토나이카이(瀬戸内海) 해적을 대표하던 塩飽海賊衆의 본거지였다. 이에 관해서는 山内讓,『瀬戸内の海賊: 村上武吉の戦い』(新潮社, 2015) ; 宇田川武久,『戰國水軍の興亡』(平凡社, 2002) 참조. 나중에 다시 언급하지만 근대 이후에 만들어지는 지방 상선학교는 세토나이카이 연안이나 北前船의 가항지 등 근세 이래의 전통적인 선원 공급 지대에 입지하는 경우가 많았다.

18 笹木弘,『船員政策と海員組合』(成山堂書店, 1962), 69쪽.

19 김연옥,「1850년대 막부의 해군 교육실태」, 137쪽.

로 대체하기 위해 정부 보조 하의 '商船私學'을 설립하는 것을 내용으로 하고 있었다. 메이지정부는 미쓰비시에 고급선원을 양성하는 상선사학과 보통선원을 양성하는 '水火夫取扱所'를 설립하는 조건으로 매년 15,000엔의 조성금을 지급할 것을 약속했는데, 그렇게 해서 만들어진 것이 미쓰비시상선학교였다. 이처럼 "官學的私學校"[20]로서 성립한 미쓰비시상선학교는 그 뒤 관립이 되어, 일본 최대·최고의 서양형 상선 고급선원 육성 기관으로서 도쿄상선학교, 도쿄고등상선학교, 그리고 패전 이후 도쿄상선대학을 거쳐 오늘날의 도쿄해양대학으로 이어지고 있다. 한편 보통선원 양성 기관인 수화부취급소는 끝내 설립되지 않았고, 정부도 이를 묵인했다. 나중에 살펴볼 고급선원과 보통선원 사이의 "커다란 단층의 단초적인 근거"[21]는 바로 여기에 있었다.

1876년 미쓰비시상선학교는 항해과 1기생을 모집했다. 시험 과목은 '皇國文讀書'(일본어 독해), '皇國文作文'(일본어 작문), 수학, 영문 독해, 영어 회화 등이었다.[22] 180명이 지원하여 44명이 입학했는데, 출신 계층은 사족 34명, 평민 9명, 불명 1명이었다. 다음해의 기관과 1기생 입학자 7명은 사족 6명, 평민 1명으로 구성되어 있었다.[23] 교수진은 외국인과 해군 출신자로, 네덜란드인 1명(항해술, 수학 담당), 영국인 1명(영어), 해군대위 1명(항해술, 수학), 해군중위 1명(선구운용술)으

---

20 東京商船大學百年史編集委員會 편, 『東京商船大學百年史』(東京商船大學百周年記念事業委員會, 1976), 16쪽.

21 笹木弘, 『船員政策と海員組合』, 67쪽.

22 東京商船大學百年史編集委員會 편, 『東京商船大學百年史』, 31~32쪽.

23 笹木弘, 『船員政策と海員組合』, 72~73쪽.

로 편성되었다.[24]

근대 초기 일본 선박의 선장은, 보험 등의 이유도 거들어,[25] 대부분 외국인이 차지하고 있었다. 예를 들어 1886년 9월 말 현재, 면허를 가진 일본인 선장 37명(외국인 면허 소지자는 27명이었다)은 풍범선이나 1천 총톤 미만의 기선에 승선할 뿐, 2천 총톤 이상의 기선이나 외국 항로는 외국인 선장이 전담하고 있는 실정이었다. 일본인 항해사와 기관사가 급증하는 것은 러일전쟁 이후로, 선장과 기관장을 포함하여 고급선원의 자급체제가 확립하는 것은 1차 대전 중의 일이었다.[26] 이러한 해기 독립의 출발점에는 미쓰비시상선학교의 설립이 있었다.

3. 해운 팽창과 해기 교육의 확충

근대 일본의 해운업계에서는 "9년 동안 불황이 계속되어도 10년에 한 번 전쟁이 일어나면 해운업계는 호황을 맞는다"[27]는 말이 회자되고 있었다고 한다. 실제로 해운업은 전쟁과 함께 팽창해갔다. 메이지 초기 2만 톤에 불과했던 일본의 선박 보유량은 청일전쟁 후 30만 톤, 러일전쟁 후 130만 톤, 1차 대전 후 400만 톤으로 격증했다.[28] 이

---

24 위의 책, 73쪽.

25 당시 로이즈 등의 보험사는 외국인 선원을 고용하는 조건으로 일본 선박과 보험 계약을 체결했다. 西巻敏雄, 『日本海上勞動運動史』(海文堂, 1969), 15쪽.

26 三鍋太朗, 「戰間期日本の商船教育: 商船學校における船員教育」『大阪大學経済學』59-1(2009).

27 角岡田賀男 편, 『海上勞動運動 不屈のあゆみ: 海員刷新會結成から、戰後の海上ゼネストまで』(海上勞動運動史資料編集委員會, 1982), 12쪽.

28 運輸経済研究センター・近代日本輸送史研究會 편, 『近代日本輸送史』, 474~475쪽.

과정에서 원양항로도 차례로 개설되었는데, 1893년 뭄바이 항로를 시작으로 1896년 앤트워프·시애틀·애들레이드 항로, 1897년 샌프란시스코 항로가 잇달아 개설되었다.[29]

해운 팽창은 선원 부족 사태를 초래했다. 청일전쟁 후 각지에 縣立 고급선원 양성 기관이 생겨나기 시작한 것도 그러한 이유에서였다. 지방 상선학교는 세토나이카이 연안이나 일본열도의 동해 측 연안 수송을 담당하던 기타마에부네(北前船)의 기항지 등 근세 이래의 전통적인 선원 공급 지대에 입지하는 경우가 대부분이었다.[30] 지방 상선학교는 1차 대전 이전 10개교가 존재했지만 전후 불황으로 점차 감소해갔다.

1916년 말 현재, 해기 면허를 가진 일본인 고급선원은 33,976명(외국인 351명)에 달했다.[31] 오쿠보가 꿈꾼 방선방인주의는 1차 대전의 호황 속에서 어느 정도 달성된 셈이었다. 이러한 가운데 또 하나의 고급선원 양성 기관으로 가와사키상선학교(川崎商船學校)가 1917년에 설립되었다. 가와사키상선학교는 가와사키조선소가 세운 학교로, 그 뒤 1920년 문부성 산하의 고베고등상선학교, 패전 후 고베상선대학을 거쳐 지금의 고베대학 해사과학부로 이어지고 있다.[32] 이로써 일

29 片山邦雄, 『近代日本海運とアジア』, 129쪽.

30 三鍋太朗, 「戦間期日本の商船教育」. 청일전쟁 후 지방 상선학교가 생겨나는 배경에는 원양항로 개설과 함께 오사카상선, 東洋기선, 大東기선 등에 의한 조선, 타이완, 중국 항로 개설도 중요한 원인이 되었다. 小林正彬, 『海運業の勞動問題』, 34쪽.

31 위의 책, 63쪽.

32 가와사키상선학교의 역사는 神戸商船大學 編, 『神戸商船大學開學記念誌』(神戸商船大學, 1959) ; 神戸商船大學五十周年記念誌編集·刊行委員會 編, 『神戸商船大學五十周年記念誌』(神戸商船大學五十周年記念會, 1971) ; 東京商船大學百年史編集委員會 編, 『東京商船大學百年史』, 제2편 등을 통해 알 수 있다.

본의 고급선원은 도쿄와 고베의 관립 상선학교 출신자, 현립 지방 상선학교 출신자, 그리고 해기면허를 취득한 보통선원 출신자로 구성되게 되었다.

그러나 고급선원의 세계는 출신교에 따라 엄격히 구분되는 계급사회였다. 보통선원 출신자로서 해기사 면허를 취득한 사람이 '社船'[33]의 고급선원이 되는 일은 거의 없었다. 그들은 대부분 '社外船'[34]의 내항선에 투입되는 것이 일반적이었다. 관립 상선학교와 지방 상선학교 사이에도 커다란 단절이 존재했다. 중학교 졸업 이상 학력 소지자에다 높은 경쟁률[35]을 뚫고 입학한 도쿄와 고베의 상선학교 입학자들은 전원 기숙사 생활을 했다. 학비도 무료였다. 5년 동안의 수업기간[36]이 끝나면 졸업과 동시에 무시험으로 갑종 2등 항해사나 1등기관사 면허를 취득할 수 있었다. 취업 후 승선 경력을 쌓으면 무시험으로 갑종 1등 항해사·갑종 선장 면허나 기관장 면허를 얻어 선장이나 기관장으로 승진했다. 그 중 일부는 관리직이 되어 회사 경영에 참가하기도 했다.

이에 비해 지방 상선학교는 고등소학교 졸업의 학력 소지자를 대상으로 하는 갑종실업학교였다. 평균 2배의 경쟁률에 수업료를 필요

---

33 시대에 따라 조금씩 의미가 변해갔지만 여기서는 우선 '정부의 보조금을 받고 정기 외항항로를 운항하는 대형 선사' 정도의 의미. 대표적인 사선으로 日本郵船, 오사카상선, 동양기선 등이 있었다.

34 사선 이외의 선사.

35 1차 대전 하 호황기의 도쿄상선학교의 경쟁률을 보면 항해과 11-15배, 기관과 7-10배였다. 「入學および卒業調べ」東京商船大學百年史編集委員會 편, 『東京商船大學百年史』, 660~661쪽.

36 항해과는 교실 수업 2년, 해군 포술 연습 6개월, 연습선 실습 1년 6개월, 기선 실습 1년. 기관과의 경우는 교실 수업 2년, 공장 실습 2년, 기선 실습 1년이었다.

로 했다. 항해과 6년, 기관과 5년 6개월의 수업 과정을 마치면 시험을 거쳐 면허를 부여했는데, 상위 면허를 취득하기 위해서는 매번 시험을 치러야 했고, 수험자는 시험 준비를 위해 휴직을 감수해야만 했다. 지방 상선학교는 소액의 국고 지원 외에 경비의 대부분을 지방비에 의존했기 때문에 10교 중 4교는 기관과가 없었고, 3교는 연습선이 없었다. 선박 노후화로 인한 연습선 조난 사고가 다발한 것도 지방 상선학교에서의 일이었다. 관립 상선학교 출신자가 대부분 사선에 취업한 데 비해 지방 상선학교 졸업자 가운데 사선에 취업하는 비율은 2-3할 정도에 지나지 않았다.[37]

III. 보통선원

1. 선원 모집의 세계사

선원에 따라다니는 상투적인 말로 조난, 해적의 위협, 각종 질병, 엄격한 선상 규율, 혹독한 노동, 음주, 도박, 폭력 등이 있다. 하지만 악조건 하에서 혹사당하는 거친 '바다 사나이'로서의 선원상은 후대의 이미지로, 중세 지중해 교역선의 선원들은 "사회적인 지위 면에서 모두 동등"했고, 선내 규율도 "매우 느슨했다"[38]고 한다. 선장은 "한 무리 가운데 선임자에 지나지 않았고, 선원들과의 관계에서도 독재자

---

37 관립 상선학교와 지방 상선학교의 차이에 관해서는 三鍋太朗, 「戰間期日本の商船教育」; 三鍋太朗, 「戰間期における高級船員の人事体系·賃金·勞動実態: 1920年代三井物産船舶部の事例」『経營史學』45-1(2010) 참조.

38 어니스트 페일, 『서양 해운사』 김성준 역 (혜안, 2004), 85쪽.

라기보다 아버지와 같은 존재"[39]였는데, 그 이유는 모험조합 형태의
사업이 일반적이었던 당시, 공동 선주의 일부가 선원으로 승선하는
경우가 많았고, 따라서 선원 중에는 선장과 동등한 지위에 있거나 선
장을 고용할만한 재력을 갖춘 사람들이 다수 존재했기 때문이다. 영
국의 해운경제사가 어니스트 페일(C. Ernest Fayle)은 이런 점에서 "중
세의 해법이 18세기나 심지어 19세기 전반기의 배에 일반적으로 적
용되었던 규정보다 명백히 앞서 있었다"[40]고 말했다.

　그러나 그 뒤, 17세기 후반과 18세기 초반에 걸쳐 지중해 교역과
같은 연안 사치품 무역의 비중이 줄어들고 원양 소비재 무역이 증가
하자 "공동체적이고 평등한 과업"이었던 중세 항해는 커다란 변화를
맞이하게 된다.[41] 강력한 상업자본이 형성되고 항해와 자본이 분리됨
에 따라 선원은 단순한 "일손(hands)"이나 임금노동자로 전락하고 말
았다. 네덜란드 동인도회사선에는 더 이상 상인이나 공동 선주가 타
는 일이 없어졌고, "옛날처럼 교육을 받은 사람이나 상류층 출신" 선
원들도 사라지게 되었다. 그 결과 배는 수종, 혈변, 괴혈병이 발병하
는 "환자병동"으로 변했다.[42]

　일상이나 가족으로부터의 분리, 열악한 노동 환경, 해난 사고의
공포 등은 선원 모집에서 유괴 알선업자와 "물귀신"이 판을 치는 배
경이 되었다. 이들 "모집자들"은 두둑한 임금과 선금으로 사람을 꾀

39　위의 책, 86쪽.

40　위의 책, 88쪽.

41　마커스 레디커, 『악마와 검푸른 바다 사이에서』 박연 역, 194쪽.

42　어니스트 페일, 『서양 해운사』 김성준 역, 221~222쪽.

어 선원이나 계약노동자로 팔아넘겼다.[43] 근대 유럽-아시아 간 항로에서 허브 항구로서 기능한 상하이나 홍콩 등지에 '客栈'[44]이 족생하고 인신매매 체제가 구축되는 것은 쿨리 송출과 선원 모집이 주된 이유였다. Shanghai에서 파생된 동사 'shanghai'가 '억지 수단으로 배에 끌고 가서 선원으로 만들다'라는 의미를 갖게 된 것도 같은 문맥에서의 일이었다.

일본의 전통 범선 화선이 근대 이후에도 일정한 역할을 담당하고 있었던 점에 대해서는 이미 언급했다. 화선에는 15-16명 전후의 선원[45]이 승선하는 것이 일반적이었다. 범선 시대 선주와 선원의 고용관계는 지속적인 노무 공급을 내용으로 하는 봉공계약('水主奉公')이 일반적인 형태였다.[46] 그 이유는 선원에 의한 화물 횡령이나 밀무역, 그리고 탈선, 도박, 음주, 폭력과 같은 행위를 통제하기 위해서는 선주와 선원의 관계를 주종관계(오야붕·꼬붕 관계)로 묶어둘 필요가 있었기 때문이다.[47] 혈연이나 지연을 통해 선원을 채용하고, 다른 지역 출신자를 고용할 경우 신분 보증인을 요구한 것도 같은 이유에서였다.

43 마커스 레디커, 『악마와 검푸른 바다 사이에서』 박연 역, 82쪽.

44 '객잔 네트워크'에 관해서는 권경선, 「근대 해항도시의 객잔(客栈)과 산동인의 동북 이동」『해항도시문화교섭학』10(2014). 이 논문은 상하이나 홍콩을 다루고 있지 않지만, 중국 동북 지방의 사례를 통해 그 존재 양태를 유추해볼 수 있다.

45 水主, 水手, 船夫, 船手, 船子 등으로 표기하고 가코(かこ), 후나코(ふなこ) 등으로 읽었다.

46 金指正三, 『日本海事慣習史』(吉川弘文館, 1967), 85쪽.

47 위의 책, 113쪽.

2. 보-렌(Boarding House)[48]

근대 초기 일본에서 인신매매나 선원 납치가 일어나지 않았던 것은 일자리를 잃은 화선 선원이나 어민, 그리고 육상 수송의 잉여 인원이 대거 해원으로 전용되었기 때문이다.[49] 패전에 이르기까지 일본 주요 항구에 터를 잡고 선원 하숙업과 직업 소개업을 겸한 보-렌은 고급선원 육성에만 몰두한 국가의 선원 정책의 공백을 이용하여 각 선사에 보통선원을 공급함으로써 이익을 취했다.

보-렌의 전성기는 선원 수요가 폭발적으로 늘어난 1차 대전 중이었다.[50] 1916년 당시, 전국에 163개소가 영업하고 있었는데, 고베 34곳, 오사카 20곳, 모지(門司)·시모노세키·하코다테 각 12곳 등이었다.[51] 보-렌은 해원소개, 해원숙박소, 해원취급소 등의 간판을 걸고 지방 신문에 광고를 게재하여 선원을 모집했다. 당시 선원 희망자 중에는 전통적인 선원 공급 지대 출신자이거나 차남 이하의 빈농 출신자가 많았다. 도시 하층 노동자나 일용직을 전전하던 그들이 안정적인

48　보-렌은 Boarding House가 轉訛되어 정착한 말이다. 선원들이 사용하는 속어(sea slang)에는 이러한 종류의 말이 다수 존재한다. 보이초(boy長, 잡일을 하는 사람), 오르나이(all night, 심야 작업), 세켄(second, 차석 요리사), 도바스(bath, 화장실 청소), 화나(스와힐리어 어원의 faneli, 굴뚝) 등이 그러한 것들이다. 그 외에 선원들이 사용하는 은어로서 윤활유(술), 아타마나시(頭無し, 선내의 부채로 급료를 받아도 남는 돈이 없는 사람), 헤이카치(선원을 의미하는 자조적인 멸칭으로, 그 어원에 대해서는 군대에서 사용하는 말이라는 설도 있고, 영국선에서 인도인 선원을 부를 때 한 말이라는 설도 있다) 등이 있었다. 小島敦夫, 「船員社會の俗語·隱語」海員史話會, 『聞き書き 海上の人生: 大正·昭和船員群像』(農山漁村文化協會, 1990), 134~137쪽.

49　西卷敏雄, 『日本海上勞動運動史』, 2쪽.

50　小林正彬, 『海運業の勞動問題』, 81쪽.

51　篠原陽一, 「ボーレンの盛衰」海員史話會, 『聞き書き 海上の人生』, 139쪽.

일자리나 가정을 갖는 일은 매우 드물었다.[52] 보-렌은 노동자들이 처한 이러한 상황을 이용하면서 번성해갔다.

보-렌에 들어간 선원 희망자는 그 뒤 보-렌의 '주인 영감'('오야지')과 선원을 필요로 하는 선박의 水火夫長[53]의 합의에 따라 승선이 결정되었다. 보-렌 경영자는 대부분 수화부장 출신자들로, '오야지'와 수화부장은 공생관계에 있었다. 승선이 정해지면 대부분 무일푼이었던 선원을 대신해 수화부장이 그 동안 밀린 숙식비, 알선 수수료, 작업복 및 작업 장구를 구입할 비용 등을 지불했다.[54] 이는 물론 선원복지와는 상관이 없는, 수화부장과 선원 간의 채무 관계의 시작을 의미할 뿐이었다.

앞에서 말한 것처럼 근대 초기 일본 해운에서 고급선원은 외국인이 독점하고 있었는데, 외국인 선장은 선내 질서를 일본인 수화부장에게 일임한 채 무간섭으로 일관했다. 수화부장은 선원들의 임금과 선내 생활을 관리했고 인사에도 관여했다.[55] 그들은 선상에서 막대한 권력을 행사했을 뿐 아니라 선원에게 도박을 종용하여 '선내 금융'도 겸업했다. 즉 보-렌 퇴거 시 발생한 비용을 월 2할의 이자로 이미 대여하고 있던 수화부장은 선내 도박 비용으로 월 2할, 그리고 도박에 사용되는 금권('金駒')을 발행하여 현금 교환 시 1할의 이자를 챙긴 것

---

52 1920년대, 갑판부에서 일하는 선원 40명 가운데 기혼자는 두세 명 정도에 불과했고, 다섯 명이면 많은 편에 속했다고 한다. 中村吉二, 「會社より, 戰爭よりも船こそ大事」, 위의 책, 22쪽.

53 수부장과 화부장을 합친 말. 보통선원의 장으로, 職長이라고도 했다.

54 角岡田賀男 편, 『海上勞動運動 不屈のあゆみ』, 14쪽.

55 당시 선원들의 임금은 수화부장을 통해 전달되는 것이 보통이었는데, 이런 관행은 1937년에 이르기까지 계속되었다.

이다. 도박에 참가하지 않는 사람은 하선하거나 업무 및 승진에서 불이익을 감내해야 했다.[56] 성실한 사람보다 빈털터리인 '아타마나시'[57]가 환영을 받는 선내 상황은 러일전쟁 후 고급선원이 일본인으로 대체되어감으로써 서서히 완화되었다.

선원들의 고립되고 위험한 작업 환경을 이르는 표현으로 '판자 한 장 아래는 저승(板子一枚下は地獄)'이라는 말이 있다. 근대 일본의 보통선원들은 그러한 환경을 이겨내야 했을 뿐 아니라 승선 시의 보-렌과 수화부장의 유착과 갈취, 고급선원과의 사이의 차별적인 대우, 그리고 선상에서의 수화부장의 전횡을 참아내야만 비로소 고용을 보장받을 수 있었다. 하지만 그럼에도 불구하고 많은 선원들의 회상기가 보-렌에 대해 이렇다 할 비판 없이, 오히려 '오야지'와의 인간적인 유대관계를 증언하고 있는 점은 주목할 필요가 있다.[58] 앞에서도 이야기한 것처럼 보통선원을 양성할 예정이었던 수화부취급소는 끝내 설립되지 않았고, 정부도 그것을 묵인했다. 미쓰비시가 수화부취급소를 만들지 않았던 이유는 보통선원 수급 문제가 선원 알선업자의 소개로 어느 정도 해결되었기 때문이다.[59] 보-렌은 이러한 선원 정책의 부재와 자본의 논리 속에서 생겨나 성장해갔던 것이다. 한편 특별히 기댈 곳이 없었던 선원들에게 선원수첩을 내미는 것만으로 숙식이

---

56 田中松次廊, 「船内の悪習慣, 普通船員堕落の根源」『水火夫新聞』(1925·2·20-1925·7·5) 角岡田賀男 편, 『海上勞動運動 不屈のあゆみ』, 269~277쪽.

57 주 48 참조.

58 예를 들어 海員史話會, 『聞き書き 海上の人生』안의 中村吉二, 「會社より, 戰爭よりも船こそ大事」, 32~33쪽 ; 相馬嘉兵衛, 「出稼ぎ船員の村に生まれて: 父も船乗り, 子も船乗り」, 151~152쪽 등의 발언.

59 西卷敏雄, 『日本海上勞動運動史』, 7쪽.

가능했던 보-렌은 일종의 피난처이자 안식처로서 기능했다. 하선과 동시에 실직 상태가 되는 선원은 다음 승선 시까지 보-렌에서 숙식을 해결할 수 있었다. 이런 점에서 보-렌·수화부장과 선원의 관계는 근세 일본의 주종적인 노사관계, 즉 오야붕·꼬붕 관계의 근대판이라고도 할 수 있을 것이다.

3. 日本海員掖済會

해운업이 갖는 특수성은 개인적 생산수단이자 거액의 재화를 실은 선박이 경영자의 관리에서 벗어난 채 선원에 의해 운항된다는 점에 있었다.[60] 근세 해운에서 혈연이나 지연을 통해 선원 모집이 이루어진 것도 그러한 이유에서였다. 따라서 배에서 다수를 차지하는 보통선원의 훈육, 관리는 자본의 입장에서 여전히 중요했고, 그 필요성은 외항 항로가 개척됨에 따라 증가해갔다.

근대 일본에서 보통선원을 양성하는 유일한 기관은 일본해원액제회(이하, 액제회로 약칭)였다.[61] 액제회는 영국의 sailor's home을 참고로 하여 만들어진 단체로, 선박 수리 차 글래스고를 찾은 미쓰비시회사선의 4명의 실습생의 발안에 기인하고 있었다.[62] 그 뒤 미쓰비시상선학교 사무장 나카무라 로쿠사부로(中村六三郎)의 노력으로 정부 관료, 해군 장성, 미쓰비시·미쓰이(三井) 등의 재계 관계자를 포함한 54명의 발기인이 조직되고, 수화부취급소 설립 약속을 어긴 이와사키 야

---

60 笹木弘, 『船員政策と海員組合』, 62쪽.

61 액제회에 관해서는 日本海員掖済會 편, 『日本海員掖済會八十年史』(日本海員掖済會, 1960).

62 위의 책, 13~14쪽.

타로가 19,000엔을 기부하여 1880년에 액제회가 설립되었다. '掖済'는 '올바른 방향으로 이끌다, 돕다'라는 의미였다.[63]

액제회의 활동은 다방면에 걸쳐 있었다. 첫째, 주요 항구에 선원 숙박 시설을 만들었다. 그 목적은 "해원을 유혹으로부터 보호하고 저렴한 숙박료로 기숙할 수 있게 해, 악랄한 중개업자를 대신하여 승선을 중개"[64]하기 위해서였다. 이는 액제회의 설립 목표가 당시 사회문제로 대두한 보-렌을 배제하고 안정적인 보통선원 공급 체제를 수립하는 데 있었다는 사실을 말해준다.

둘째, 보통선원을 양성했다. 그 과정은 육상 교육(2개월)과 해상 실습(4개월)을 마친 선원을 각 선사에 견습생으로 파견하는 '위탁 양성'의 형식을 취했다. 과정을 마친 선원의 70퍼센트는 일본우선, 오사카상선과 같은 사선에 파견되었는데,[65] 사외선의 경우는 여전히 보-렌을 통한 공급에 의존하는 실정이었다.[66] 액제회는 아시아태평양전쟁 시기 전사자를 충원하기 위해 만들어진 국립 보통선원 양성 기관을 제외하면 근대 일본에서 "보통선원 희망자를 위한 유일한 예비훈련 기관"으로 존재했다.[67] 액제회는 또 고급선원이 되기를 희망하는 사람을 위해 시나가와(品川), 나가사키, 고베 등지에 '고등해원 양성소'를 운영했다. 이는 1879년 미쓰비시상선학교에 설치된 적이 있는 간이

---

63   위의 책, 15~20쪽.

64   위의 책, 83쪽.

65   小林正彬, 『海運業の勞働問題』, 72쪽.

66   角岡田賀男 편, 『海上勞働運動 不屈のあゆみ』, 8쪽.

67   日本海員掖済會 편, 『日本海員掖済會八十年史』, 108~114쪽.

속성과정(수업 연한 1년)의 '變則科'를 이어받은 것이었다.[68]

셋째, 해사 사상 보급에 힘썼다. 당시 '土方, 馬方, 船方'은 최하층 노동자로 인식되고 있었는데,[69] 이러한 세상의 평가와 선내 질서를 바로잡기 위해 출판, 계몽 활동과 선원 표창 제도를 운영했다. 액제회 총재로 황족 아리스가와노미야 다케히코(有栖川宮威仁) 親王을 들인 것도 그러한 이유에서였다.[70] 그 외의 활동으로 선원 복지를 위한 해원병원 설립, 기금 조성, 가족 구휼 제도 구축 등을 들 수 있다.

액제회가 확고한 지위를 확보하게 되는 계기는 청일전쟁이었다. 전시 하 대량의 선원과 군수물자를 긴급하게 수송했을 뿐 아니라 지방단체와의 협력 하에 시모노세키, 우지나(宇品) 등지에 임시출장소를 만들어 부상 선원을 수용하고 치료했다. 상황은 러일전쟁 시도 마찬가지였다.[71] 액제회의 협력은 1891년에 결정된 '사업요강' 중의 하나인 "국가 유사시 군사 수송의 필요에 따라 주요 항구에 임시출장소를 설치하고 해원을 준비시켜 각 선박에 공급할 것"[72]을 실천에 옮긴 것이었다. 전쟁을 통해 존재가치를 드러낸 액제회는 청일전쟁 이후 연 1만 엔의 정부보조금을 받게 되었다. 또 1919년의 국제노동기구 결의도 액제회에게 유리하게 작용했다. 제노바에서 개최된 제1회 ILO회의는 선원 소개 사업을 선주·선원의 협동단체나 국가 경영으로 할 것을 내용으로 하는 결의안을 채택했는데, 이에 대해 일본 정부

---

68 위의 책, 117쪽.

69 西巻敏雄, 『日本海上勞動運動史』, 2쪽.

70 小林正彬, 『海運業の勞動問題』, 57쪽.

71 액제회가 공급한 선원 수는 청일전쟁 53,388명, 러일전쟁 32,609명이었다. 日本海員掖済會 편, 『日本海員掖済會八十年史』, 60쪽과 66쪽.

72 위의 책, 22쪽.

는 액제회에 보조금을 지급하는 형태로 사태를 마무리했다. 이후 액제회가 각 선사에 공급한 보통선원 수는 1926년 직업 소개 사업을 폐지할 때까지 654,599명에 이르렀다.[73]

하지만 이 같은 다양한 활동에도 불구하고 많은 선원들은 관료적 운영과 엄한 규칙을 이유로 액제회가 설립한 숙박소를 기피하는 경향이 있었다.[74] '양성'이라고 해도 반년에도 미치지 못하는 속성 코스인 데다, 그 내용도 석탄 투척 작업과 같은 실천적인 교육이 대부분이었다.[75] 선원 가운데는 액제회가 운영하는 고등해원 양성소에 들어가 고급선원을 꿈꾼 사람도 있었지만, 정규 교육을 받을 기회가 없었던 그들은 시험 과목 중 수학이나 기관학에서 합격하지 못하는 경우가 대부분이었고, 시험을 통과해도 대형 선사의 사관으로 등용되는 일은 극히 드물었다.[76] 이러한 불평등한 구조 속에서 선원들은 액제회가 결국 "정부와 선주의 일체적 조직"[77]에 지나지 않는다는 사실을 노동자의 직감으로 파악했던 것이다. 액제회의 관제 조직으로서의 성격은 1차 대전 중 선원 부족 사태에 힘입어 부활한 보-렌의 끈질긴 생명력의 또 하나의 원인이 되었다.

73   土井智喜, 『日本海運と船員: 船員法施行六十年の背景』(成山堂書店, 1959), 74쪽.

74   小林正彬, 『海運業の勞動問題』, 62쪽.

75   三鍋太朗, 「戰間期における高級船員の人事体系・賃金・勞動実態」.

76   海員史話會, 『聞き書き 海上の人生』 안의 中野健, 「社員になれない登用史官」, 243~266쪽.

77   西卷敏雄, 『日本海上勞動運動史』, 26쪽.

Ⅳ. 맺음말

선원을 일컬어 하는 말 '바다의 囚人'에는 고립된 환경에서 고된 노동에 시달리는 육체적인 고통뿐만 아니라 선상에서의 차별적 대우도 포함되어 있었다. 선박 중앙부의 독실에 거주하는 고급선원과 파도소리가 진동하는 선수의 방 한 칸에서 공동생활을 하는 보통선원은 작업 환경이나 보수에서는 물론 식사에 이르기까지 모든 점에서 차이가 났다. 1937년 일본우선의 아사마마루(浅間丸, 16,947총톤, 샌프란시스코 항로에 취항한 여객선)에 보통선원으로 승선한 나카무라 기치지(中村吉二)는 사관과 직접 말을 섞어서는 안 된다고 미리 교육을 받았고, 사관이 보통선원이 있는 곳으로 가서도 안 된다는 말을 전해 들었다고 한다.[78] 1915년이 되어서도 여전히 '선내 금융'은 행해지고 있었고, 승진도 1등 운전사와 갑판장의 상의에 의해 결정되었다.[79] 보통선원은 매 항해마다 고용되는 임시고용의 형태로, 직원록에도 실리지 않는 상태가 계속되었다.[80] 단순히 업무상의 차이를 넘어 인격적인 차별로까지 이어지는 선원사회의 계급적 질서는 교육, 취업, 노동, 군복무, 퇴직 후에 이르기까지 거의 모든 과정에서 발견할 수 있다.

---

78 中村吉二, 「會社より, 戰爭よりも船こそ大事」, 海員史話會, 『聞き書き 海上の人生』, 37쪽. 같은 책의 菅原源一郎, 「いまも四代續く船乗りの家」, 191쪽에는 사관의 세탁을 대신했고 구두도 닦았다는 증언이 나온다.

79 竹本和藏, 「見習い'からの初志を貫き船員社會の向上に貢献」, 위의 책, 214~216쪽.

80 미쓰이 선박의 경우 사관을 社員, 보통선원을 雇員으로 구분했다고 한다. 中野健, 「社員になれない登用士官」, 위의 책, 261쪽. 조합운동에서도 고급선원은 해원협회, 보통선원은 일본해원조합을 따로 결성했다. 패전 이후에야 양자를 통합한 전일본해원조합이 조직되었다. 西巻敏雄, 『日本海上勞動運動史』, 4쪽.

근대 일본에서 해운 확장은 국가의 팽창과 궤를 같이해왔다. 국가는 선사에 보조금을 지급하고 항로 개설을 명령했다. 1875년 상하이 항로를 시작으로 강화도조약 후의 부산 항로(이는 그 뒤 원산-블라디보스토크까지 연장되었다), 1886년의 天津 항로 등은 모두 정부의 보조금을 받고 개설된 '명령항로'였다. 이 과정에서 선사는 정치권력과 결탁함으로써 비대해져갔다. 長江 진출이나 타이완 총독부와의 유착 관계를 통해 도약의 발판을 마련한 오사카상선은 그 한 예이다.[81] 해운업은 국가의 대외 진출을 위해서는 없어서는 안 되는 기간산업이었던 것이다. 방선방인주의는 이 기간산업에 대한 일본 정부의 기본 방침으로서, 그것은 해운이 갖는 군사적 성격에서 비롯하고 있을 뿐 아니라 당시 턱없이 높은 임금을 받았던 외국인 선원을 구축함으로써 해운 경쟁력을 확보하기 위한 정책이기도 했다. 고급선원의 양성은 방선방인주의를 달성하기 위한 필수불가결한 조건이었다. 그러나 보통선원 육성에 관해서는, 2차 대전 시 전사 선원을 메우기 위해 속성 해원양성소를 설립한 일을 제외하고,[82] 끝내 미온적인 태도로 일관했다. 이러한 근대 일본의 이원적인 선원 정책이 고급선원과 보통선원 사이의 차별을 낳은 근본적인 이유였다.

---

[81] 片山邦雄, 『近代日本海運とアジア』 306쪽.

[82] 角岡田賀男 편, 『海上勞動運動 不屈のあゆみ』 8쪽. 정확한 통계는 없지만 아시아 태평양전쟁 중 사망한 선원의 숫자는 3만 명 이상으로, 그것은 전 선원의 30.1퍼센트에 해당했다. 이는 육해군의 사망률 21.2퍼센트를 능가하는 수치였다. 笹木弘, 「まえがき」海員史話會, 『聞き書き 海上の人生』 4쪽.

참고문헌

권경선, 「근대 해항도시의 객잔(客棧)과 산동인의 동북이동」 『해항도시문화교섭학』 10(2014).

김성준, 『산업혁명과 해운산업』(혜안, 2006).

김연옥, 「1850년대 막부의 해군 교육실태: 나가사키 '해군' 전습(1855-1859)의 시기별 시간표 분석을 중심으로」 『역사교육』 137(2016).

김연옥, 「1850년대 諸藩의 海防참여와 幕藩체제의 동요: 나가사키'해군'전습 참여기준 논의와 실제참가사례 분석을 중심으로」 『동양사학연구』 140(2017).

김연옥, 「1850년대 나가사키의 '난학(蘭學) 붐' 실태: 1855-56년 데지마전습(出島傳習) 참가사례 분석을 중심으로」 『역사학보』 237(2018).

마커스 레디커, 『악마와 검푸른 바다 사이에서: 상선 선원, 해적, 영-미의 해양세계, 1700-1750』 박연 역(까치, 2001).

미야자키 마사카쓰, 『바다의 세계사』 이수열·이명권·현재열 역(선인, 2017).

어니스트 페일, 『서양 해운사』 김성준 역(혜안, 2004).

宇田川武久, 『戰國水軍の興亡』(平凡社, 2002).

運輸経済研究センター·近代日本輸送史研究會 編, 『近代日本輸送史: 論考·年表·統計』(成山堂書店, 1979).

海員史話會, 『聞き書き 海上の人生: 大正·昭和船員群像』(農山漁村文化協會, 1990).

片山邦雄, 『近代日本海運とアジア』(御茶の水書房, 1996).

金指正三, 『日本海事慣習史』(吉川弘文館, 1967).

神戸商船大學 編, 『神戸商船大學開學記念誌』(神戸商船大學, 1959).

神戸商船大學五十周年記念誌編集·刊行委員會 編, 『神戸商船大學五十周年記念誌』(神戸商船大學五十周年記念會, 1971).

小林正彬, 『海運業の勞動問題: 近代的勞資關係の先駆』日本海運経営史 2 (日本経済新聞社, 1980).

笹木弘, 『船員政策と海員組合』(成山堂書店, 1962).

笹木弘, 「まえがき」 『聞き書き 海上の人生』.

篠原陽一,「ボーレンの盛衰」『聞き書き 海上の人生』.

田中松次廊,「船内の悪習慣, 普通船員堕落の根源」『水火夫新聞』(1925・2・20-1925・7・5) 角岡田賀男 편,『海上勞動運動 不屈のあゆみ』.

角岡田賀男 편,『海上勞動運動 不屈のあゆみ: 海員刷新會結成から、戦後の海上ゼネストまで』(海上勞動運動史資料編集委員會, 1982).

遞信省臨時調査局海事部,『船員ニ關スル調査』(遞信省臨時調査局海事部, 1918).

土井智喜,『日本海運と船員: 船員法施行六十年の背景』(成山堂書店, 1959).

東京商船大學百年史編集委員會 편,『東京商船大學百年史』(東京商船大學百周年記念事業委員會, 1976).

西巻敏雄,『日本海上勞動運動史』(海文堂, 1969).

日本海員掖済會 편,『日本海員掖済會八十年史』(日本海員掖済會, 1960).

山内譲,『瀬戸内の海賊: 村上武吉の戦い』(新潮社, 2015).

山崎善啓,『幕末・明治初期の海運事情』(創風社出版, 2011).

三鍋太朗,「戦間期日本の商船教育: 商船學校における船員教育」『大阪大學経済學』59-1(2009).

三鍋太朗,「戦間期における高級船員の人事体系・賃金・勞動実態: 1920年代三井物産船舶部の事例」『経営史學』45-1(2010).

1. 김강식, 「조선 후기의 선원 조직과 선박 운영」 『역사와 경계』 122(2022).

2. 권경선, 「일제강점기 한반도 선원의 규모와 구성: 일제강점기를 중심으로」 『역사와 경계』 122(2022).

3. 최은순, 「한국의 초기 해기교육 모델의 수용과 변용의 역사」 『역사와 경계』 119(2021).

4. 안미정, 「한국 선원과 해외 한인 사회 형성: 스페인 라스팔마스 한인들의 구술사적 접근」 『역사와 경계』 119(2021).

5. 김윤미, 「원양어업 선원들의 경험을 통해 본 해역세계」 『해항도시문화교섭학』 25(2021).

6. 최진이·최성두, 「선원의 재해보상체계 개선과 선원복지공단의 설립 연구」 『기업법연구』 76(2019).

7. 김성준·한종길, 「해외취업 해기사의 외화획득액 실증분석: 미국선사 Lasco의 사례」 『해운물류연구』 114(2022).

8. 최진이, 「선원의 해외진출 60년, 그 성과평가와 예우방안 연구」 『해항도시문화교섭학』 27(2022).

9. 현재열, 「17·18세기 잉글랜드 선원의 법적 지위 변화: 1729년의 '상선 선원의 더 나은 규제와 관리를 위한 법령'을 중심으로」 『역사와 세계』 60(2021).

10. 현재열, 「17·18세기 영국 선원의 사회사에 대한 이해: 계급론 vs. 비(非)계급론」 『코기토』 97(2022).

11. 이수열·안미정, 「근대 일본의 상선 선원 : '고급'선원과 '보통'선원」 『역사와 경계』 119(2021).

편자소개

안미정

한국해양대학교 국제해양문제연구소 교수.
대표 논저로는 『한국 잠녀, 해녀의 역사와 문화』(역락, 2019)와 『제주 잠수의 바다
밭』(제주대학교 출판부, 2008) 등 한국 해녀에 관한 연구를 수행해 왔다. 이 외에도
부산의 화교와 사할린영주귀국자, 재일한인 등 동아시아 이주자에 관한 여러 논
문을 발표하였다. 주요 연구분야는 동아시아 해양문화이며 최근에는 근현대 한
국 선원들의 문화에 관한 연구를 수행하고 있다.

저자소개

김강식

한국해양대학교 국제해양문제연구소 교수.
대표 논저로는 『문화교섭으로 본 임진왜란』(선인, 2014), 『조선시대 해항도시 부
산의 모습-해항과 군항』(선인, 2018), 『조선시대 표해록 속의 표류민과 해역』(선인,
2018) 등이 있다. 주요 관심사는 조선시대 한일교류사, 임진전쟁사, 조선시대 정
치사이다.

김성준

한국해양대학교 항해융합학부 교수.
대표 논저로는 『한국항해선박사』(혜안, 2021), 『서양항해선박사』(혜안, 2015), 『중
국항해선박사』(혜안, 2021), 『해사영어의 어원』(문현, 2015) 등이 있고, How can
higher maritime education lead shipping growth (IJMH, v.33, n.1, 2021) 등 60여
편의 논문을 집필하였다.

김윤미

부경대학교 사학과 강사.
대표 논저로는 『조선표류일기』(소명출판, 2020), 『동해포구사』(민속원, 2021), 「아시
아태평양전쟁기 일본 해군의 진해경비부 설치와 한반도 해역 작전 활동」(한국민
족운동사연구, 2022) 등이 있다. 바다를 삶의 터전으로 살아온 어민, 선원, 해군의
활동을 알아가는 연구를 계속 하고 있다.

저자소개

권경선

한국해양대학교 국제해양문제연구소 HK(인문한국) 연구교수.
대표 논저로는『단절과 이음의 해항도시 단둥』(선인, 2018),「근대 동북아시아 역
내 인구 이동 고찰 : 일본 제국주의 세력권 내 인구 이동의 규모, 분포, 구성을 중
심으로」(해항도시문화교섭학, 2021) 등 다수의 논문이 있다. 주요 연구분야는 근현
대 동아시아 사회와 이주 및 도시 연구이다.

안미정

한국해양대학교 국제해양문제연구소 교수.
대표 논저로는『한국 잠녀, 해녀의 역사와 문화』(역락, 2019)와『제주 잠수의 바다
밭』(제주대학교 출판부, 2008) 등 한국 해녀에 관한 연구를 수행해 왔다. 이 외에도
부산의 화교와 사할린영주귀국자, 재일한인 등 동아시아 이주자에 관한 여러 논
문을 발표하였다. 주요 연구분야는 동아시아 해양문화이며 최근에는 근현대 한
국 선원들의 문화에 관한 연구를 수행하고 있다.

이수열

한국해양대학교 국제해양문제연구소 HK(인문한국) 교수.
대표 논저로는『일본지식인의 아시아 식민지도시 체험』(선인, 2018),『동아시아해
역의 해항도시와 문화교섭 Ⅰ, Ⅱ』(선인, 2018, 편저),「'바다의 역사'와 도요토미 히
데요시 정권론」(한일관계사연구, 2022) 등이 있다. 일본 근현대사상사, 동아시아사,
글로벌 히스토리 등에 관심을 갖고 있다.

최성두

한국해양대학교 해사법정학부 교수.
대표 논저로는『한국의 신해양산업부흥론』,『해양문화와 해양거버넌스』,『부산
의 도시혁신과 거버넌스』,『해양과 행정』,『해양경찰학개론』,『선원 항만 도시』등
다수의 저서와 학술논문이 있다.

저자소개

최은순

한국해양대학교 항해융합학부 교수.
대표 논저로는 『발트해와 북해』(선인, 2017)를 공역하였으며, 「지중해 연안의 링구아 프랑카의 교류의 특징과 그 유형에 관한 고찰」(지중해지역연구, 2014), 「카리브해지역 프랑스 식민사회와 크레올어의 발명」(이베로아메리카, 2014), 「제주해녀들의 초국적 이동과 언어혼용의 양상」(해항도시문화교섭학, 2021) 등 언어 혼용에 관한 여러 편의 논문이 있다. 이외에도 「한국상선 해기사의 항해경험과 탈경계적 세계관」(해항도시문화교섭학, 2018) 등 한국 선원에 관한 연구를 수행하였다. 크레올어, 링구아 프랑카, 간판언어 등 탈경계적 언어 혼종 현상과 한국 해기사의 직업과 삶의 지속가능성 등이 주요 관심 주제이다.

최진이

한국해양대학교 국제해양문제연구소 HK(인문한국) 연구교수.
대표 논저로는 『물류법강의』, 『현대사회의 여성과 법률(제4판)』, 『선박과 법』, 『바다와 영토분쟁』, 『선원 항만 도시』 등 다수의 저서와 학술논문이 있다. 그리고 성평등/여성친화도시/성별영향평가/성인지예산 등에 관한 공무원 교육 및 정책자문 활동을 해오고 있다.

한종길

성결대학교 글로벌물류학부 교수.
대표 논저로는 『물류관리론』(청목, 2000), 『現代の物流』(세무경리회, 2001) 등이 있고, 80여 편의 논문을 집필하였다.

현재열

한국해양대학교 국제해양문제연구소 교수.
대표 논저로는 『역사 대논쟁: 서구의 흥기』(도서출판 선인, 2020, 역서), 『해역 속의 인간과 바다의 조우: 세계경제와 해역경제』(도서출판 선인, 2021, 저서)가 있다. 주요 관심사는 글로벌 해역경제의 비교사와 근대성에 대한 다학문적 이해이다.